Le don d'apprendre

Le don d'apprendre

Ronald D. Davis
Eldon M. Braun

Titre original : The Gift of Learning

© 2003 par Ronald D. Davis & Eldon M. Braun

© 2017 Éditions ITV, pour la traduction française

Ioannis Tzivanakis Verlag, Hamburg

www.tzivanakismedia.com

Conception de couverture : © Ioannis Tzivanakis Verlag

Rédaction : Patrick Courtois

ISBN 978-3-940493-11-8

Les définitions et la séquence des concepts, les images photographiques des modelages en pâte à modeler, et les graphiques de la pyramide inversée sont © Ronald Dell Davis.

Les termes Davis®, l'Approche Davis de l'Autisme®, le Conseil d'Orientation Davis®, la Maîtrise des Symboles Davis®, et la Correction de la Dyslexie Davis® sont des marques déposées de Ronald D. Davis. L'utilisation commerciale de ces marques pour identifier des services d'éducation, d'instruction ou thérapeutiques nécessitent une licence de la part du propriétaire de la marque.

Tous droits réservés. Aucune partie de ce livre ne peut être reproduite ou transmise sous aucune forme que ce soit ou par aucun moyen, électronique ou mécanique, incluant la photocopie, l'enregistrement, ou par aucun système de conservation ou restitution de l'information sans le consentement écrit des auteurs, sauf quand la loi le permet.

Sommaire

Avant-propos par Thom Hartmann..9

Introduction..13

I. LE PROCESSUS DE L'APPRENTISSAGE ET LES HANDICAPS..19

1. Définition de l'apprentissage et de la dyslexie..................21

2. Orientation et désorientation...33

3. Troubles déficitaires de l'attention.......................................46

4. Les problèmes en mathématiques : la dyscalculie................64

5. Les problèmes de graphisme : la dysgraphie......................76

II. LES OUTILS DE BASE..93

6. Présentation des outils de base...95

7. Motivation et responsabilité...105

8. Évaluation des capacités perceptives................................115

9. L'Orientation Davis...126

10. La procédure de relâchement
La vérification de l'orientation..161

11. Le réglage optimal pour l'orientation Davis....................168

12. Procédure d'alignement...177

13. Réglage du compteur d'énergie......................................186

14. La coordination...194

15. Maîtrise des symboles et maîtrise des concepts..............197

16. Établir l'ordre...220

III. CORRECTION DES TDA ET TDA/H.......................233
17. Stratégie de correction des TDA et TDA/H....................235

IV. LES MATHÉMATIQUES ACALCULIE ET DYSCALCULIE...................................249
18. Une stratégie de correction pour les maths....................251

19. Douze exercices pour enseigner les maths.....................256

V. LE GRAPHISME AGRAPHIE ET DYSGRAPHIE.....................................297
20. Une stratégie de correction des problèmes de graphisme..299

21. Correction du graphisme : instruction inexistante ou inadaptée..............................302

22. Correction du graphisme : désorientation......................316

23. Correction du graphisme : images mentales multiples....327

24. Correction du graphisme Orientation naturelle inadéquate...............................334

Glossaire...342

Avant-propos par Thom Hartmann

Je n'avais que sept ans, mais je me souviens encore de mon institutrice de cours élémentaire, Mme Clark. C'était une grande femme bienveillante et maternelle avec un fort accent du Sud et un dévouement à l'enseignement qui me remplit encore d'une respectueuse admiration. J'étais l'un de ses élèves les plus agités, et j'entends encore sa voix me dire : « Tommy, un wagon vide fait toujours beaucoup de bruit ! », et : « Même un poisson ne se ferait pas attraper s'il gardait la bouche fermée ! » Et à ce jour je me souviens de la sensation de désorientation qui s'emparait de moi quand je la mettais en colère.

Mais il a fallu que je lise ce livre de Ron Davis pour comprendre ce que cette désorientation signifiait et pourquoi je l'éprouvais. Ron Davis est un penseur révolutionnaire et profond ; il a découvert ce que l'histoire retiendra comme l'une des grandes révélations dans le domaine de l'apprentissage et la façon dont l'esprit travaille. Il s'agit d'un travail fécond, de l'étude perspicace d'un problème bien réel.

Une autre validation du travail de Ron, rétrospective celle-là, a été ma découverte à seize ans des œuvres de Gurdjieff et Ouspensky. J'ai lu *À la recherche du miraculeux* et *La quatrième voie*, d'Ouspensky, et j'ai ensuite commencé à pratiquer une technique qu'Ouspensky avait apprise de Gurdjieff à la fin du XIXe siècle : créer un « observateur » juste derrière et au-dessus de votre tête et, de ce point d'observation, observer en même temps tout ce qui se passe dans votre tête et, à travers votre tête et vos yeux, le monde autour de vous. La technique de Gurdjieff (ceci n'en est qu'une facette) en reflète d'autres, appelées Vipassana, attention, et une technique PNL ayant un rapport avec l'orientation et les changements de sousmodalités. Gurdjieff soutenait que cela procurait l'illumination et peut-être même des pouvoirs psychiques.

Étant adolescent, la technique apprise en lisant le livre d'Ouspensky m'a fortement stabilisé. Je l'utilise, ainsi que ses variations, presque continuellement depuis près de quarante ans. Et voici que Ron donne au monde un outil permettant de résoudre les problèmes d'apprentissage, qui est une nouvelle version, plus facile et plus rapide, de quelque chose de similaire. Brillant !

Il est fort probable qu'à ce point de la lecture de mon avant-propos, vous ressentiez vous-même une certaine désorientation, car je n'ai pas très bien expliqué les concepts dont je parle. C'est bien - cela signifie que votre esprit vous signale que vous êtes tombé sur quelque chose de nouveau que vous êtes prêt à apprendre, et cela vous donne un petit aperçu du quotidien de beaucoup d'enfants qui ont des difficultés d'apprentissage.

Et, comme Ron explique si brillamment ses concepts et ses remèdes, je ne m'attarderai pas dans cet avant-propos et vous suggère de commencer à lire le texte qui suit ; il transformera pour toujours votre compréhension de la manière dont certains enfants et adultes perçoivent le monde.

Thom Hartmann
Montpelier, Vermont

Thom Hartmann, écrivain, homme d'entreprise, psychothérapeute et conférencier international, est l'inventeur de la métaphore du « chasseur dans un monde d'agriculteurs » pour décrire les TDA et TDA/H, et l'auteur de huit ouvrages sur les troubles déficitaires de l'attention. Chacun de ses ouvrages contient des informations sur l'éducation, la psychologie, la psychothérapie, et comment réinventer nos écoles, nos lieux de travail et les autres aspects de notre culture pour les adapter à tous les enfants et adultes, y compris ceux qui souffrent de TDA ou d'autres difficultés d'apprentissage.

Introduction

À dix-huit ans, j'étais incapable de lire, d'écrire et d'orthographier, malgré un QI de 137. Pendant des années, j'avais lutté en classe pour maîtriser les bases de la lecture et de l'écriture, mais en vain. Je pouvais résoudre mentalement des problèmes de mathématiques et donner les réponses, mais je ne pouvais pas montrer comment je les avais trouvées. Je consultai un docteur qui me dit que je n'arriverais jamais à connaître l'alphabet ni à apprendre à lire. Il pensait que mon cerveau avait été endommagé à la naissance. J'acceptai ce diagnostic parce que je croyais que les docteurs savaient tout ce que l'on pouvait savoir sur ces sujets et que je n'avais pas d'alternative.

À la suite du diagnostic de ce docteur, j'ai passé les vingt années suivantes à me débrouiller avec un grave handicap d'apprentissage. Je ne lisais ni livres ni journaux, et je ne pouvais pas rester assis immobile assez longtemps pour regarder vraiment la télévision. Ce qu'un individu moyen pouvait lire en cinq minutes ou moins me prenait une heure ou plus. Je pouvais composer dans ma tête une lettre d'un paragraphe en quelques secondes, mais il me fallait quatre à cinq heures pour la mettre sur le papier. Ce qui prouvait que je n'étais pas totalement incapable de faire ces choses. Seulement, elles étaient tellement difficiles et prenaient tellement de temps que je ne les faisais pas. En 1980, j'avais trente-huit ans et j'étais considéré comme fonctionnellement illettré.

Malgré tout, j'ai réussi à finir mon éducation et à devenir ingénieur mécanicien certifié. Armé de cette formation et de mes antécédents, j'ai continué à essayer de trouver une solution logique à mes problèmes de lecture et de graphisme. Le corps médical ne m'était certes pas d'un grand secours. Mais grâce à des expériences pratiquées sur moi-même, j'ai découvert une forme rudimentaire de ce que j'appelle à présent « orientation ». J'ai appris à stabiliser mes perceptions, de manière que les mots se mettent en place. J'ai découvert que lorsque je me trouvais dans cet « état orienté », j'étais capable de lire sans connaître les problèmes rencontrés auparavant. Mais, malgré mon excitation après ce succès, je me suis vite rendu compte que tout ce que j'avais découvert était une pièce d'un puzzle beaucoup plus grand.

En juillet 1981, j'ai fondé le Reading Research Council avec le Dr Fatima Ali, une psychologue spécialisée en pédagogie. Notre objectif était de trouver les autres pièces du puzzle puis d'essayer de les assembler pour pouvoir corriger les difficultés d'apprentissage associées à la dyslexie.

En avril 1982, nous avions réussi à élaborer une méthode connue sous le nom de procédure du conseil d'orientation Davis, qui pouvait corriger les problèmes de dyslexie. Nous avons ouvert le Davis Dyslexia Correction Center pour offrir nos services au public et nous avons commencé à traiter des dyslexiques de tous âges.

À ce point, vous vous demandez peut-être ce que tout cela a à voir avec les troubles déficitaires de l'attention (TDA) et les difficultés d'apprentissage des mathématiques et de l'écriture. La plupart des gens croient que la dyslexie n'est qu'un problème de lecture, parce que c'est le symptôme le plus courant de ce handicap. Mais très peu de temps après avoir ouvert nos portes au public, nous avons constaté que beaucoup de dyslexiques, enfants et adultes, avaient aussi des problèmes avec les mathématiques et l'écriture, et présentaient beaucoup des symptômes de TDA, comme par exemple des difficultés à se concentrer ou à rester assis immobiles. Certains n'avaient de problèmes que dans un ou deux domaines, d'autres dans les trois, ou seulement avec la lecture. Moi-même, j'avais des difficultés avec la lecture et le graphisme et présentais certains symptômes de TDA. Nous pensions au début que ces autres handicaps étaient séparés et sans liens entre eux, jusqu'à ce que nous découvrions que l'application des principes fondamentaux de l'orientation semblait aider à corriger certains d'entre eux. Ce qui nous a amenés à la conclusion qu'ils étaient peut-être liés après tout.

Depuis plus de vingt ans, nous continuons à développer et à affiner la procédure originale du conseil d'orientation Davis, en y incluant des exercices permettant de soigner ces autres handicaps. Nous avons traité des milliers de patients avec un taux de réussite supérieur à 90 %.

Notre réputation grandissant, nos services ont été de plus en plus demandés. Notre premier livre, *Le don de dyslexie*, a été publié en 1994. Il contient la procédure d'orientation Davis et d'autres exercices pour traiter la dyslexie. Ensuite, en 1995, nous avons fondé la Davis Dyslexia Association International (DDAI) pour former des « facilitants » pouvant appliquer le programme complet de la Correction de la Dyslexie Davis qui, en plus du programme de base, comprend les programmes maîtrise des maths Davis et maîtrise des TDA Davis. Le programme de formation comporte environ quatre cents heures d'atelier, de travail de terrain, de sessions pratiques sous supervision, et des modules de formation. Après avoir suivi ce programme, les facilitants Davis sont complètement préparés à traiter la plupart des symptômes et des caractéristiques des difficultés d'apprentissage qu'ils risquent de rencontrer.

Au moment où nous écrivons, la formation de facilitant est disponible en six langues dans le monde entier. L'an dernier, plus de dix mille enfants et adultes souffrant de handicaps d'apprentissage ont réussi à se débarrasser de leurs symptômes de dyslexie, de TDA et de leurs problèmes en maths et en graphisme.

Par conséquent, le véritable but de ce livre n'est pas seulement de vous présenter une théorie alternative concernant ces différents problèmes d'apprentissage ; il est de vous fournir une méthode pour y remédier. Cependant, comprendre la véritable nature d'un problème est la condition préalable pour trouver une vraie solution. Si un problème n'est pas complètement compris, les tentatives pour le résoudre ne seront pas très efficaces. Donc, dans un premier temps, je veux vous faire partager ma compréhension et ma connaissance de ces problèmes, et ensuite je vous ferai partager le processus permettant de les corriger. Mon intention est que vous soyez capable d'utiliser ce livre pour aider quelqu'un à éliminer ses problèmes d'apprentissage en le guidant pas à pas dans un processus de correction.

La première partie du livre présente les bases de notre théorie sur l'orientation, la désorientation et la pensée en images, et leur rapport avec les TDA, les maths et le graphisme. La deuxième partie donne nos « outils de base », des techniques basées sur notre procédure d'orientation originelle. Il est nécessaire d'en appliquer la plupart, sinon tous, avant de passer aux exercices spécifiques pour les TDA, et les handicaps en maths et en graphisme. Bien que je me rende compte que beaucoup d'entre vous seront tentés de sauter directement aux exercices spécifiques, je ne saurais trop insister pour que vous lisiez la partie théorique avant de passer à la partie pratique du livre.

Si vous êtes un parent inquiet parce que votre enfant a été diagnostiqué comme ayant un « handicap d'apprentissage », ou peut-être un enseignant soucieux d'aider un élève, vous avez acheté ce livre parce que vous avez refusé d'accepter que l'enfant est incapable de surmonter son handicap. Voici les questions que vous devez vous poser avant d'aller plus loin :

Que comprenez-vous du problème de l'enfant ?

Où avez-vous eu cette information à propos de cet enfant ?

Qu'est-ce qui est fait en ce moment pour corriger le problème ?

L'enfant fait-il des progrès ?

Est-ce que c'est l'enfant qui ne correspond pas au système ou le système qui ne correspond pas à l'enfant ?

Pensez-vous vraiment que les méthodes qui n'ont pas donné de résultat à ce jour en donneront un jour ?

Êtes-vous prêt(e) à explorer des idées et des solutions nouvelles ?

Il y a plus de vingt ans, une expérience vécue m'a conduit à mettre en question la validité de ce que je croyais sur mon propre handicap d'apprentissage. J'ai découvert que je n'avais pas de « lésion cérébrale » et j'ai développé des solutions, d'abord pour moi-même, puis pour ceux qui ont les mêmes handicaps. Ces solutions sont le véritable sujet de cet ouvrage.

I.
LE PROCESSUS DE L'APPRENTISSAGE ET LES HANDICAPS

1.
Définition de l'apprentissage et de la dyslexie

Le mot « apprentissage » a de nombreuses significations, et les définitions abondent. J'ai simplement consulté mon dictionnaire favori, le *New Lexicon Webster's*. Voici comment le mot apprendre y est défini :

> Apprendre : v. t. Acquérir une connaissance ou une compétence par l'étude, l'instruction, la pratique ou l'expérience - mémoriser - être amené à savoir ou être conscient de.

Cette définition décrit évidemment différents niveaux ou degrés d'apprentissage. La *connaissance* d'un sujet ne signifie pas nécessairement que l'on puisse en faire quelque chose. Cela demanderait *des capacités*. De même, un élève peut mémoriser quelque chose sans avoir la moindre connaissance. Un élève de primaire, par exemple, peut être capable de réciter la table de multiplication à la perfection, tout en étant incapable de résoudre de simples problèmes d'arithmétique. *Être amené à savoir* quelque chose implique l'objectif de pouvoir utiliser cette connaissance, ce qui n'est pas le cas *d'être conscient de* faits ou de quantités.

Parmi les méthodes existantes pour acquérir la connaissance, l'étude et l'instruction sont les deux plus communément employées pour enseigner la plupart des matières. La pratique et l'expérience sont secondaires. Les résultats d'examens déterminent en grande partie combien d'information un élève peut mémoriser et « restituer ».

Si un élève veut appliquer ses connaissances dans la vie réelle, cela lui demandera évidemment assez de pratique et d'expérience pour parvenir à ce que j'appelle la maîtrise : être capable de faire quelque chose tellement bien que l'on n'a plus à y penser. À ce point, ce savoir-faire est devenu une seconde nature. Ironiquement, c'est à ce niveau d'apprentissage qu'excellent beaucoup d'élèves ayant des « handicaps d'apprentissage » lorsqu'ils veulent vraiment apprendre quelque chose et reçoivent une forme d'instruction qui leur convient.

QU'EST-CE QU'UN HANDICAP ?

Il est évident que certains élèves – environ un sur sept selon le ministère de l'Éducation américain – ont des problèmes pour assimiler les informations ou pour acquérir des capacités à l'école. Ces élèves sont généralement catalogués comme ayant des « handicaps d'apprentissage ». Le mot *handicapé* désigne quelqu'un qui est « physiquement ou mentalement dans l'incapacité de... ». Ajoutons cette définition à celle de l'apprentissage et nous pouvons dire qu'un handicap d'apprentissage s'applique à quelqu'un qui est mentalement ou physiquement dans l'incapacité d'apprendre certaines choses.

À ce jour, plus de quatre-vingts sortes de handicaps d'apprentissage ont été définies et étudiées. Les communautés scientifique et académique ne cessent de publier des études dans des revues pour soutenir des théories variées.

Lorsque ces dernières parviennent jusqu'au grand public, elles sont acceptées comme des « vérités scientifiques ». Et pourtant, il y a de telles divergences que l'on peut se demander laquelle de ces théories est vraie. Que devons-nous croire ?

Les écoles de pensée

Actuellement, il existe deux théories de base sur les handicaps d'apprentissage. Il y a le camp des généticiens qui disent que tout est dans les gènes. L'autre camp est celui des théoriciens qui étudient les anomalies de la structure du cerveau, qui peuvent être dues à des mutations génétiques ou à des problèmes congénitaux. Les deux prétendent avoir les solutions.

Est-ce la faute des gènes ?
Au cours des dix dernières années, quatre études différentes ont été publiées par des chercheurs et des universités de bonne réputation qui assuraient avoir identifié le « gène de la dyslexie » – mais chaque étude accusait un gène différent.

Il y a une accumulation croissante de preuves scientifiques que la dyslexie est héréditaire. Je dirais que c'est vrai pour la *probabilité* de souffrir de dyslexie ou de tout autre handicap d'apprentissage dont il est question dans ce livre.

Une étude convaincante sur des vrais jumeaux a démontré que si l'un des jumeaux était dyslexique, l'autre avait deux fois plus de chances que la moyenne de l'être aussi, mais ce n'était pas inévitable. Les vrais jumeaux sont des clones génétiques, avec des structures génétiques *identiques*. Cette étude indiquerait donc que des influences aléatoires sur le développement étaient responsables à 50% environ du développement de la dyslexie pendant l'enfance – autrement dit, que la cause de la dyslexie serait à moitié héréditaire et à moitié développementale.

Ou d'anomalies de la structure du cerveau ?

Certains théoriciens disent que les axones (prolongement du neurone qui conduit le message nerveux de ce neurone vers d'autres cellules) dans le corps calleux sont trop grands, d'autres disent que certaines zones du cerveau ont trop d'axones ou pas assez, d'autres encore disent que les troubles déficitaires de l'attention sont causés par trop ou trop peu de récepteurs pour certains neurotransmetteurs.

Des études comparant des scannographies de cerveaux de dyslexiques et de non-dyslexiques suggèrent des anomalies biologiques, en particulier dans la zone du lobe pariétal gauche. Ces scannographies ont également montré une sousactivation dans la région postérieure du cerveau, et une suractivation dans la région antérieure quand un dyslexique essaie de lire. Mais pour moi, ces études n'abordent pas l'effet que la désorientation peut avoir sur le développement du petit enfant, y compris le développement de la structure et des fonctions du cerveau à un très jeune âge.

Au cours des dernières années, les chercheurs en développement de l'enfant ont démontré que nos cerveaux établissent leur programmation de base avant l'âge de trois ans. Les circuits nerveux qui sont stimulés se développent ; ceux qui ne sont pas utilisés restent en sommeil, et des milliards de cellules du cerveau non utilisées s'atrophient faute de servir.

Bien sûr, nous sommes dotés d'un surplus de cellules cérébrales, et les circuits neuronaux en sommeil peuvent être ouverts par stimulation tout au long de notre vie. Sinon, nous ne pourrions pas continuer à apprendre au cours du reste de l'enfance, de l'adolescence et de l'âge adulte.

Qui a raison ?

Nous nous trouvons devant un dilemme : que *pouvons-nous* croire ? Nous avons le choix entre trois réponses. Soit certaines théories sont justes et d'autres fausses, soit elles sont toutes fausses, ou toutes justes. La réaction instinctive serait de dire que certaines sont fausses et d'autres justes. La réaction cynique serait de dire qu'elles sont toutes fausses. Cependant, opter pour l'une de ces réponses serait porter atteinte à l'intégrité de la communauté scientifique, ce qu'à mon avis elle ne mérite pas. La seule chose que nous pouvons affirmer est que la recherche est incomplète.

Supposons que toutes les preuves scientifiques soient valides, bien qu'incomplètes. À mon avis, les deux camps ont largement ignoré une considération importante : l'élément développemental. Si nous l'ajoutons, nous constatons que ces chercheurs ont recueilli des données valides, même si la plupart, à première vue, paraissent contradictoires.

Si nous considérons que les différences dans l'apprentissage s'accompagnent généralement de certains talents ou certaines aptitudes spécifiques, nous débouchons sur la possibilité que ces élèves puissent aussi avoir un don. Ils peuvent faire avec leur cerveau des choses considérées comme « exceptionnelles ».

Qu'un talent soit transmis par un seul gène n'aurait pas de sens - il faudrait probablement un « ensemble de gènes ». Lorsque les « différences d'apprentissage » sont vues comme des talents latents qui se développent en dons multiples, il y a sûrement plus d'un gène impliqué.

Quant aux anomalies structurelles, les études en cours dans de nombreuses disciplines ont montré que la structure du cerveau humain est considérablement transformée par l'usage pendant les premières années de la vie. D'autres études montrent que le cerveau est beaucoup plus capable de se reprogrammer lui-même qu'on ne le soupçonnait il y a seulement quelques années. Si donc nous considérons certaines anomalies du cerveau comme des *effets* de la manière dont certaines personnes utilisent leur cerveau plutôt que comme des *causes*, nous pouvons comprendre pourquoi ces anomalies existent – en fait, il faut qu'elles existent.

Les talents et les dons ne se prêtent pas facilement à l'examen minutieux de la méthode scientifique, par conséquent il n'y aura peut-être jamais de preuve scientifique d'un « don de dyslexie ». Il est peu probable, vu la diversité humaine, qu'il existe une structure ADN universelle du cerveau d'une personne souffrant de dyslexie ou de TDA. Cependant, il a été prouvé de façon empirique que les problèmes d'apprentissage et de comportement liés à la dyslexie et aux TDA peuvent être corrigés sans intervention physique ou chimique. C'est relativement simple quand on identifie les capacités naturelles et les talents latents d'une personne et qu'on en fait des voies pour surmonter les difficultés qui peuvent les accompagner.

UNE DÉFINITION PLUS LARGE DE LA « DYSLEXIE »

Lorsque nous étions en train de développer des stratégies pour travailler sur les problèmes de lecture des dyslexiques, nous avons découvert que deux fils reliaient entre eux toute une gamme de handicaps d'apprentissage : *la pensée en images* et la *désorientation*. Au cours des ans, alors que nous développions différentes stratégies pour corriger des handicaps d'apprentissage variés, la théorie sur laquelle s'appuyait notre travail fut baptisée *théorie Davis*. Bien que nous nous intéressions aux handicaps d'apprentissage en général, nous avons continué d'utiliser le mot que nous utilisions au début : « dyslexie ». Les problèmes de troubles déficitaires de l'attention (TDA et TDA/H - c'est-à-dire les troubles de l'attention accompagnés d'hyperactivité), de dyscalculie (problèmes en maths) et de dysgraphie (problèmes de calligraphie) entrent dans la catégorie générale des handicaps d'apprentissage. Il n'existe en apparence aucun lien entre eux. Cependant, vingt ans de preuves empiriques ont montré qu'ils sont non seulement liés, mais qu'ils sont en fait les différentes facettes de la même condition de base. Pour la plupart, il s'agit simplement de différents aspects de la dyslexie. C'est en prenant conscience de ce fait que nous avons pu trouver les solutions exposées dans le présent ouvrage. Par conséquent, lorsque vous verrez le mot *dyslexie* dans le texte qui suit, souvenez-vous qu'il englobe ses autres aspects : TDA, dyscalculie et dysgraphie.

La théorie Davis

Il est généralement admis que les êtres humains utilisent deux types de conceptualisation pendant le processus de la pensée : verbale et non verbale. Le terme *conceptualisation verbale* signifie que l'on pense surtout avec le son des symboles et des mots. La *conceptualisation non verbale* est le fait de penser essentiellement en images.

La plupart des adultes utilisent les deux formes à un certain degré. Ils ont appris à associer le son d'un mot ou sa forme écrite avec une image mentale. Mais la méthode de pensée verbale est une technique qui s'apprend, et qui ne peut pas se développer tant que l'enfant n'a pas acquis la maîtrise du langage, et certains l'apprennent plus tard que d'autres. Naître avec le « don de dyslexie » retarde généralement le développement de la conceptualisation verbale jusque vers l'âge de neuf ans au moins. Il est donc évident que la pensée non verbale, ou « pensée en images », est plus fondamentale à la nature humaine. Tous les êtres humains en sont capables dès la naissance.

La pensée en images

Puisque la pensée en images est le type de pensée qui nous occupe pour les stratégies correctives exposées dans cet ouvrage, explorons plus à fond le processus. Nous devons comprendre l'anatomie d'une image mentale afin de comprendre exactement ce qui se passe.

Si nous considérons que l'imagerie mentale est aussi appelée imagination, et que cette dernière est apparemment sans limites, il peut sembler impossible d'en tracer l'anatomie. C'est exact sur un point. En imagination, nous pouvons visualiser un monde parfait, ou la destruction de tout ce qui existe. Il n'y a pas de limite à la portée de ce que nous pouvons imaginer ; c'est infini.

Les limites de la pensée en images
Cependant, il existe des limites à l'aspect *mécanique* de l'imagination. Les limites de la pensée en images ne sont pas dans la signification des images mais dans leur construction. Une image mentale peut contenir :

- un blanc
- une couleur
- plusieurs couleurs (même des couleurs qui n'existent pas dans la nature)
- une forme d'une couleur
- une quantité de formes d'une couleur ou de plusieurs couleurs
- une odeur ou une variété d'odeurs
- un goût ou une variété de goûts
- une sensation ou une variété de sensations (toucher, équilibre, mouvement)

- un son ou un fragment de son
- une émotion (sentiment)

Essentiellement, une image mentale ressemble beaucoup à une seule image d'un film holographique, sauf qu'elle contient beaucoup plus que des images et des sons. Elle contient aussi des éléments de toute la gamme des perceptions humaines. Nous les appelons « images » mentales probablement parce que le sens de la vue est le plus aigu, et nous pouvons l'identifier en tant qu'image. Nous appelons l'ensemble « image » mentale simplement pour lui donner un nom.

Il y a une autre limitation à considérer. Normalement, la conceptualisation non verbale est subliminale. Elle se produit plus vite que le temps de prendre conscience qu'elle se produit. Au moyen de notre imagination, nous pouvons ralentir le processus pour voir les images, ou nous pouvons même « geler » une image. Mais à la vitesse normale, nous ne voyons rien. Conclusions et solutions semblent arriver intuitivement.

Il est normal qu'une personne qui pense essentiellement en images ne soit pas consciente de ce à quoi elle est en train de penser. Il arrive souvent qu'un parent d'enfant qui pense en images lui demande « *À quoi penses-tu ?* » et la réponse est « *À rien* », ou « *Je ne sais pas* ». La réponse « *Je ne sais pas* » est exacte – ils n'en ont souvent pas la moindre idée.

Dyslexie et pensée en images

Les dyslexiques sont des personnes qui pensent essentiellement en images. Ils pensent naturellement en images mentales visuelles ou sensorielles, plutôt qu'en utilisant mentalement des mots, des phrases, ou un dialogue interne (se parler à soi-même). Cette méthode de pensée étant subliminale (plus rapide que la conscience que l'on peut en avoir), la plupart des dyslexiques ne sont pas conscients de ce que fait leur mental.

Ceux qui pensent en images tendent à utiliser une logique et un raisonnement globaux, regardant « l'image d'ensemble » quand ils examinent le monde qui les entoure. Ils sont généralement très bons aux stratégies, aux entreprises créatives, aux activités pratiques, et à « voir » des solutions aux problèmes objectifs dans la vie réelle. Mais ils ne sont pas aussi bons lorsqu'ils essaient d'utiliser un raisonnement à base de mots, linéaire, et point par point. Quand vous regardez l'image d'un chien, vous ne procédez pas mentalement de la queue aux hanches puis aux pattes, aux épaules, à la tête, aux oreilles et au nez pour comprendre que vous regardez un chien. Vous voyez toutes les parties à la fois et vous concluez « chien ». Si la plupart ou toutes vos pensées se faisaient en images, vous seriez habitués à comprendre les choses en regardant en une fois l'objet entier ou la situation dans son ensemble, plutôt qu'en analysant, en extrapolant, puis en assimilant individuellement chaque donnée sensorielle.

Ceux qui pensent en images ont aussi tendance à avoir beaucoup d'imagination. Pour résoudre les problèmes, ils utilisent un processus de raisonnement à base d'images ou de sensations plutôt qu'un processus verbal. S'ils sont déroutés (ou intrigués), ils se *désorienteront* pour retourner un objet mentalement afin de le voir sous des angles différents. En employant ce processus de pensée, des capacités et des talents uniques se développent en eux.

Pensée en images et désorientation

Cette capacité peut aussi être à l'origine d'un problème. Quand un individu devient *désorienté*, sa perception de l'image ou de la réalité immédiate sera déformée. Comme nous le verrons au chapitre suivant, tout le monde serait désorienté en regardant une illusion d'optique ou en étant exposé à des stimuli sensoriels trompeurs. Mais de nombreuses personnes qui pensent en images apprennent très tôt à utiliser la désorientation. Elle devient leur parade mentale naturelle en cas d'informations sensorielles déroutantes, ainsi qu'une méthode créative pour contourner ces situations. Cela semble fonctionner à coup sûr dans le monde réel.

Mais une fois que l'enfant commence à aller à l'école et essaie d'apprendre les symboles du langage, la désorientation devient une gêne. L'enfant rencontre tellement de sources de confusion dans une seule phrase que les désorientations spontanées se succèdent. Si son principal problème est la lecture, l'enfant est catalogué dyslexique. Si la désorientation déforme sa perception du temps et distrait son attention, il souffre de TDA. Si elle affecte les mathématiques, c'est de la dyscalculie. Si elle cause un mauvais graphisme, c'est de la dysgraphie.

Quand ils essaient d'interpréter des symboles qui ne produisent pas d'image mentale, les dyslexiques sont déroutés, donc désorientés. Cela conduit aux symptômes familiers de substitutions, d'omissions, d'interversions ou de transpositions en lisant ou en écrivant des lettres, des nombres et des mots. Cela peut aussi causer l'hyperactivité et la difficulté à être attentif. Il peut s'avérer impossible de suivre des instructions en séquence ou de résoudre des opérations mathématiques qui s'enchaînent.

La désorientation n'est pas limitée à la perception visuelle ; elle peut aussi faire que l'élève entende mal, ou déforme les mots prononcés, ou altère l'ordre des mots dans les phrases. La perception du temps chez une personne désorientée peut devenir incohérente et la coordination motrice peut être retardée.

Les erreurs répétées qui résultent de mauvaises perceptions dues à la désorientation provoquent inévitablement des réactions émotionnelles, un sentiment de frustration et de perte d'estime de soi. S'efforçant de résoudre ce dilemme, chaque dyslexique va commencer à échafauder une série de mécanismes et de comportements compulsifs pour contourner ces situations. Nous les qualifions de « vieilles solutions ». Par exemple : apprendre comme un perroquet, la chanson de l'alphabet, faire faire les devoirs par Maman, écriture illisible pour masquer les fautes d'orthographe, habiles tromperies, et se dérober à toute tâche ayant un rapport avec l'école et la lecture.

Ces mécanismes peuvent commencer à se développer dès l'âge de six ou sept ans. Arrivé à l'âge adulte, un dyslexique peut avoir acquis un répertoire varié et sophistiqué de ces comportements. Nous pouvons à présent commencer à voir toute une gamme de symptômes, de caractéristiques et de comportements communément associés à la dyslexie, aux TDA et aux problèmes en maths et en graphisme.

L'aspect le plus significatif de la théorie de Davis pour surmonter la dyslexie est l'observation suivante : si un symbole (un mot écrit) ne s'accompagne pas d'une image mentale et d'une signification pour le dyslexique, il en résultera désorientation et erreurs. Lorsque nous montrons à un dyslexique comment désactiver les désorientations dès qu'elles se produisent et que nous l'aidons à identifier et à maîtriser l'information symbolique qui a déclenché cette désorientation, les problèmes de lecture, de mathématiques, d'écriture et d'orthographe commencent à disparaître. Et les « vieilles solutions » aussi, parce qu'elles ne sont plus ni nécessaires ni utiles.

2.
Orientation et désorientation

Le principe d'orientation est lié avant tout à la perception. Nos perceptions nous indiquent où nous nous situons dans notre environnement. Nous sommes orientés lorsque nous sommes conscients de notre situation et de notre position. Nous nous orientons en utilisant tous nos sens : la vue, l'ouïe, le toucher, l'odorat (odeurs et goûts), ainsi que l'équilibre, le mouvement, et la perception du temps. Ce n'est que lorsque nous sommes conscients de la situation des choses dans l'environnement grâce à nos perceptions que nous pouvons nous placer correctement par rapport à elles. Si vous voulez conduire une voiture, vous ne vous installerez pas sur le siège arrière. Un état d'orientation n'existe que lorsque nos perceptions sont justes et au moment où elles le sont. Partant de ce principe, je définirais ainsi le mot orientation :

n. f. 1. Un état dans lequel une personne perçoit correctement l'environnement. 2. Un positionnement adéquat au sein de l'environnement. 3. *Verbe transitif.* L'acte de se repositionner correctement au sein de l'environnement. 4. L'acte de se repositionner pour obtenir une perception exacte.

Le principe de désorientation est plus difficile à cerner. Il serait facile de se contenter de dire que la *désorientation* est le contraire de *l'orientation*. À partir de la définition de l'orientation ci-dessus, la désorientation serait donc :

n. f. 1. Un état dans lequel une personne *ne perçoit pas* correctement l'environnement. 2. Un positionnement inadéquat au sein de l'environnement. 3. *Verbe transitif.* L'acte de se repositionner inadéquatement au sein de l'environnement. 4. L'acte de se repositionner pour obtenir une perception inexacte.

Sans vouloir rendre tout cela encore plus compliqué, je voudrais faire la distinction entre le fait de se sentir désorienté et celui d'avoir vraiment des perceptions déformées. Pour notre propos, nous devrions rétrécir le champ du terme « désorientation » pour n'y inclure que les cas où un individu perçoit incorrectement son environnement.

UN ÉTAT NATUREL DE DÉSORIENTATION

En définissant l'orientation et la désorientation, on implique qu'il existe un état d'orientation naturel. C'est un fait que nous avons constaté. Cependant, cela implique que chacun ait un état naturel d'orientation dans lequel les perceptions sont correctes. Et cela ne doit pas être assumé sans preuve. Nos recherches et notre expérience nous ont montré qu'il y a deux aspects à l'orientation naturelle : la *cohérence* de la perception et son *exactitude*. Une orientation naturelle (ou habituelle) produit une perception cohérente mais les perceptions peuvent ou non être exactes. Pour la plupart des gens, une perception cohérente est suffisamment exacte pour fonctionner - leur perception cohérente leur semble exacte. Par exemple une personne peut percevoir la couleur rouge différemment d'une autre personne. En regardant le même coquelicot, une personne peut le voir plus orange et une autre plus violet.

Tout le monde connaît la désorientation

La désorientation n'est pas l'apanage des dyslexiques. La plupart des gens sont désorientés de temps en temps.

Par exemple, il suffit de faire plusieurs tours sur soi-même rapidement et de s'arrêter brusquement pour être désorienté. La vision est affectée, l'environnement semble être toujours en mouvement, on a des difficultés à marcher droit ou à se tenir debout, et à « se positionner correctement dans l'environnement ».

Un autre bon exemple : vous êtes assis dans un véhicule arrêté et quelque chose se déplace à l'extérieur, créant la perception erronée que c'est vous qui vous déplacez. Dans un portique de lavage automatique de voiture, par exemple, on a facilement la sensation de bouger quand les jets d'eau passent en cascade sur les vitres. La perception visuelle du mouvement cause une désorientation qui à son tour provoque la fausse sensation physique de mouvement. La même chose peut se produire lorsque vous êtes arrêté derrière une voiture à un feu rouge. Vous pouvez avoir l'impression que votre voiture avance alors qu'en fait c'est l'autre qui recule. Cette fausse perception du mouvement est connue sous le nom de *phénomène apparent bêta* (*Beta Apparent Phenomenon*).

L'état de désorientation peut aussi être causé par des substances chimiques. Un excès d'alcool peut donner l'impression que la pièce tourne, ou déformer notre sens du temps et notre élocution. L'alcool cause la désorientation, et la personne ne perçoit plus correctement son environnement. C'est la raison pour laquelle une personne ivre titube ou ne peut pas se tenir sur un pied, ou même vomit.

Les émotions intenses peuvent aussi causer un état de désorientation. Une grande peur ou une extrême anxiété peuvent désorienter et provoquer une crise de panique. Dès que la personne est désorientée et que ses perceptions commencent à se déformer, elle peut percevoir comme réelles des choses qui ne sont pas en train d'arriver. La perception du temps sera déformée, ainsi que bien d'autres perceptions comme le mouvement et le déplacement. Habituellement, la personne éprouvera le pire scénario de sa peur.

Il faut aussi prendre en considération le fait qu'il y a divers degrés de désorientation. Tourner sur soi-même ne fait pas toujours tomber. L'excès d'alcool ne fait pas toujours vomir, la peur ne cause pas toujours une crise de panique totale. La désorientation ressentie par un dyslexique peut elle aussi varier à des degrés similaires.

L'expérience de la machine à vertige

Deux disques sur lesquels ont été dessinées des spirales, utilisés pour l'expérience du vertige

En 1982, j'ai voulu voir si les symptômes de désorientation étaient différents chez les cerveaux dyslexiques et les autres. Je me suis livré à une expérience simple : j'ai monté un dessin de spirale sur le plateau d'un vieux tourne-disque que j'ai placé verticalement, puis j'ai demandé à des dyslexiques et à des non-dyslexiques de regarder fixement la spirale pour voir si cela les désorientait. Les symptômes étaient similaires. Personne ne pouvait dire à quelle vitesse le disque tournait. Tous avaient du mal à estimer le passage du temps, à répéter correctement des phrases difficiles à prononcer, et à conserver leur équilibre. Beaucoup avaient la nausée.

Mes élèves dyslexiques ont immédiatement reconnu une désorientation similaire, voire identique à celle ressentie en lisant. Un adolescent devint tout excité au cours de l'expérience et s'exclama : « C'est ça ! C'est ma dyslexie ! C'est ce que je ressens quand je dois lire ! » Plus tard, après la fin de l'expérience, il dit : « J'aimerais vraiment que mon père vienne s'asseoir devant ce truc. Quand il commencerait à dégobiller je lui dirais que c'est de la paresse ! » Grâce à cette expérience, les non-dyslexiques, et en particulier les parents, ont acquis une appréciation profonde du problème de leur enfant.

Si vous êtes familier avec l'un des exemples ci-dessus, vous pourrez également apprécier ce qu'un dyslexique ressent, voit ou entend pendant un état de désorientation.

Il m'est apparu évident très tôt dans ma recherche que tous les symptômes de dyslexie à la lecture étaient en fait des symptômes de désorientation. Quand un dyslexique parvient à un certain stade de confusion, il sera spontanément désorienté sans s'en apercevoir.

Mais ce n'est pas le cas avec les troubles déficitaires de l'attention et les problèmes liés aux mathématiques et à l'écriture. Dans leur cas, les effets de la désorientation se produisent pendant la phase de développement de la petite enfance, bien avant qu'un enfant ne soit en âge d'aller à l'école. Pendant ce stade de développement de la petite enfance, l'état naturel d'orientation de la personne et la fonction mentale de désorientation combinées déforment chez certains enfants la perception de l'environnement, au point qu'ils présentent une réalité alternative ou une conception déformée des leçons essentielles de la vie, telles que la conséquence, la cause et l'effet, le changement, etc. L'établissement de ces réalités alternatives peut conduire au développement de troubles déficitaires de l'attention et, dans une certaine mesure, de problèmes avec les maths et le graphisme.

Pour asseoir cette théorie du développement sur des bases solides, il nous faut explorer plus avant comment la désorientation peut avoir un impact sur le développement.

DÉSORIENTATION ET DÉVELOPPEMENT DE L'ENFANT

À mesure que nous avançons dans la vie, nos expériences nous apprennent les leçons nécessaires pour continuer à vivre. Enfants, nous apprenons les leçons qui feront de nous des adultes. Comme ces leçons sont expérientielles, les connaissances acquises deviennent inhérentes à notre personne. Elles deviennent une partie de qui nous sommes et de ce que nous sommes. C'est le processus d'apprentissage universel.

C'est par ce processus que nous grandissons et mûrissons. C'est un principe tellement naturel que la plupart des gens n'envisageraient même pas de le mettre en question. Cependant, pour comprendre certaines difficultés d'apprentissage, nous devons remettre en cause la fiabilité de ce processus. Plusieurs facteurs peuvent l'affecter ou l'influencer négativement au point qu'il devient un facteur limitatif.

L'impact de la désorientation sur une expérience vécue

Si un groupe de personnes vivait exactement la même

expérience, chaque personne en tirerait malgré tout une leçon différente. La connaissance expérimentale antérieure de chaque individu a déjà formé un type de système de filtrage qui interprète la signification d'un événement vécu. Cet événement, à son tour, limite ou influence notre activité au sein d'un environnement donné.

Par exemple, lorsque vous étiez enfant, quelqu'un vous a peut-être demandé si vous aimeriez faire un tour sur les montagnes russes. Vous avez dit oui ou non. Si vous l'avez fait, vous avez peut-être aimé, ou bien vous ne voudriez pas y retourner. Cette série de réactions résultait des facteurs limitants du système de filtrage déjà en place dans votre mental. L'expérience a, à son tour, influencé votre comportement futur.

Si nous considérons l'impact de la désorientation sur l'expérience vécue, il se passe bien davantage qu'une simple limitation due au système de filtrage interne. Il y aura également une rupture dans le processus d'apprentissage lui-même qui, à son tour, modifiera le système de filtrage.

Nous n'acquérons de connaissance que par les expériences vécues dont nous devenons conscients. Nous ne sommes conscients d'expériences vécues que parce que nous les percevons – nous les voyons, les sentons, les entendons, les goûtons et en percevons l'odeur. Si vous étiez endormi pendant un léger tremblement de terre, vous n'en retireriez aucun enseignement parce que vous n'en auriez pas eu l'expérience. Mais si la secousse vous avait réveillé, vous auriez vu, senti et entendu ce qui se passe. Non seulement vous en seriez conscient, mais vous tireriez aussi de l'expérience une connaissance nouvelle.

Donc, la réalité d'une expérience vécue dépend de la perception que l'on en a. La précision de la connaissance acquise au cours d'une expérience vécue dépend de la précision des perceptions. La désorientation déforme la perception. La perception déformée déforme notre sens de la réalité. Par conséquent, la désorientation produit une réalité faussée, ou alternative, de l'expérience vécue. Une leçon de vie apprise dans une réalité alternative ne sera pas la même qu'une leçon apprise dans un état « orienté ».

Désorientation à court terme

Il est facile de voir comment elle fonctionne lorsque nous considérons les effets de la désorientation sur un individu atteint de dyslexie à la lecture parce que le mécanisme est relativement simple. Au cours de la lecture, la personne rencontre des mots dont le sens ne peut pas être visualisé. Ces mots produisent des images vides dans le processus de pensée. Les images vides renferment un sentiment de confusion. À mesure que les images vides s'accumulent, le sentiment de confusion s'intensifie au point que la personne ne peut plus supporter de confusion. À ce point, une désorientation est stimulée et la perception devient déformée.

Ensuite les symptômes commencent à apparaître : certaines lettres peuvent être inversées, des mots peuvent bouger, d'autres peuvent disparaître, ou les lettres et les mots peuvent se réassembler dans une séquence différente. En fait, le seul facteur qui limite ces symptômes est l'*imagination* de la personne désorientée. Pendant une fraction de seconde ou quelques secondes, la personne vit une réalité alternative. La seule leçon possible à tirer de cette expérience est le produit de la réalité alternative provoquée par les symptômes. C'est là un effet négatif de la désorientation.

Ce type de désorientation a aussi des effets positifs. Par exemple, la désorientation peut servir à reconnaître des objets dans l'environnement. L'individu regarde quelque chose et n'arrive pas à le reconnaître. Cela stimule une désorientation momentanée et la personne peut voir mentalement l'objet sous plusieurs perspectives différentes. C'est un peu comme si on faisait tourner un modèle en

3D par ordinateur pour en voir les autres côtés. Ces perspectives différentes permettent d'identifier l'objet et la désorientation prend fin. Ce type de désorientation est de très courte durée. Il ne dure que jusqu'à ce que la confusion soit passée, en général une fraction de seconde, bien qu'il puisse se produire de très nombreuses fois au cours d'une journée. Malgré le fait que la personne ait vécu une réalité alternative, l'effet a été positif puisque l'objet a été identifié immédiatement et correctement. La leçon de vie tirée de cette expérience est la facilité à reconnaître l'objet.

Maintenant que nous avons vu comment cela fonctionne, nous pouvons nous demander : « Comment la désorientation peut-elle créer des troubles déficitaires de l'attention et des problèmes en maths et en graphisme ? » Il n'est pas encore possible de formuler une réponse complète si nous nous contentons de ces deux exemples. Il nous faudra examiner davantage que les simples mécanismes de stimulus/réaction qui se produisent pour identifier des objets et conduisent aux symptômes de dyslexie en lecture.

Désorientation à long terme

Chez un dyslexique, certaines désorientations ne sont pas activées et désactivées d'un moment à l'autre ; elles peuvent durer pendant de longues périodes. Ce type de désorientation peut se mesurer en heures plutôt qu'en fractions de secondes. Au cours de la désorientation, la personne vit une réalité alternative à long terme. La réalité alternative que vit la personne semble avoir exclu ou manqué certaines leçons importantes qui éviteraient les comportements non désirés des troubles déficitaires de l'attention ou des concepts nécessaires à la compréhension des maths. Ce qu'il s'est probablement produit est l'installation dans le système de filtrage de la personne de concepts faux ou inexacts.

Considérons ce qui pourrait empêcher un enfant d'apprendre

l'une des leçons de base de la vie : la *conséquence,* c'est-à-dire une chose qui résulte d'une autre chose. Si nous considérons que la vie implique une série continuelle de conséquences ou de résultats, comment quelqu'un pourrait-il ne pas l'apprendre ? Il pourrait sembler impossible de manquer cette leçon de base, à moins que l'individu n'ait déjà un concept alternatif de la conséquence.

Divertissement

Ceux qui pensent en images s'adonnent souvent à la désorientation à long terme pour se distraire. La désorientation peut ouvrir toutes grandes les portes de la fantaisie intérieure. Un enfant peut découvrir cette capacité lorsqu'il est encore bébé. Cette découverte est une ouverture sur le monde alternatif de l'imagination et de la créativité, un monde qui n'est limité que par l'intellect de l'enfant et sa propre créativité. Pour lui, c'est un monde sans frontières ni limites - un monde sans conséquences. Le flot de conséquences que d'autres connaissent dans le monde réel est remplacé en partie par un flot continu d'imagination créatrice au sein du monde imaginaire dont il est lui-même le centre.

La plupart des gens ont connu cette sorte de réalité alternative au cours de rêves particulièrement nets. Une personne qui pense en images et utilise son imagination pour se distraire a des « rêves éveillés » tout aussi nets. Mais ils ne correspondent pas au modèle du rêve ordinaire car l'état de désorientation fait que le rêve est vécu comme une réalité. La désorientation permet aussi à la personne d'interagir avec la réalité alternative.

Pour un enfant qui passe habituellement beaucoup de temps dans un monde imaginaire, rien de permanent n'existe. Ses amis et ses ennemis n'existent que pour lui. Les scénarios qu'il joue ne sont réels que pour lui. Pour les autres, il est simplement en train de s'amuser tout seul. Pour lui, c'est sa réalité - sa vie. Même s'il ne fait que jouer, les leçons de vie ainsi apprises sont intégrées dans son système de filtrage. Dans son monde imaginaire, la conséquence n'existe pas ; les choses ne font qu'arriver - et presque tout peut arriver - selon son caprice et sa volonté.

Autres concepts manquants

Le concept de conséquence n'est pas la seule leçon de vie qui peut être remplacée ou altérée par une réalité alternative. Voici une liste d'autres concepts manquants qui se rapportent aux problèmes d'apprentissage :

Concept	Leçon de vraie vie	Leçon de réalité alternative
Changement :	quelque chose qui devient autre chose	chaque chose existe, c'est tout
Cause :	quelque chose qui fait que quelque chose d'autre se passe	chaque chose existe, c'est tout
Effet :	résultat d'une cause	tout peut arriver
Avant :	se passe plus tôt	seul maintenant existe
Après :	se passe plus tard	seul maintenant existe
Temps :	mesure du changement en référence à une	seul maintenant existe

		norme
Séquence :	la façon dont les choses se suivent les unes après les autres, selon la taille, la quantité, l'ordre arbitraire, le temps ou l'importance	chaque chose existe, c'est tout
Ordre :	les choses à la place correcte, dans la position correcte et en l'état correct	les choses sont là où elles, les choses sont comme elles sont
Désordre :	les choses ne sont pas à la place correcte et/ou dans la position correcte et/ou dans l'état correct	les choses sont là où elles sont, les choses sont comme elles sont

L'image de soi

Il nous reste un point à considérer. L'enfant qui a des perceptions alternatives des concepts énumérés ci-dessus peut ne pas avoir un concept exact du soi. Il peut ne pas être capable de se percevoir lui-même correctement par rapport aux personnes qui partagent son environnement, comme les membres de sa famille ou ses relations. Il peut ne pas se rendre compte que les autres ont des sentiments, des besoins, des désirs ou des droits. Il est possible que ces concepts n'existent pas pour lui.

À ce point, vous devriez avoir une compréhension suffisante du concept d'orientation et de désorientation, et comment ces états peuvent affecter la perception qu'a un individu de son propre environnement. En nous servant de ce modèle, nous pouvons voir comment les symptômes des différents troubles de l'apprentissage peuvent se développer. Appliquons ce modèle aux troubles déficitaires de l'attention.

3.
Troubles déficitaires de l'attention

Avant de nous plonger dans l'aspect développemental des troubles déficitaires de l'attention, je voudrais vous raconter un incident typique qui illustre le manque de compréhension de cet état. Les deux personnages principaux de ce scénario sont un petit garçon de cinq à six ans qui a des TDA et son institutrice de maternelle.

UN SCÉNARIO TDA TYPIQUE

Notre petit garçon est un enfant TDA typique : intelligent, créatif, imaginatif et hyperactif. Il pense essentiellement en images et a déjà passé beaucoup de temps à utiliser la désorientation pour se distraire.

L'institutrice a choisi son métier par amour sincère des enfants. Mais sa classe de maternelle surchargée ne lui laisse pas une minute de répit. Bien qu'elle se soit toujours efforcée de ne pas porter de jugements, elle a identifié notre petit garçon comme un de « ceux-là » dès le premier jour d'école. C'est un paquet de nerfs et il ne l'écoute pas. Son comportement en classe rend encore pire une situation déjà difficile.

Les premiers jours d'école demandent à tous les enfants un effort d'adaptation, mais la plupart d'entre eux finissent assez vite par s'installer dans la routine - sauf ce petit garçon-là. On dirait même que son comportement empire. Il ne tient pas en place ; il n'en rate pas une.

La situation atteint son paroxysme pendant une récréation du matin. La maîtresse observe le garçon qui se fraie un chemin parmi six ou sept enfants qui attendent au pied de l'échelle du toboggan. Il bouscule toute la queue d'enfants qui attendent, grimpe à l'échelle et glisse sur le toboggan avant les autres. Non seulement c'est mal élevé, mais c'est aussi dangereux. Elle ne peut pas tolérer ce genre de comportement.

La maîtresse attrape l'enfant par les épaules au moment où il repart vers l'échelle pour recommencer. Il essaie de se dégager mais elle tient ferme. Elle se penche vers lui et dit sur son ton le plus sévère : « *Regarde-moi !* »

Quand il la regarde, elle dit : « *Ce que tu as fait est mal. Tu dois attendre ton tour dans la file ! Tu me comprends ? Tu ne vas pas sur le toboggan avant ton tour !* »

Le garçon la regarde bien dans les yeux, hoche la tête et dit : « Oui ! » La maîtresse lâche les épaules de l'enfant et se redresse. Il court immédiatement vers l'échelle, bouscule plusieurs autres enfants, grimpe à l'échelle et glisse sur le toboggan.

La maîtresse est très fâchée. Enervée, elle l'attrape et l'entraîne hors de la cour de récréation pour le mettre « au piquet », ou pour appliquer la forme de punition en usage à l'école.

La maîtresse est déroutée et ne sait pas trop quoi faire. L'enfant a dit qu'il avait compris et il a fait exactement ce qu'elle lui avait dit de ne pas faire. Sans une intervention quelconque, un suivi psychologique, ou peut-être un médicament comme la Ritaline, elle ne voit pas comment elle pourrait se faire comprendre de ce garçon ou lui imposer un quelconque contrôle.

Analyse

La maîtresse a été déroutée par ce qui venait d'arriver. Sa conclusion lui semblait évidente, en se basant sur ses connaissances expérientielles et sa compréhension de la situation. Il est vrai qu'en se fondant sur son expérience préalable et sa formation, un suivi psychologique pour modifier le comportement ou la Ritaline semblaient être à sa connaissance les seules solutions pour toucher cet enfant. Mais ce n'est pas vraiment une solution, car elle ne traite pas le vrai problème. L'institutrice ne se rend pas compte que c'est sa propre incompréhension des TDA qui la pousse à penser ainsi. Elle a l'impression que le petit garçon a agi ainsi uniquement pour la contrarier. Sa conclusion semble logique, mais elle est inexacte.

En réalité, en tenant compte de la tendance du petit garçon à penser en images, sa connaissance expérientielle et sa capacité limitée à comprendre ce que lui a dit la maîtresse, il a fait exactement ce qu'elle avait dit.

Afin de bien comprendre nous-mêmes, il nous faut considérer que les concepts exacts de soi et de changement font défaut à cet enfant. Sa connaissance expérientielle de la conséquence est inexacte, ainsi que ses concepts de temps, séquence et ordre.

Soit il a créé des perceptions inexactes de ces concepts, soit ils lui échappent complètement. Dans la réalité alternative qu'il crée au moyen de la désorientation, le changement se produit seulement au gré de ses caprices et la conséquence n'existe pas. Des idées simples comme « bon » et « mauvais » sont interprétées selon cette perspective. Ce qu'il aime est bon ; ce qu'il n'aime pas est mauvais. Ce qu'il veut est juste, ce qu'il ne veut pas est faux.

En l'absence de concepts précis de changement et de conséquence, rien n'est permanent. Par conséquent, il ne conçoit ni « avant » ni « après ». Son concept du temps est élastique et peu fiable dans le monde extérieur. Sans les concepts de changement, de conséquence et de temps, le concept de séquence ne peut pas exister. Ni les concepts d'ordre et de désordre.

Mot pour mot
Examinons ce que la maîtresse lui a dit, et interprétons-le de son point de vue de personne qui pense en images.

Elle dit : « *Ce que tu as fait est mal !* »
Il pense :

- Le mot « ce que » n'éveille aucune image mentale, il ne signifie rien pour lui.
- Le mot « tu » signifie lui-même. Son image du sens de ce mot est celle qu'il aurait en se regardant dans un miroir.
- Il ne comprend pas « as fait » pour deux raisons. D'abord, c'est le passé du verbe « faire ». Il n'a aucun sens d' « avant » ou « après », donc il n'enregistre pas les temps passés. De plus, c'est encore un mot sans image, il n'a donc pas de signification. Ce mot n'est qu'un espace vide dans son esprit, donc il ne reste que l'image de lui-même.
- Le mot « est », n'a pas d'image mentale. Comme il était précédé par le mot « tu », cette image de lui-même ne change pas.
- Le mot « mal » n'a pas de signification, sauf peut-être que la maîtresse ne l'aime pas. L'image mentale qu'il voit est celle de la maîtresse le tenant par les épaules.

Donc, ce que l'enfant comprend de cette première phrase est une image mentale de la maîtresse qui le tient par les épaules. Son interprétation de l'image sera probablement « elle ne m'aime pas ».

Puis elle dit : « *Tu dois attendre ton tour dans la file !* »
Il pense :

- Le mot « tu » éveille encore une image mentale de lui-même.
- Le mot « dois » ne produit ni image ni signification. Son image de lui-même ne change pas.
- Le mot « attendre » ne peut pas être compris. Attendre est une fonction de temps. Son seul concept du temps est le présent, donc s'il voit une image, ce sera celle de la maîtresse qui le tient par les épaules.
- Le mot « ton » produit encore une image de lui-même. Pas de changement.
- Le mot « tour » est une fonction de temps, de séquence et d'ordre, qu'il est incapable de comprendre. Pas d'image ni de signification, pas de changement dans l'image de la maîtresse qui le tient par les épaules.
- Le mot « dans » ne produit ni image ni signification. L'image de la maîtresse qui le tient reste inchangée.
- Le mot « la » n'a ni image ni signification. Pas de changement d'image.
- Le mot « file » évoque l'image d'un bout de fil. Il voit à présent l'image de la maîtresse qui le tient par les épaules et un bout de fil.

À la fin de cette phrase, ses images mentales sont : la maîtresse qui le tient par les épaules et un bout de fil. Son interprétation serait que la maîtresse ne l'aime pas, ou bien un bout de fil.

Elle dit : « *Tu me comprends ?* »
Il pense :

- Le mot « tu » produit de nouveau l'image de lui-même.
- Le mot « me » produit une image de la maîtresse le tenant par les épaules.
- Le mot « comprends » ne produit ni image ni signification. Cette phrase lui laisse seulement une image de la maîtresse qui le tient par les épaules. Tout ce qu'il comprend, c'est qu'elle ne l'aime pas.
- Elle dit : « *Tu ne vas pas sur le toboggan avant ton tour !* »
- Le mot « tu » évoque encore une image de lui-même.
- Le mot « ne » n'a aucune signification, l'image ne change pas.
- Les mots « vas pas sur le toboggan » modifient son image de lui-même : il se voit descendant sur le toboggan.
- Le mot « avant » ne produit ni signification ni changement d'image.
- Le mot « ton » ne fait que renforcer l'image de lui-même.
- Le mot « tour » ne produit ni signification ni changement d'image.

La phrase ne laisse en lui que l'image de lui-même sur le toboggan. Il comprend qu'il faut qu'il aille sur le toboggan.

Il répond « oui ! » en fonction de ce qu'il a compris et le fait aussitôt. Il monte à l'échelle en bousculant les autres enfants sous l'œil incrédule de la maîtresse.

Un double malentendu

Ce que la maîtresse n'a pas compris, c'est que le petit garçon a fait exactement ce qu'il pensait qu'elle lui avait dit de faire, en fonction de sa capacité à comprendre ce qu'elle disait.

Il est vrai que son comportement était grossier et probablement dangereux et devait être corrigé. Mais ni une retenue, ni d'autres formes de punition, ni de la Ritaline ne contribueraient à améliorer la compréhension de cet enfant pour corriger son comportement.

COMPRENDRE LES TDA

Avant d'examiner la manière de corriger les troubles déficitaires de l'attention, il serait utile d'apprendre ce qu'en sait le corps médical. Le *Merck Manual* est un ouvrage de référence utilisé par les étudiants en médecine et les médecins. Il donne la liste et la définition de toutes les maladies et états connus, et décrit les méthodes de diagnostic employées. Les extraits qui suivent ont été tirés de la quinzième édition. Je n'ai cité que les parties de la définition nécessaires pour faciliter notre compréhension, et j'ai insisté sur les parties qui nous intéressent directement.

TROUBLES DÉFICITAIRES DE L'ATTENTION (TDA)
(hyperactivité, hyperkinésie,
dysfonctionnement minime du cerveau)

Inattention et impulsivité développementales inappropriées, accompagnées ou non d'hyperactivité. Cette définition est en conformité avec le *Manuel de diagnostic et de statistiques* de l'Association psychiatrique américaine (DSM-III), qui dissocie les troubles et l'activité physique excessive. Bien que l'emploi du terme TDA (et d'autres indiqués dans les synonymes ci-dessus) comme diagnostic indépendant d'un syndrome spécifique ait été contesté, aucune étude ni aucune critique n'ont pu ignorer la constellation de signes employés pour décrire ces troubles. Les TDA sont impliqués dans les troubles de l'apprentissage, et sauf dans les cas de retard mental grave et profond, ils peuvent influencer le comportement à n'importe quel niveau cognitif. On estime que les TDA affectent 5 à 10 % des enfants d'âge scolaire, qui constituent la moitié des enfants envoyés vers des centres de diagnostic. Les TDA sont observés dix fois plus fréquemment chez les garçons que chez les filles. **L'étiologie est inconnue.** *Plusieurs théories avançant des relations et des manifestations biochimiques, sensorielles, motrices, physiologiques et comportementales ont été proposées.*

Symptômes et signes : les signes principaux de TDA accompagnés ou non d'hyperactivité sont l'inattention et l'impulsivité de l'enfant. Les TDA avec hyperactivité sont diagnostiqués lorsque les signes d'hyperactivité sont évidents. Bien que les enfants souffrant de TDA accompagné ou non d'hyperactivité puissent ne pas manifester un niveau d'activité élevé, la plupart sont agités ou remuants, ne peuvent pas fixer leur attention et contrôlent mal leurs impulsions. Ces symptômes sont qualitativement différents de ceux observés dans les troubles du comportement et l'anxiété. **L'inattention** est décrite comme *l'impossibilité de terminer les tâches commencées, le fait d'être facilement distrait, un apparent manque d'attention, et la difficulté à se concentrer sur des tâches demandant une attention soutenue.* **L'impulsivité** est décrite ainsi : *agir avant de penser, difficulté à attendre son tour, problèmes pour organiser son travail, et passage constant d'une activité à une autre.* Des réactions impulsives sont particulièrement probables lorsqu'elles sont liées à l'incertitude ou la nécessité d'être très attentif. **L'hyperactivité** est définie comme : *difficulté à rester assis tranquillement, tendance excessive à courir et grimper partout.*

En général, on dit des enfants hyperactifs qu'ils « ont la bougeotte ».

... Le diagnostic est souvent difficile. Il n'y a pas de signes organiques spécifiques d'indicateurs neurologiques. Bien que des facteurs organiques puissent avoir un rôle dans le diagnostic, les signes essentiels sont comportementaux et varient en fonction des moments et des situations. Les échelles d'évaluation et les check-lists, qui constituent le mode d'identification prédominant, sont souvent incapables de distinguer les TDA d'autres troubles du comportement. Ces données sont souvent fondées sur les observations subjectives de personnes qui n'ont pas reçu de formation spécifique.

Comme vous pouvez le constater, il y a beaucoup d'incertitude autour des TDA et des TDA/H (avec hyperactivité). C'est difficile à diagnostiquer ; la cause (étiologie) est inconnue, et souvent les personnes qui fournissent les observations de base pour un diagnostic ne sont pas formées. Alors que les médecins peuvent décrire le comportement d'une personne atteinte de TDA, ils ne sont toujours pas très sûrs de ce qui cause cet état et comment le soigner sans médicaments comme la Ritaline. La Ritaline altère peut-être les symptômes, mais elle ne s'attaque pas à la nature sous-jacente du problème.

TDA et désorientation

La définition générale des TDA se suffit presque à elle-même : *inattention et impulsivité développementales inappropriées, accompagnées ou non d'hyperactivité*. Toutefois, il manque un élément : la désorientation spontanée. La désorientation est un facteur majeur dans la vie de toute personne atteinte de TDA. Elle se produit facilement et souvent. Elle est généralement provoquée par une émotion. L'ennui, la curiosité, la confusion et la peur ne sont que quelques-unes des émotions qui peuvent déclencher une désorientation de type TDA.

En explorant la désorientation spontanée, j'ai découvert que ces émotions déclencheuses pouvaient se réduire à deux types : l'évitement et l'absorption dans une tâche.

Une personne qui s'ennuie peut se désorienter pour échapper à cet ennui. On dira généralement qu'elle rêvasse ou qu'elle n'est pas attentive. En réalité, elle est attentive, mais à un monde intérieur imaginaire qui est plus intéressant.

D'autre part, on peut trouver une situation où quelque chose d'inattendu est introduit dans l'environnement, comme un mouvement à l'extérieur de la classe. La curiosité éveillée par cet événement peut stimuler une désorientation qui permettra à la personne d'explorer l'événement inconnu qui a déclenché sa curiosité. Ce qui est communément identifié en classe comme de l'inattention ou de la distraction. Là encore, il n'y a pas manque d'attention, elle est simplement mal placée.

La désorientation causée par l'absorption dans une tâche peut aussi causer l'inverse de l'inattention. L'étudiant peut se concentrer à tel point sur une activité donnée qu'il en oublie tout le reste de son environnement. Une personne souffrant de TDA peut se désorienter dans un jeu vidéo, une émission de télévision ou un film au point que si le bâtiment s'effondrait autour d'elle, elle ne le remarquerait pas. Beaucoup de parents d'enfants TDA m'ont raconté que le professeur dit que leur enfant ne peut pas rester tranquille et être attentif cinq minutes. Pourtant les parents ne peuvent pas arracher l'enfant à un jeu vidéo pendant des heures.

Pour comprendre pleinement les TDA, nous devons tenir compte de la trajectoire de développement exposée au chapitre 2, qui explique certains comportements typiques tels que l'impulsivité, la compulsivité et l'indifférence aux droits d'autrui. Nous devons aussi considérer comment une désorientation spontanée immédiate peut causer inattention, distraction et des réponses inappropriées aux situations de la vie réelle.

Examinons le comportement lié aux TDA

Notre compréhension des effets directs et indirects (développementaux) de la désorientation peut expliquer les symptômes de TDA accompagnés ou non d'hyperactivité. À partir de cette compréhension, nous devrions être capables de définir avec précision cet état comme : *inattention et impulsivité développementales inappropriées, accompagnées ou non d'hyperactivité, et accompagnées de désorientation spontanée.*

Partant de cette nouvelle compréhension et de cette nouvelle définition, il est clair que le problème doit être attaqué sur deux fronts, parce qu'il est dû à deux facteurs : l'élément développemental, où les expériences vécues dans une réalité alternative sont gravées dans le système de filtrage, et des épisodes récurrents de désorientation spontanée.

Globalement, corriger le problème signifie réduire ou éliminer les comportements indésirables qui l'identifient. Ce sont :

- **L'hyperactivité** : *difficulté à rester assis tranquillement, tendance excessive à courir et grimper partout.*
- **L'hypoactivité** : elle n'est pas décrite séparément dans le *Merck Manual*, mais elle peut être interprétée comme l'aspect des TDA qui *ne s'accompagne pas d'hyperactivité*. Les enfants qui en souffrent sont souvent considérés comme léthargiques, rêveurs, paresseux ou mollassons.
- **L'impulsivité** : *agir avant de penser, difficulté à attendre son tour, problèmes pour organiser son travail, et passage constant*

d'une activité à une autre.
- **L'inattention** : *l'impossibilité de terminer les tâches commencées, le fait d'être facilement distrait, un apparent manque d'attention, et la difficulté à se concentrer sur des tâches demandant une attention soutenue.*

Le *Merck Manual* décrit les TDA mais n'explique pas *comment* ni *pourquoi* ils se produisent. Nous pouvons à présent examiner cela et déterminer si ces comportements symptomatiques résultent de l'aspect développemental du problème, de l'aspect désorientation spontanée, ou des deux dans certains cas. Ce faisant, nous examinerons les mécanismes des TDA (comment et pourquoi ils se produisent).

Hyperactivité et hypoactivité

L'hyperactivité et l'hypoactivité sont toutes deux des produits de la désorientation spontanée, car toute désorientation s'accompagne d'un changement dans la perception du temps. Biomécaniquement, notre perception du temps est un produit de la chimie du cerveau. Des études suggèrent une augmentation élevée des niveaux de dopamine chez les enfants TDA. Je pense que c'est un effet direct de la désorientation.

Plus il y a de dopamine autour des synapses du cerveau, plus notre « horloge interne » va vite. L'inverse est également vrai : moins il y a de dopamine, plus lentement va notre horloge interne. Dans les cas où la production de dopamine est augmentée d'une manière chronique par la désorientation, l'horloge interne de l'individu sera plus rapide et vice versa.

Notre perception de l'écoulement du temps est contrôlée par la vitesse de notre horloge interne. Si l'horloge interne s'accélère, l'horloge sur le mur semble se ralentir et vice versa. Plus nous allons vite à l'intérieur, plus le monde qui nous entoure semble aller lentement. Autrement dit, nous avons une inversion des effets. Par conséquent, l'hyperactif dont l'horloge interne va plus vite vit plus de temps en une heure que son entourage. Pour l'hyperactif, le monde semble aller trop lentement. L'inverse est également vrai : pour l'hypoactif (léthargique), le monde semble aller trop vite.

Une heure de temps réel est passée. L'enfant hypoactif (à gauche) dirait que ce n'est qu'une demi-heure. L'enfant hyperactif (à droite) dirait deux heures.

La perception de disposer de plus de temps que les autres n'explique pas totalement l'hyperactivité. Il y a une autre pièce au puzzle : chaque désorientation entraîne aussi une inversion des sens de l'équilibre et du mouvement. Quand la désorientation se produit, nous nous sentons déséquilibrés. Si nous sommes assis immobiles au moment où elle arrive, nous avons l'impression de bouger, ainsi que nous l'avons expliqué au chapitre 2. En revanche, si nous sommes en train de bouger quand la désorientation se produit, nous aurons l'impression d'être assis immobile, ou de bouger plus lentement ou plus vite qu'en réalité.

Tous ceux d'entre nous qui ressentent régulièrement cet effet ont découvert un remède simple : nous pouvons inverser l'effet en nous adonnant à l'activité opposée. En d'autres termes, si nous avons l'impression de bouger quand ce n'est pas le cas, nous pouvons créer la sensation d'être assis sans bouger en remuant légèrement.

Quand nous faisons cela, nous ne sommes pas conscients du mouvement, et nous n'avons pas toujours besoin de le montrer. En gigotant, en balançant un pied, en tambourinant avec les mains, ou toute autre activité nerveuse, nous pouvons envoyer dans notre corps une onde de choc qui procure la sensation d'être assis sans bouger. Ce remède n'est généralement pas découvert avant l'âge de neuf ou dix ans. Avant cela, la fausse impression de mouvement agit comme un stimulant des mouvements du corps qui se traduit par la partie « active » de l'hyperactivité. Lorsqu'il est désorienté, l'enfant est stimulé pour être dans un état de mouvement constant :

Il y a de nombreuses années, j'avais un élève extrêmement hyperactif. Sa mère ne savait plus que faire avec ce garçon, et j'essayai de lui expliquer ce qui se passait. Je lui dis que son fils pouvait avoir le mal de mer s'il était forcé de rester immobile quand il était désorienté. Elle me fit comprendre qu'elle trouvait mon explication exagérée. Toutefois, elle m'autorisa à procéder à une expérience sur son fils comme démonstration. Je fis un chapeau en papier journal, délibérément trop petit pour la tête de l'enfant. Pour faire tenir le chapeau, l'enfant devait garder la tête parfaitement immobile. Je collai une page de texte sur le mur à la hauteur de ses yeux. Il devait lire le texte debout sans faire tomber le chapeau. Le texte déclenchait la désorientation. Après plusieurs tentatives où le chapeau tombait, il réussit à lire presque la moitié du texte avant de se précipiter vers une corbeille à papier proche pour vomir. Sa mère avait compris.

L'élément hyperactif des TDA est clairement le produit de deux effets de la désorientation : une accélération de l'horloge interne et l'inversion des sens de l'équilibre et du mouvement. L'enfant hyperactif dispose de beaucoup de temps supplémentaire qu'il meuble par des activités supplémentaires. L'hypoactivité est le revers de la médaille, c'est l'inverse qui est vrai. L'enfant a moins de temps que les autres, alors il se lance dans moins d'activités que la moyenne des personnes.

L'impulsivité

L'impulsivité découle en grande partie de l'aspect développemental des TDA, mais pas entièrement. L'élément *agir avant de penser* est une manifestation d'une réalité alternative du concept de *conséquence*. La difficulté à attendre son tour découle de l'absence des concepts inhérents de *temps*, de *séquence* et d'*ordre*. Cela a déjà été défini comme développemental. Les problèmes pour *organiser son travail* découlent aussi de l'absence des concepts inhérents de *séquence* et d'*ordre*.

Le passage constant d'une activité à l'autre est une manifestation de désorientation spontanée. Un enfant qui a plus de temps que ceux qui l'entourent trouvera le tempo de son environnement ennuyeux. Cela, ajouté à la stimulation au mouvement, produit ce qui peut apparaître comme un passage compulsif d'une activité à l'autre. Pour l'enfant, c'est normal.

L'inattention

L'inattention est presque entièrement un produit de la désorientation spontanée, mais pas totalement. *L'impossibilité de terminer les tâches commencées* est une combinaison intéressante de causes et d'effets. Ici, les effets d'*impulsivité* ou de *passer d'une activité à l'autre* apparaissent comme la cause de l'impossibilité de terminer une tâche. Nous considérons ceci principalement comme une manifestation de désorientation spontanée, mais c'est aussi causé par l'absence développementale des concepts de *conséquence, temps, séquence* et *ordre*. L'enfant peut ne pas concevoir *terminer* quelque chose simplement parce que dans son univers ce concept n'existe pas.

L'élément *facilement distrait* est, là encore, une combinaison de facteurs intéressante. L'enfant a une conscience plus développée de son environnement et est plus curieux que les autres. Un enfant qui s'ennuie souvent peut facilement être distrait. Mais même lorsqu'il ne s'ennuie pas, un élément nouveau qui pénètre dans son environnement attirera immédiatement son attention. Même après être guérie de ses TDA, la personne demeurera plus éveillée et curieuse que d'autres et donc, dans une certaine mesure, ce comportement continuera. Une fois que l'enfant aura appris à faire plusieurs choses à la fois (multitâches), il pourra partager son attention entre les deux points d'intérêt en même temps au lieu de passer de l'un à l'autre. Cela soulagera un peu l'enseignant, mais la véritable solution serait que ce qui se passe en classe soit ce qu'il y a de plus intéressant dans l'environnement de l'élève.

L'aspect élargi de la distractibilité est la *difficulté à se concentrer sur des tâches demandant une attention soutenue*. Le *Merck Manual* introduit ici de nouveaux critères : la concentration et l'attention soutenue. La concentration s'obtient en limitant le champ de l'attention à un domaine réduit. L'attention soutenue est simplement l'action de maintenir l'intérêt. Comme nous l'avons dit plus haut, l'individu atteint de TDA n'a pas de difficulté à « faire attention » tant que la tâche ou l'activité l'intéresse. Il n'est pas de sa responsabilité de rendre intéressant ce que le professeur enseigne ;

c'est le devoir de l'enseignant. Une conscience élargie de l'environnement inhibera naturellement la capacité de concentration. Que ce soit bon ou mauvais est une question d'opinion. Je pense quant à moi que c'est un grand avantage.

À l'inverse des mythes entourant les TDA, *l'apparent manque d'attention* vient généralement de la perspective des enseignants et des médecins qui ont confondu le déplacement de l'attention avec le manque d'attention. On pourrait même dire que l'enfant a déjà plus d'attention qu'il n'en a besoin. Il en a tellement qu'il a besoin de l'étendre à tout ce qui l'entoure.

En fait, ils ont tellement d'attention disponible que presque tous les enfants TDA finiront par apprendre à faire plusieurs choses à la fois. Ils y parviennent en partageant leur attention en deux ou plusieurs segments qui semblent être dirigés simultanément vers différentes zones d'intérêt. Ils devront l'apprendre tout seuls, car ce n'est pas une « matière » enseignée à l'école.

Je pense que nous pourrions redéfinir l'« inattention ». Au lieu de la décrire comme *l'impossibilité de terminer les tâches commencées, le fait d'être facilement distrait, un apparent manque d'attention, et la difficulté à se concentrer sur des tâches demandant une attention soutenue,* définissons-la simplement comme *la difficulté à rester sur une tâche.* C'est une phrase familière aux enseignants et c'est quelque chose que nous pouvons traiter.

Nous venons de comparer ce que le *Merck Manual* dit des TDA avec une nouvelle théorie sur le pourquoi et le comment des symptômes de TDA. Tous les symptômes de base des TDA sont abordés et expliqués dans ce nouveau modèle. Il semble donc logique qu'il soit possible de corriger cet état.

Une fois que la vraie nature d'un problème est connue, on peut imaginer une stratégie pour s'attaquer individuellement à chacun de ses composants. Une fois que les composants ont été éliminés, vous avez éliminé le problème.

4.
Les problèmes en mathématiques : la dyscalculie

Le terme *dyscalculie* indique qu'un élève a des difficultés en arithmétique ou en mathématiques. Un autre terme, l'*acalculie*, signifie qu'il est totalement inapte à l'arithmétique.

Utilisés par des éducateurs et des psychologues scolaires, ces termes décrivent des problèmes pour apprendre à manipuler les nombres, pour faire des additions, des soustractions, des multiplications et des divisions. Ou des problèmes pour étudier ou exprimer les relations entre des quantités et des grandeurs représentées par des nombres et des symboles.

Un élève atteint de dyscalculie peut faire des erreurs à de simples opérations et donner des réponses comme 2 x 5 = 7. Ici, il est facile de voir le rapport avec la dyslexie à la lecture : les symboles mathématiques constituent un langage en eux-mêmes, ils peuvent donc être mal interprétés ou transposés exactement comme les lettres de l'alphabet. Un autre symptôme fréquent est le recours à compter sur ses doigts ou faire des bâtons sur une feuille de papier au lieu de se servir de chiffres.

Il y a souvent des problèmes similaires dans d'autres domaines. Un élève qui a des problèmes avec les mathématiques peut aussi en avoir avec :

- l'orientation gauche – droite
- suivre des directions (comme lire des cartes ou suivre des

instructions séquentielles)
- apprendre à lire l'heure
- être à l'heure
- les notes de musique
- la coordination des mouvements en sport et en danse
- se souvenir d'événements dans un ordre chronologique.

LES MATHS ET L'ARITHMÉTIQUE

Avant d'aborder ces problèmes, nous devons définir clairement les termes *mathématique* e t *arithmétique*. Contrairement à ce que beaucoup pensent, ce n'est pas la même chose. La définition des mathématiques dans le *New Lexicon Webster's Dictionary* est la suivante : *n. f. la science qui consiste à exprimer et à étudier les relations entre des quantités et des grandeurs représentées par des nombres et des symboles*. Le même dictionnaire définit ainsi l'arithmétique : *n. f. la manipulation des nombres pour additionner, soustraire, multiplier et diviser*.

Ce dictionnaire, que je considère comme l'un des meilleurs, ne fait même pas de lien entre les mathématiques et l'arithmétique. Il dit aussi que les mathématiques sont une science alors qu'à mon avis elles ne sont qu'un outil de la science. La pratique des maths au moyen de l'arithmétique est un art et non une science. Il est vrai que c'est une forme d'art soumise à des règles très strictes, mais c'est un art malgré tout.

Afin d'aider à rendre plus claire la différence, considérons les principes arithmétiques comme les outils qui servent à *créer* les mathématiques. Les mathématiques sont l'exploration de contrées inconnues, et l'arithmétique est la boîte à outils qui sert à les explorer et en dresser la carte. Aussi vous faites des mathématiques à l'aide des outils de l'arithmétique.

Pour un adulte qui pense en mots, ces définitions sont claires et concises. Cependant, pour un enfant qui pense en images, elles peuvent apparaître comme un mur de briques ou un trou noir dans l'espace. Je souhaite donc établir des définitions précises des deux mots qui soient spécifiques à notre cas. Pour notre propos :

Arithmétique : n. f. un moyen de déterminer une quantité en comptant, ou la manipulation de quantités, de nombres ou de chiffres par addition, soustraction, multiplication et/ou division.

Mathématiques : n. f. l'art de déterminer des quantités, utilisé dans la science qui étudie et exprime les relations existant entre des quantités. Ces quantités sont représentées par des nombres, des chiffres et des symboles.

Dans ces définitions, le propos commun à l'arithmétique et aux mathématiques est de déterminer une quantité. Voici les définitions spécifiques de certains des mots utilisés ci-dessus.

Nombre : n. m. le montant présent ou considéré.

Chiffre : n. m. un symbole représentant une quantité.

Quantité : n. f. le montant, le nombre présent ou considéré.

NOMBRES OU CHIFFRES

J'ai apporté de légers changements à l'utilisation habituelle de ces deux mots. J'ai voulu distinguer clairement un *nombre* d'un *chiffre*.

Dans notre société, ils sont devenus synonymes et leur emploi est interchangeable. Mais pour l'arithmétique et les mathématiques, nous devons les distinguer. Avec cette terminologie, le numéro d'une maison n'est pas un nombre mais un ou des *chiffres*. Le nombre correspondant à la maison numéro 231 est *un*, car il n'y a qu'une maison qui est identifiée par le groupe de chiffres 231. Ce qui est peint au-dessus de la porte n'est pas un nombre c'est une série de symboles numériques.

Déterminer une quantité

Un autre point délicat de ce changement concerne le mot *quantité*. Une quantité peut être déterminée simplement en identifiant combien il y a d'articles, ou en comptant. Si deux ou trois pommes tombent d'un pommier, la plupart des gens sauront automatiquement combien il y en a par terre. Quand le nombre de pommes tombées devient trop élevé pour être déterminé facilement, les choses deviennent plus compliquées. Pour en déterminer le nombre, nous devons identifier chaque pomme au moyen d'un schéma séquentiel numérique.

Compter signifie déterminer une quantité au moyen d'une séquence numérique. Tout cela se tient lorsqu'il s'agit d'objets et de quantités, mais si vous commencez à compter les maisons d'une rue jusqu'à ce que vous arriviez à une maison portant le numéro 231, vous serez certainement arrivé à un nombre séquentiel différent.

LA PENSÉE EN IMAGES ET LES MATHS

L'un des premiers obstacles qui empêchent certains élèves d'apprendre les maths est la manière dont le sujet est enseigné.

Généralement, l'instruction est centrée sur le langage et la conceptualisation verbale. Mais le principe et les fonctions arithmétiques et mathématiques ne sont pas intrinsèquement linguistiques, ils sont en images. On peut les visualiser très facilement, même lorsque les concepts sont difficiles à expliquer par des mots.

Malgré le fait que, dans mon enfance, j'ai été catalogué « retardé », j'étais capable de trouver les réponses à des problèmes complexes de trigonométrie dès huit ans. À cette époque, ma mère eut peur que je sois catalogué « idiot savant », et elle insista pour que je quitte la classe pendant que les mécanismes de l'arithmétique étaient enseignés. Cela continua jusqu'à la classe d'algèbre de troisième, où j'ai eu à assister à un cours de maths malgré le souhait de ma mère. Bien que j'ai été capable de résoudre toutes les équations algébriques, j'ai été recalé parce que je ne pouvais pas expliquer comment je trouvais la réponse. Le professeur voulait que je fasse de l'arithmétique en utilisant un crayon et des chiffres, et je ne pouvais pas. Ce ne fut qu'à l'âge de quinze ans que je pus montrer sur le papier comment j'avais résolu le problème, une amie m'ayant enseigné comment faire de l'arithmétique avec un crayon.

Conceptualisation verbale et non verbale

Pour aller au fond d'un problème de maths, il faut que nous considérions les variables qui l'affectent. Revenons brièvement sur des notions déjà couvertes.

Il faut avant tout considérer les deux méthodes de pensée exposées au chapitre 1 : La *conceptualisation verbale* signifie penser essentiellement avec les sons de symboles et de mots ; la *conceptualisation* non *verbale* signifie penser essentiellement en images.

Raisonner ou trouver la réponse

Chacun de ces deux types de pensée peut être employé pour accomplir les démarches mentales nécessaires pour déterminer une quantité. En mode de conceptualisation verbale, on fait de l'arithmétique en utilisant le raisonnement pour manipuler des quantités dans un ordre mémorisé. L'individu doit essentiellement progresser par la parole à travers une série de processus appris pour trouver une réponse. Plus l'arithmétique devient difficile, plus il y aura de règles à mémoriser et d'étapes à exécuter, avec plus d'ordres différents à établir et de séquences à suivre. Quand on arrive à la division à trois décimales, les choses deviennent très compliquées.

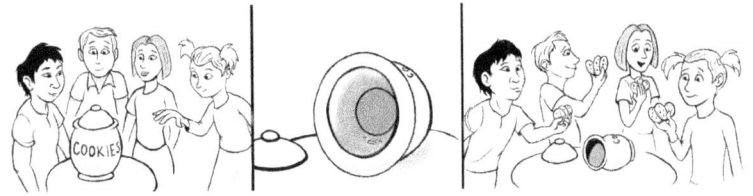

Les problèmes de maths peuvent être résolus visuellement sans passer par toutes les étapes.

En revanche, si la personne fait de l'arithmétique en images, tout ce qui se passe est la manipulation d'une série d'images mentales d'où résulte la bonne réponse. Considérons ce problème simple : « S'il y a douze biscuits dans un pot et quatre amis pour les partager également, combien de biscuits aura chaque ami ? »

Celui qui pense en mots suivra peut-être un raisonnement de ce genre :

1. douze biscuits
2. partagés entre quatre amis

3. chacun doit en avoir le même nombre
4. ce qui fait douze biscuits divisés par quatre amis
5. donc douze divisé par quatre
6. douze divisé par quatre fait trois
7. donc chacun des quatre amis aura trois biscuits
8. donc la réponse est trois.

Celui qui pense en images verra une série d'images de ce genre :

1. un pot de biscuits, et lui-même et trois autres enfants autour
2. ensuite chaque enfant prend un biscuit
3. puis chaque enfant prend un autre biscuit
4. puis chaque enfant prend encore un biscuit et le pot est vide
5. donc il a trois biscuits, et c'est la bonne réponse.

Celui qui pense en mots résout le problème par raisonnement et avec des symboles, alors que celui qui pense en images identifie de façon subliminale un schéma de formes et de couleurs dans des images mentales. Dans l'exemple qui précède, celui qui pense en mots a trouvé la réponse en huit étapes et plusieurs secondes, alors que celui qui pense en images n'a eu besoin que de cinq étapes et une fraction de seconde.

D'après cet exemple, celui qui pense en mots peut expliquer et décrire exactement comment il a trouvé la réponse. Celui qui pense en images n'a même pas conscience des images traitées. Tout s'est passé si vite qu'il serait incapable d'expliquer ou de décrire quoi que ce soit. Si l'on insistait, il ne pourrait probablement pas trouver de meilleure explication que : « Je n'ai eu que trois biscuits. » Ce qui ne serait pas une explication acceptable pour la plupart des enseignants.

Les deux procédures permettent de résoudre des problèmes simples et les deux conduisent à la bonne réponse. Les élèves qui pensent en images emploient une méthode visuelle-spatiale naturelle pour faire de l'arithmétique, mais seule la méthode de pensée verbale sera acceptable dans une classe où l'on enseigne les maths, l'ingénierie, les sciences, la comptabilité ou tout autre sujet impliquant de l'arithmétique.

Quoi qu'il en soit, la méthode visuelle naturelle de faire de l'arithmétique est la base sur laquelle nous devons construire. Par la pensée en images, la personne pense avec les principes de base de l'arithmétique. Les règles d'arithmétique enseignées à l'école ne sont que les expressions de ces principes réduites au langage ; notre but sera donc d'aider l'élève à faire la transition.

Problèmes de symboles

Nous ne devons pas oublier que certains élèves ont des difficultés à penser avec les sons des mots, s'ils en sont même capables. Un raisonnement par des mots ne leur est pas naturel.

Il leur est tout aussi difficile de visualiser des manipulations numériques, c'est-à-dire imaginer de faire de l'arithmétique en utilisant des chiffres sur un fond vide, comme une feuille de papier ou un tableau noir. Cela peut être difficile à comprendre pour quelqu'un qui pense en mots, mais l'explication est simple. Pour celui qui pense en mots, *nombre* et *chiffre* ont la même signification. Mais pour celui qui pense en images, un nombre est une certaine quantité d'objets. Un chiffre n'est qu'un symbole sur du papier. Il est facile d'imaginer un objet réel car son sens lui est intrinsèque. Ce n'est pas le cas d'un symbole. Le symbole a reçu une signification qui ne lui est pas intrinsèque. Le sens du symbole doit venir de la mémoire de la personne.

RECONNAÎTRE LES QUANTITÉS

Pour comprendre les maths, nous devons explorer l'aspect visuel de l'image mentale. Une image mentale peut contenir une quantité de formes. Les formes et leurs couleurs déterminent l'identité des éléments. Supposons que nous regardions un tableau de paysage avec des arbres, un lac et une montagne enneigée au fond. Qu'est-ce qui distingue un arbre du lac et de la montagne ? C'est la forme et la couleur qui nous permettent d'identifier cet élément du tableau comme étant un arbre.

Combien y a-t-il d'arbres dans l'image ? La vraie question est : combien d'éléments de ce tableau reconnaissons-nous comme étant des arbres ? Déterminer la quantité d'éléments individuels est l'essence de l'arithmétique. C'est le principe de base d'où découlent toutes les règles arithmétiques. C'est à partir de là que l'on peut vraiment comprendre et faire des maths.

LES EFFETS DE LA DÉSORIENTATION

Pour quelqu'un qui ne connaît pas la désorientation, le temps passe d'une manière assez uniforme. Chaque seconde dure aussi longtemps qu'une autre seconde. Les minutes et les heures ont elles aussi une durée uniforme. Bien avant d'aller à l'école, cette personne aura un sens naturel du passage du temps.

Bien que ceux qui pensent en images puissent concevoir naturellement les principes arithmétiques, la désorientation peut poser des problèmes. Une personne qui est souvent désorientée peut avoir des difficultés à apprendre les maths à l'école à cause du langage et des symboles employés.

Ces problèmes peuvent surgir même si un enfant n'a pas de

désorientations de longue durée ou n'est pas toujours en train de rêvasser dans un monde imaginaire. Quelques désorientations de courte durée dans une journée peuvent suffire à égarer un élève, en altérant son expérience de ce qui se passe.

Les variations du temps

Puisque les désorientations altèrent la perception du temps, son passage ne paraît pas uniforme. Ceci empêche le développement d'un sens intrinsèque du temps. Si ce point n'est pas traité et corrigé, beaucoup d'élèves auront toute leur vie des difficultés avec différents aspects du temps. Le monde qui les entoure semble accélérer et ralentir indépendamment de leur connaissance et de leur contrôle. Ceci explique pourquoi les élèves qui ont des problèmes en maths sont susceptibles d'avoir aussi des problèmes de ponctualité, à suivre des instructions ou toute activité impliquant de suivre une séquence.

Une perception inexacte du temps causera obligatoirement des problèmes en maths, parce qu'une personne qui n'a pas un sens inhérent du temps ne pourra pas acquérir un concept exact de *séquence*. Si les concepts de temps et de séquence sont absents ou inexacts, les concepts d'*ordre* et de *conséquence* ne seront pas acquis non plus.

Avant, pendant et après

La raison de cela découle des mécanismes requis pour faire de l'arithmétique par la logique et le raisonnement. Tous les problèmes d'arithmétique et de maths demandent aux élèves de déterminer la conséquence d'une action spécifique. Mécaniquement, tout ce que l'on fait en résolvant un problème de maths, c'est de manipuler les concepts de temps, de séquence et d'ordre pour déterminer un résultat. Par exemple, si nous avons six biscuits puis en ajoutons deux, combien de biscuits aurons-nous après ? La conséquence de deux ajoutés à six est huit. Ce qui a produit le nombre huit a été l'addition de deux biscuits supplémentaires aux six premiers.

Le temps comme concept mathématique

La conséquence est en fait déterminée à travers le concept de temps - un changement s'est produit. Pour notre propos, nous définirons simplement le temps comme *la mesure du changement en référence à une norme*. Ce n'est pas vraiment le temps que nous mesurons avec nos montres et nos horloges, c'est le changement. Les normes sont basées sur la rotation de la Terre et son orbite autour du Soleil. Tout ce que les pendules font, c'est de compter en harmonie avec les normes.

Donc, quand on met deux nouveaux biscuits avec les six biscuits existants, la mesure du changement est huit biscuits qui sont ensemble. Huit est la conséquence du changement qui s'est produit. De ce point de vue, la réponse à toutes les questions de maths est comparable au temps, puisque la réponse est la mesure du changement.

Prenons encore l'exemple des biscuits, et évaluons-le en relation avec les concepts de conséquence, de temps, de séquence et d'ordre décrits au chapitre 2. « Si nous avons six biscuits et que nous en ajoutons deux, combien de biscuits avons-nous ? »

Concepts
- **Conséquence :** quelque chose qui se passe comme résultat d'une autre chose
- **Temps :** mesure du changement en référence à une norme
- **Séquence :** la façon dont les choses se suivent les unes après les autres, selon la taille, la quantité, l'ordre arbitraire, le temps ou l'importance

- **Ordre :** les choses à la place correcte, dans la position correcte et en l'état correct

Évaluation
- Avant : « Si nous avons six biscuits » – ordre – six biscuits existent au même endroit.
- Pendant : « Et que nous en ajoutons deux » – séquence – deux biscuits suivent six biscuits, et encore, – ordre – il existe à présent deux biscuits de plus au même endroit.
- Après : « combien de biscuits » – temps – mesure du changement, « avons-nous ? » – conséquence – deux biscuits ajoutés à six biscuits font que nous avons huit biscuits.

Le principe est le même que l'on calcule l'orbite d'un astéroïde, la poussée d'un moteur de fusée ou le nombre de biscuits sortis d'un pot. Sur le plan des mécanismes, tous ces problèmes se résolvent en utilisant ces mêmes concepts de base. Supprimez-en un ou plusieurs et vous avez supprimé la possibilité de comprendre comment fonctionnent les maths. Faire des maths se réduira alors à mémoriser des procédures comme un perroquet, sans vraiment en comprendre l'objet.

Une fois que votre élève sera capable d'orienter ses perceptions à volonté, il pourra maîtriser ces concepts de base en les recréant sous forme de scénarios avec des modèles en pâte à modeler. À ce point, il sera prêt à apprendre les principes mathématiques visuellement, et par la suite faire la transition vers les mathématiques avec des chiffres sur du papier. Après quoi il devrait être capable de suivre la classe normalement.

# 5.
Les problèmes de graphisme : la dysgraphie

Jusqu'à ce que l'usage de la machine à écrire se répande, il était essentiel d'avoir un bon graphisme. Les employés de bureau et les scribes écrivaient tous les documents légaux et d'affaires d'une écriture impeccable. On consacrait beaucoup de temps et d'effort à composer des lettres personnelles à ses amis et parents. De nos jours, il y a un débat considérable autour de la question de savoir s'il est nécessaire d'avoir un bon graphisme dans le monde des ordinateurs, des courriels et autres. Si un élève peut apprendre à se servir d'un clavier et d'un vérificateur d'orthographe, c'est peut-être suffisant.

Le graphisme est une forme d'art qui requiert un certain savoir-faire. Certains sont d'avis que l'on peut s'en passer dans le système scolaire actuel, mais le système d'enseignement considère toujours qu'une écriture lisible est un élément essentiel du programme de primaire. Un enfant affecté de *dysgraphie* (difficulté à écrire) ou d'*agraphie* (incapacité d'écrire) sera probablement catalogué comme ayant un « handicap d'apprentissage » et envoyé en éducation spécialisée. Je pense que la plupart des gens sont d'accord sur le fait qu'il est précieux et utile de pouvoir remplir des formulaires ou de faire une liste de courses qu'on lira au magasin. Une personne - enfant ou adulte - souffrant de dysgraphie ou d'agraphie a un problème qui est plus qu'un simple inconvénient. Même si certains banalisent ce problème, il peut être une source de gêne extrême et contribuer à ternir l'opinion que l'on a de soi-même.

```
BJUYT KIOP M LKJHGFDSA:QWERTYUIOP:.-98VB54328W RT
                                                 HA
                      HARTFORD, DEC. 9.
DEAR BROTHER:
I AM TRYING T TO GET THE HANG OF THIS NEW F
FANGLED WRITING MACHINE, BUT AM NOT MAKING
A SHINING SUCCESS OF IT. HOWEVER THIS IS THE
FIRST ATTEMPT I. EVER HAVE MADE, & YET I PER-
CEIVETHAT I SHALL SOON & EASILY ACQUIRE A FINE
FACILITY IN ITS USE. I SAW THE THING IN BOS-
TON THE OTHER DAY & WAS GREATLY TAKEN WITH
IT. SUSIE HAS STRUCK THE KEYS ONCE OR TWICE,
& NO DOUBT HAS PRINTED SOME LETTERS WHICH DO
NOT BELONG WHERE SHE PUT THEM.
THE HAVING BEEN A COMPOSITOR IS LIKELY TO BE
A GREAT HELP TO ME, SINCE O NE CHIEFLY NEEDS
SWIFTNESS IN BANGING THE KEYS. THE MACHINE COSTS
125 DOLLARS. THE MACHINE HAS SEVERAL VIRTUES
I BELIEVE IT WILL PRINT FASTER THAN I CAN WRITE.
ONE MAY LEAN BACK IN HIS CHAIR & WORK IT. IT
PILES AN AWFUL STACK OF WORDS ON ONE PAGE.
IT DONT MUSS THINGS OR SCATTER INK BLOTS AROUND,
OF COURSE IT SAVES PAPER.
                            SUSIE IS GONE,
NOW, & I FANCY I SHALL MAKE BETTER PROGRESS.
WORKING THIS TYPE-WRITER REMINDS ME OF OLD
ROBERT BUCHANAN, WHO, YOU REMEMBER, USED TO
SET UP ARTICLES AT THE CASE WITHOUT PREVIOUS-
LY PUTTING THEM IN THE FORM OF MANUSCRIPT. I
WAS LOST IN ADMIRATION OF SUCH MARVELOUS
INTELLECTUAL CAPACITY.
                            LOVE TO MOLLIE,
                      YOUR BROTHER,
                            SAM
```

Lettre écrite en 1874 par Mark Twain (Samuel Clemens) à son frère après avoir acheté sa première machine à écrire.

DÉFINITIONS MÉDICALES

Pour notre propos, nous définirons simplement la *dysgraphie* comme des *difficultés* en *calligraphie*, et l'*agraphie*, sa forme plus *grave*, comme *l'incapacité d'écrire*. Voici une liste des symptômes typiques :

- Graphisme mauvais ou illisible
- Manière gauche ou contractée de tenir le crayon
- Ne pas écrire droit même sur du papier à lignes
- Taille irrégulière des lettres d'un même mot
- Pas de constance dans l'aspect des lettres et des mots (une même lettre tracée de différentes manières dans le même document)
- Difficulté à écrire à l'intérieur des marges et en respectant l'espacement des lignes, et espacement irrégulier des mots.

Dans le cas de l'agraphie, les symptômes sont l'incapacité de tenir et de manipuler un instrument d'écriture.

Voyons maintenant ce que la médecine a à dire à propos des problèmes de graphisme. Mon fidèle *Merck Manual* mentionne l'*agraphie* et la *dysgraphie*, mais seulement dans la description de l'*aphasie*. Cette condition est définie comme un *défaut ou la perte de la fonction du langage, où la compréhension ou l'expression des mots (ou de leurs équivalents non verbaux) est détériorée à cause d'une lésion des centres du langage dans le cortex cérébral.*

Une lésion du gyrus frontal inférieur juste antérieure aux zones faciale et linguale du cortex moteur (aire de Broca) produit une **aphasie d'expression** ou **motrice**, où la compréhension et la capacité de conceptualisation du patient sont relativement préservées, mais sa capacité à s'exprimer par le langage est endommagée. En général, la détérioration affecte la parole (**dysphasie**) et l'écriture (**agraphie, dysgraphie**).

Il est ironique que les médecins, qui sont connus pour leur graphisme exécrable, désignent une lésion cérébrale comme cause d'un mauvais graphisme. Il semble difficile de croire que les études médicales puissent léser autant de cerveaux.

Même le Centre national pour les handicaps d'apprentissage définit la dysgraphie comme un « désordre neurologique affectant l'écriture ».

Nous avons découvert que les problèmes de graphisme sont généralement causés par plusieurs facteurs autres que des lésions cérébrales. Par « lésion cérébrale », j'entends tout ce qui peut affecter le cerveau à la suite d'une maladie, d'un traumatisme ou de troubles génétiques.

Certains aspects de ce handicap peuvent facilement être rapprochés de la dyslexie à la lecture si l'on considère l'écriture comme l'opposé de la lecture. Quand on lit, le cerveau voit des mots sur le papier et les convertit en concepts. Quand on écrit, le cerveau prend des concepts et les convertit en mots sur le papier.

Dans de nombreux cas, ces problèmes disparaissent automatiquement à mesure que la difficulté à lire est corrigée, ce qui rend très improbable qu'il y ait eu lésion cérébrale à l'origine.

Dans de nombreux cas également, même s'il y avait une pathologie qui prouvait qu'il y avait lésion cérébrale, nous avons résolu avec succès des problèmes de graphisme. Nous avons obtenu des améliorations du graphisme indéniables et permanentes. Il est évident que nous n'avons pas réparé la lésion cérébrale. Tout ce que je peux penser, c'est que de nouveaux circuits se sont créés dans le réseau neuronal pour contourner la zone endommagée. C'est un phénomène similaire à ce qui se passe lorsque des ergothérapeutes aident des victimes d'attaque ou d'accident à récupérer leurs capacités motrices.

SEPT CAUSES DE PROBLÈMES DE GRAPHISME

Chaque problème de graphisme comporte deux éléments : des savoir-faire spécifiques qui manquent, et la raison pour laquelle ces savoir-faire n'ont pas encore été développés. Quand nous observons les problèmes d'une personne, tout ce que nous regardons est l'absence de savoir-faire. Nous devons considérer la personne elle-même pour trouver pourquoi ils ne se sont pas développés. Au cours de mes années de travail avec des élèves, j'ai isolé sept raisons possibles aux problèmes de graphisme :

- lésion cérébrale
- maladie physique et difformité
- calligraphie intentionnellement mauvaise
- pas d'instruction, ou inadaptée
- désorientation
- images mentales multiples
- orientation naturelle inadaptée.

Toutes ne sont pas liées à la dyslexie, donc nous ne les aborderons pas toutes individuellement – seulement les quatre dernières. Traiter les trois premières ne rentre pas dans les objectifs de ce livre, je n'en donnerai donc qu'un bref aperçu.

Lésion cérébrale

Elle peut être due à un défaut de naissance, une maladie ou une blessure accidentelle. S'il existe vraiment une lésion cérébrale, il y aura une pathologie pour en confirmer l'existence. Je ne parle pas d'un soupçon qu'un enfant a pu tomber de la balançoire. Je parle de complications constatées et consignées dans le dossier au moment de la naissance, ou d'une forte fièvre tenace, un accident ayant causé une blessure à la tête, ou une quasi-noyade.

Notre stratégie n'est pas uniformément efficace, mais nous avons obtenu certains résultats en traitant le problème de la même manière que la *dyspraxie* (une forme de dyslexie avec maladresse, ou orientation naturelle inadaptée). Suivez la stratégie et les instructions exposées au chapitre 24 et voyez ce qui se passe.

Maladie physique et difformité

Une difformité physique peut aussi être due à un défaut de naissance, une maladie ou une blessure accidentelle. La difformité sera généralement évidente. Toutefois, cette catégorie inclut aussi des conditions médicales telles que paralysie cérébrale, dystrophie musculaire, sclérose en plaques et paralysie infantile. Pour ces dernières, il devrait y avoir des dossiers médicaux à l'appui. Les problèmes de graphisme qui accompagnent les maladies physiques et les difformités n'entrent pas dans le champ de nos stratégies.

Mauvaise calligraphie intentionnelle

La mauvaise calligraphie intentionnelle est une raison commune de mauvais graphisme. Il n'y a pas de lien direct avec la dyslexie. N'importe qui peut acquérir cette habitude, vraisemblablement pour dissimuler une autre lacune. Souvent, la personne essaie de dissimuler une mauvaise orthographe derrière un mauvais graphisme. Un mauvais graphisme peut aussi cacher des incertitudes sur la ponctuation, la grammaire ou la structure d'une phrase. Si le lecteur a du mal à déchiffrer le gribouillage, il y a des chances pour qu'il ne remarque pas une ou deux fautes d'orthographe, ou l'absence de virgules et de points, ou de majuscules. Au bout d'un certain temps, l'habitude devient enracinée, et la personne peut même ne pas s'en rendre compte.

En général, le mauvais graphisme intentionnel ne présente pas de symptômes spécifiques, par conséquent il peut être malaisé de l'identifier. En vérifiant l'orthographe, la ponctuation et la grammaire, on pourrait essayer de découvrir un problème sous-jacent qui est caché, mais même là on peut avoir du mal. La meilleure manière de l'identifier est probablement par élimination. Si le problème n'entre dans aucune des autres catégories, alors on peut conclure que c'est la bonne. Le mauvais graphisme intentionnel n'a pas de lien direct avec la pensée en images ou la désorientation, donc nous n'irons pas plus loin et ne proposerons aucune solution directe.

Toutefois, si vous avez affaire à un enfant chez qui des TDA ont été diagnostiqués, vous risquez de vous trouver devant un problème de graphisme qui *a l'air* intentionnel mais qui ne l'est pas. Dans ce cas, l'écriture de l'enfant est normalement indéchiffrable, mais si l'on insiste, il peut écrire d'une manière tout à fait lisible. Ce qui peut être agaçant pour un parent qui sait que l'enfant peut mieux faire mais ne le fait pas. Cela donne l'impression que l'enfant est paresseux, s'en moque ou est insolent. Ce problème est en grande partie lié à la vitesse de l'horloge interne. Cela semble presque miraculeux, mais en utilisant les simples outils d'orientation (chapitre 9) et l'installation d'un compteur d'énergie (chapitre 13), le problème devrait disparaître tout seul.

Pas d'instruction, ou inadéquate

C'est si évident que l'on pourrait l'oublier facilement. Un élève peut avoir des problèmes de graphisme simplement parce qu'on ne lui a jamais vraiment appris à écrire, ou que l'instruction reçue était insuffisante pour qu'il apprenne correctement. Il n'est pas donné à tout le monde d'aller à l'école. Parfois, de sérieuses maladies infantiles font manquer l'école, des leçons importantes sont sautées et jamais vraiment remplacées.

Ces déficiences n'ont pas de rapport direct avec la pensée en images ou la désorientation, mais cette dernière peut contribuer indirectement au problème. La capacité de désorientation permet à l'élève d'être physiquement présent dans la classe sans y être en esprit. Une réalité alternative ou une rêverie causée par un état de désorientation peut ébranler la meilleure instruction. Et il peut y avoir un autre lien.

Au fil des années j'ai travaillé avec un certain nombre d'élèves plus âgés qui avaient été dépistés comme dyslexiques à l'école maternelle ou primaire. Dans le cadre d'une volonté de l'école de donner une éducation adaptée, conformément à la loi, des concessions étaient faites. Entre autres, souvent, des séances de lecture individuelles ou par petits groupes. Ces sessions spéciales n'avaient pas lieu en plus des activités normales de la classe, mais *à leur place*. Arrivés en CE2, ces enfants étaient placés dans un programme d'éducation spécialisée qui consistait surtout en leçons de lecture à base phonique. Plusieurs d'entre eux m'ont dit qu'ils ne se souvenaient pas d'avoir eu la moindre leçon de calligraphie.

Pour déterminer si le problème de votre élève entre dans cette catégorie, commencez par le questionner. Demandez-lui si on lui a appris à écrire. Si c'est non, la solution est simple et directe : faites-le. Toutefois, si l'élève n'a pas reçu d'instruction adéquate à cause d'une

« éducation adaptée », il aura probablement d'autres problèmes d'apprentissage qui doivent être résolus en priorité.

Désorientation

Cette catégorie suit le même modèle de stimulation/réaction que la dyslexie à la lecture. L'individu, en situation orientée, rencontre un stimulus qui le désoriente, en général pour une fraction de seconde seulement. Pendant la désorientation, le graphisme s'en va de travers. Nous avons rarement constaté ce problème chez les enfants, et dans ce cas, presque toujours accompagné de dyslexie à la lecture.

Au fil des ans, nous avons découvert que les déclencheurs de la désorientation en graphisme se classaient en deux catégories de base : les *déclencheurs ligne et forme* et les *déclencheurs mouvement*. Ni les lignes, ni les formes, ni les mouvements seuls peuvent désorienter, il doit donc y avoir quelque chose entre le déclencheur et la désorientation. C'est l'émotion. Dans les cas de dyslexie à la lecture, l'émotion déclencheuse est le sentiment de confusion. Pour les problèmes de graphisme, cela pourrait être la confusion ou autre chose.

Donc, nous avons l'anatomie d'un déclencheur - ligne, forme ou mouvement - qui produit une émotion, qui à son tour désoriente. Les émotions viennent d'expériences vécues par l'individu. Il y a quelque part dans le passé de la personne une expérience vécue qui contenait cette émotion. D'une manière ou d'une autre, une ligne dans une direction particulière ou une certaine forme, ou un mouvement particulier, rappelle cette expérience à l'individu. Le subconscient relie la ligne, la forme ou le mouvement à l'expérience passée et ramène l'émotion au premier plan. L'individu commence à ressentir inconsciemment l'émotion passée dans le présent, et il en résulte une désorientation.

Pour identifier ce type de problème, observez la personne pendant qu'elle écrit. Vous verrez des symptômes de désorientation qui durent en général une fraction de seconde. La désorientation va causer dans le graphisme une anomalie régulière ou « raté » dû à un tic nerveux ou une contraction musculaire. Chaque fois que l'élève doit tracer une ligne dans une direction particulière, il y a désorientation et l'anomalie se produit. Ou chaque fois que l'élève doit tracer une forme particulière, ou faire un certain mouvement avec la main ou le crayon, la voilà encore. Elle se produira exactement au même endroit et avec la même configuration à chaque fois.

Le raté apparaîtra dans le tracé de la ligne ou de la forme que l'élève essaie de dessiner. Par exemple, la forme circulaire de la lettre O peut ne pas être ronde ; elle peut ressembler à un D ou avoir des lignes verticales ondulées.

Un élève appartenant à cette catégorie aura souvent tendance à écrire très petit. Il lui paraîtra difficile de faire les lettres plus grandes.

Une autre possibilité : un élève atteint de dyslexie à la lecture qui ressent une confusion globale avec les mots. Dans cette situation, la simple action d'écrire des mots déclenche une désorientation. Voici deux caractéristiques communes qui permettent d'identifier ce problème :

- Sur du papier sans lignes, le texte n'est pas écrit en ligne droite. Parfois, même avec du papier à lignes il peut ne pas être droit.
- Généralement, la taille des lettres n'est pas régulière, surtout en lettres d'imprimerie. Il peut aussi y avoir un mélange incorrect de majuscules et de minuscules. Chez les élèves plus âgés, l'écriture peut être limitée à des majuscules

d'imprimerie.

Dans ce cas, il faut corriger la dyslexie à la lecture avant de s'attaquer au problème de graphisme. Dans ce processus, le problème de graphisme peut disparaître sans instruction supplémentaire. Sinon, il y a au chapitre 22 des exercices spécifiques pour identifier et désamorcer les émotions déclencheuses.

Images mentales multiples

Ici la désorientation n'est pas un facteur direct, mais le simple fait de penser en images peut rendre une personne vulnérable au problème. Il se produit lorsque la personne qui forme à la calligraphie ne comprend pas ce qui arrive quand des modèles visuels sont donnés à quelqu'un qui pense en images. Pendant qu'il instruit l'élève, le professeur lui donne par inadvertance des modèles multiples de ce à quoi l'écriture devrait ressembler. Par exemple, un élève de maternelle apprend à écrire son nom, John, de la manière en vigueur à l'école. Il trace :

John

Comme il ne l'a pas tout à fait bien réussi au premier essai, l'instituteur écrit le mot à gauche de celui que l'enfant a écrit, comme modèle.

L'élève recommence.

Ce n'est pas encore tout à fait cela. Alors l'instituteur fait un autre modèle.

Ce qu'il fait paraît sensé. Il donne à l'enfant des modèles à reproduire. L'ennui, c'est que les deux modèles donnés ne sont pas identiques.

Pour la plupart des élèves, ce ne serait pas un problème, mais chez quelqu'un qui pense en images, cela peut causer de *l'agraphie*, le plus sérieux des problèmes d'écriture.

L'enfant qui pense en images a fait une copie mentale exacte du modèle du professeur. Quand le second modèle a été donné, il a fait de même. À sa tentative suivante, il a consulté les deux images mentales, mais non pas côte à côte. Les images étaient superposées. Comme les modèles n'étaient pas identiques, le mélange des formes a produit un méli-mélo de lignes. L'image mentale que l'enfant essayait de suivre comme modèle était impossible à dessiner.

Dans ce genre de situation, chaque fois que le professeur donne un nouveau modèle, même avec de très légères variations, il se superpose aux autres et ajoute encore plus de difficulté. Littéralement, plus l'enfant reçoit d'instructions, plus le problème empire. Plus on lui donne de modèles, plus il lui est difficile d'essayer d'écrire. À la fin, son image mentale ressemble à ceci :

Sa réaction naturelle sera de tenir le crayon de plus en plus serré jusqu'à ce que ses doigts se fatiguent. Il appuiera de plus en plus fort jusqu'à ce que la mine du crayon se casse ou que le papier se déchire. À chaque essai qu'il fera d'écrire simplement son nom, tout son corps se tendra davantage. À la fin, il arrivera au point où il ne pourra même plus tenir et manier un instrument d'écriture. La seule pensée d'essayer d'écrire causera une anxiété extrême. Il n'est pas rare pour les enfants affectés d'agraphie de prendre des médicaments contre l'hypertension, la dépression ou les TDA.

Ces signes indiquent qu'il faut traiter le problème des images mentales multiples.

Orientation naturelle inadaptée (*dyspraxie*)

Enfin, nous avons le problème de graphisme qui accompagne l'état connu sous le nom de *dyspraxie*. La dyspraxie est généralement associée à des « troubles déficitaires de l'audition », mais elle est également appelée « syndrome de l'enfant maladroit ». Elle affecte entre 2 et 4% de la population et est généralement considérée comme un déficit neurologique qui retarde ou empêche le développement des capacités motrices et de la coordination. Un mauvais graphisme n'est que l'un des nombreux symptômes possibles :

- Mauvaise coordination générale. La personne est maladroite et peut avoir des difficultés à marcher droit, à lacer ses chaussures ou à accomplir toute tâche qui requiert une habileté motrice fine.
- Manque de latéralisation (sens de la droite et de la gauche). La personne a du mal à distinguer la droite de la gauche et à passer la ligne médiane de son corps avec la main ou le pied.
- Difficultés de perception et d'élocution. La personne peut avoir des problèmes de compréhension ou un défaut d'élocution.

Les chercheurs ont noté que cet état *s'accompagne* souvent de dyslexie, de TDA, de dysgraphie ou de problèmes en maths. Nous l'appelons simplement « dyslexie maladroite ».

Nous avons découvert que la dyspraxie se produit lorsque l'orientation naturelle de la personne est très mal située. Son orientation habituelle se trouve quelque part en face du corps et sous la ligne de vision. Cette orientation produira les symptômes classiques de dominance hémisphérique mixte du cerveau, comme la confusion droite/gauche. Elle peut aussi créer l'effet d'une barrière médiane, et l'individu ne peut pas déplacer une main ou un pied de l'autre côté de la ligne médiane de son corps.

La barrière médiane empêche aussi les yeux de balayer l'autre côté de la ligne médiane, elle peut donc être une barrière à la perception. Pour une personne dans ce cas, la moitié du monde est coupée. La moitié du monde située de l'autre côté de la ligne médiane n'existe pas. Cette anomalie n'affecte pas seulement la perception visuelle ; elle déforme aussi gravement la perception auditive, et la personne peut entendre les sons brouillés, trop fort ou trop bas, ou provenant du mauvais endroit. Ceci explique pourquoi le problème est souvent considéré comme un handicap auditif.

Chez les enfants ayant atteint l'âge où les capacités motrices devraient normalement être développées, les symptômes de la barrière médiane sont faciles à voir. Quand ils vous parlent, ils ne vous regardent généralement pas en face. S'ils le font, l'un de leurs yeux se fermera souvent ou se détournera dans une autre direction. Ils sont presque toujours gauches d'allure et extrêmement maladroits. Quand ils lisent, ils tiennent le livre de côté, parfois à un angle de quatre-vingt-dix degrés. Quand ils essaient d'écrire, le papier aussi est placé de côté. Ils le proposent souvent de manière à écrire verticalement au lieu d'écrire de gauche à droite.

Le problème de graphisme qui accompagne la barrière médiane se manifeste essentiellement quand l'enfant doit tracer une lettre qui traverserait la ligne médiane, mais le problème va bien au-delà. Quand nous regardons de face la lettre A, nous en voyons la symétrie. Les lignes diagonales ont droites et se joignent au sommet. La ligne horizontale est droite et relie le deux diagonales en leur milieu. Une personne ayant un problème de barrière médiane ne peut pas regarder la lettre de face ; elle n'en verrait que la moitié. Pour voir la lettre en entier, elle doit déplacer son foyer de vision de façon que toute la lettre se trouve un côté de la ligne médiane. Ce faisant, elle perd la symétrie de la lettre. Les lignes diagonales apparaissent courbes et ne se joignent pas au centre de la lettre. Le problème de graphisme est causé par le problème de perception. Lorsqu'on essaie de tracer les lettres, on peut tout au plus reproduire les distorsions perceptuelles.

Une vue d'ensemble de la situation nous permet de conclure que le cerveau de cet individu n'a jamais vu de lignes droites verticales ou diagonales. L'incapacité de les regarder en face a causé une distorsion de la perception. Si le cerveau ne les a jamais vues, il ne peut pas dire à la main de les tracer.

Même après des années de pratique, une personne dyspraxique ne pourra pas tracer une ligne verticale ou diagonale droite avant d'avoir appris à s'orienter. Placer le papier à quatre-vingt-dix degrés pour écrire verticalement aide un peu, mais n'élimine pas le besoin d'avoir à tracer des lignes verticales et diagonales.

Un enfant dyspraxique à qui l'on enseigne la calligraphie a un handicap que l'enseignant ne voit pas et ne comprend pas. Puisque l'enfant ne perçoit pas la symétrie des lettres, on aura beau essayer de le former à la manière traditionnelle, il n'y aura aucune différence. Peu importe le nombre de modèles qui lui seront montrés. Son cerveau ne pouvant pas percevoir avec exactitude l'image des modèles, il ne pourra jamais les reproduire correctement.

Ce problème d'écriture ne se limite pas à l'incapacité de tracer des lignes droites verticales ou diagonales. Les lignes qui se joignent présentent un problème encore plus grand. L'enfant aura d'extrêmes difficultés avec les lettres où des diagonales se joignent, comme les lettres A, M, V et W, parce que l'absence de symétrie déforme sa perception des points d'intersection. Le A et le V sont déjà assez malaisés avec un seul point d'intersection. Le M et le W qui en ont trois sont incroyablement difficiles.

Il est facile d'identifier ce type de problème, parce que vous observerez beaucoup des caractéristiques évidentes décrites plus haut. Pour le cerner encore mieux, vous pouvez simplement demander à l'enfant de dessiner les lettres A et W en caractères d'imprimerie en suivant un modèle. Encore mieux, afin d'éviter toute confusion avec le type de problème « images mentales multiples », demandez-lui de former les lettres A et W avec des boudins de pâte à modeler en copiant un modèle que vous mettez sur la table. S'il y a dyspraxie, il n'y aura aucune symétrie dans les lettres. Les lignes ne seront pas droites et les points d'intersection seront incorrects. Cela ressemblera à quelque chose comme ceci :

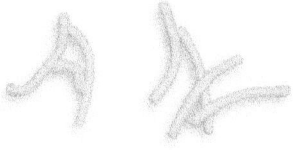

Nous avons couvert à peu près toutes les possibilités. Si votre élève a un problème de graphisme, la cause probable en est l'une des catégories décrites ci-dessus. Au cours des années, nous avons mis au point des stratégies correctives pour les quatre dernières, qui sont toutes liées directement ou indirectement à la désorientation et à la pensée en images. Les stratégies exposées dans les chapitres 20 à 24 sont nos techniques éprouvées pour les éliminer.

II.
LES OUTILS DE BASE

6.
Présentation des outils de base

Les procédures de conseil d'orientation et de maîtrise des symboles utilisées dans cet ouvrage sont les mêmes que celles publiées dans notre premier livre, Le don de dyslexie. Ce livre-ci comporte trois procédures additionnelles qui se rapportent aux autres facettes de la dyslexie qui n'avaient pas encore été publiées. L'ensemble constitue les « outils de base » qui s'emploient avec des exercices spécifiques pour corriger les TDA et les problèmes en maths et en graphisme. L'introduction de chaque section sur ces problèmes spécifiques de l'apprentissage vous dira lesquels de ces exercices appliquer, et dans quel ordre. Voici un bref aperçu des outils de base qui suivent.

MOTIVATION ET RESPONSABILITÉ (CHAPITRE 7)

Le premier pas pour corriger tout handicap d'apprentissage est le désir de changement. Ce chapitre donne des indications et des conseils pour aider votre élève à trouver la motivation nécessaire pour s'attaquer à un problème d'apprentissage.

ÉVALUATION DES CAPACITÉS PERCEPTIVES
(CHAPITRE 8)

Deux procédures peuvent être utilisées pour parvenir à un état orienté : le conseil d'orientation et l'alignement. Cette brève évaluation vous indiquera laquelle des deux est la mieux adaptée au mode de pensée de votre élève. S'il peut exécuter facilement les étapes de l'évaluation, vous utiliserez le conseil d'orientation, sinon, l'alignement.

CONSEIL D'ORIENTATION (CHAPITRE 9)

La procédure originelle d'orientation établit un « point » d'orientation qui permet à l'élève de percevoir son environnement physique sans déformation de perception. Cette procédure est particulièrement appropriée pour les individus qui sont essentiellement des apprenants visuels.

RELÂCHEMENT ET VÉRIFICATION DE L'ORIENTATION (CHAPITRE 10)

Le relâchement est un exercice de relaxation qui permet à l'élève d'éviter ou d'éliminer le stress et la tension. La vérification est une méthode simple de contrôler la position du point d'orientation à appliquer pendant les premiers jours qui suivent la session initiale d'orientation.

LE RÉGLAGE OPTIMAL DE L'ORIENTATION (CHAPITRE 11)

Là, vous aiderez l'élève à déterminer son point d'orientation optimal et à le réajuster périodiquement.

PROCÉDURE D'ALIGNEMENT (CHAPITRE 12)

L'alignement est une technique d'orientation pour les personnes qui sont essentiellement des apprenants kinesthésiques ou tactiles, ou sont âgées de moins de sept ans (voir détails au chapitre 12). Si votre élève n'arrive pas à exécuter facilement les exercices d'évaluation des capacités perceptives, c'est la forme d'orientation qu'il faut employer.

COMPTEUR D'ÉNERGIE (CHAPITRE 13)

Il s'agit d'un processus mental qui permet à un élève de contrôler son horloge interne et d'ajuster son niveau d'énergie sur un réglage approprié pour une activité donnée. Cette procédure a été développée pour aider les élèves à contrôler l'aspect « hyperactif » des TDA, mais nous avons trouvé qu'elle était salutaire pour tous les élèves, avec ou sans problèmes d'apprentissage.

THÉRAPIE DE COORDINATION (CHAPITRE 14)

Si votre élève présente des symptômes de maladresse, mauvaise coordination, ou retard dans le développement des capacités motrices, utilisez périodiquement cet exercice simple après le réglage optimal.

MAÎTRISE DES SYMBOLES ET MAÎTRISE DES CONCEPTS (CHAPITRE 15)

Dans la maîtrise des symboles, l'élève modèle la signification et la configuration des signes du langage en pâte à modeler.

Les symboles sont les lettres de l'alphabet, les signes de ponctuation, les chiffres, ou les mots. C'est une manière d'associer les signes avec leur signification. Si votre élève présente des symptômes de dyslexie à la lecture, il faudra probablement appliquer l'intégralité du programme de correction exposé dans *Le don de dyslexie*. Ici, nous donnons une description générale des étapes de la maîtrise des symboles pour l'alphabet, les signes de ponctuation et les mots. Dans la maîtrise des concepts, l'élève crée en pâte à modeler un scénario qui démontre un concept ou principe fondamental indispensable dans les bases de l'apprentissage. La création comportera le concept de « soi ». Cela afin que l'élève puisse examiner comment le principe ou concept se rapporte à lui-même, et comment il interagit avec son environnement et avec les autres.

ÉTABLIR L'ORDRE (CHAPITRE 16)

Les enfants (et beaucoup d'adultes) souffrant de TDA sont notoirement désorganisés et désordonnés. C'est également souvent vrai pour les personnes qui ont des problèmes en maths. Le désordre est en rapport direct avec de nombreux aspects de cet état, dont le manque du sens du temps qui passe et le manque de compréhension des concepts de base tels que la conséquence et la séquence. Une fois que ces concepts sont réglés, il sera peut-être temps de faire des exercices pratiques d'application des principes fondamentaux pour établir et maintenir l'ordre. Ces exercices sont également conçus pour favoriser la responsabilité personnelle. Vous pouvez les utiliser avec quiconque a besoin d'acquérir la capacité d'établir et de maintenir l'ordre.

QUELLE MÉTHODE D'ORIENTATION EMPLOYER ?

La première étape pour aborder les procédures de base est de décider quelle méthode d'orientation employer. Voici quelques indications :

- Si vous travaillez avec un enfant de moins de sept ans, utilisez la procédure d'alignement. Elle a fait ses preuves chez des enfants de cinq ans.
- Si vous travaillez avec un enfant de sept ans et plus, faites l'évaluation des capacités perceptives. Si la personne peut facilement visualiser un morceau de gâteau dans sa main et le voir sous différentes perspectives, utilisez le conseil d'orientation.
- Si la personne ne peut pas faire aisément ce qui est requis dans l'évaluation des capacités perceptives, vous avez probablement affaire à un apprenant tactile ou kinesthésique, utilisez alors la procédure d'alignement.

Le conseil d'orientation est la meilleure procédure pour un apprenant essentiellement visuel. Cependant, certains dyslexiques sont des apprenants tactiles, et quelques-uns peuvent même être des apprenants auditifs. Pour ces derniers, la procédure d'orientation risque d'être difficile ou impossible à exécuter. Cela ne signifie pas qu'ils sont incapables de trouver un état orienté ou d'apprendre à contrôler la désorientation, cela signifie simplement qu'ils doivent y accéder d'une autre manière.

À première vue, les procédures d'orientation se valent parce que dans les deux cas, il en résulte une personne qui peut s'orienter à volonté. La différence réside dans la facilité d'application. Plus un outil est facile à utiliser pour une personne, plus il sera efficace. C'est pourquoi on a le choix entre deux.

Des études du Programme Stratégies d'Apprentissage Davis (une adaptation des méthodes Davis pour la classe) ont montré que tous les plus jeunes élèves ont avantage à avoir un outil d'orientation, qu'ils aient ou non des problèmes d'apprentissage. On a donné aux élèves qui ont suivi le programme depuis la maternelle jusqu'en CE2 une procédure appelée *mise au point*, qui est une variante de la procédure d'alignement, pratiquée comme activité de groupe sous la supervision de l'enseignant.

N'employer qu'une procédure

Il semblerait logique de donner à l'élève les deux procédures et le laisser déterminer celle qui lui convient le mieux. Mais cette logique simple comporte une faille. Ce serait comme si l'on donnait à un apprenti bûcheron une hache dans une main et une tronçonneuse dans l'autre et qu'on lui demandait d'abattre un arbre. Il pourrait le faire avec l'un ou l'autre outil, mais pas s'il essayait de les utiliser en même temps. Il pourrait utiliser la tronçonneuse pour couper la hache ou la hache pour couper la tronçonneuse. Aucun des outils ne serait efficace, et les deux pourraient être endommagés. Bien sûr, la hache et la tronçonneuse sont des outils physiques. On peut les garder dans un coffre à outils et n'en sortir qu'un à la fois. Les procédures d'orientation sont des processus mentaux qui ne peuvent pas être séparés aisément.

Nous avons appris par expérience que si l'on essaie d'employer les deux outils en même temps, l'élève risque d'être l'objet de distorsions imprévisibles de la perception. Si cela se produit, cela peut être difficile à corriger et l'élève risque d'en garder une aversion pour les deux outils.

L'œil de l'imagination

Que vous utilisiez l'orientation ou l'alignement, vous demanderez à l'élève de percevoir le monde mentalement à partir d'un endroit précis de l'espace et d'établir un « point » optimal. Ce concept n'est pas toujours aisé à saisir pour les non-dyslexiques, parce qu'ils perçoivent déjà le monde à partir d'un point d'orientation fixe. Il peut ne pas être totalement précis, mais il est stable. Un dyslexique qui a appris très tôt à manier la désorientation a tendance à déplacer son point d'orientation de manière à percevoir le monde sous différents angles.

La plupart des gens pensent qu'ils perçoivent leur environnement d'un point situé quelque part derrière les yeux. Pour ceux qui pensent en mots, ce point de vue est souvent un point stable situé quelque part à l'intérieur de l'arrière de la tête.

Quel qu'en soit l'emplacement, il est ce que j'avais à l'origine qualifié d'« épicentre de la perception » ou, pour abréger, d'œil de l'imagination. C'est le point de l'espace à partir duquel une personne reçoit le plus de stimuli perceptifs, y compris les sons, l'équilibre et le mouvement, ainsi que les images mentales retrouvées et extraites.

Pour les dyslexiques, qui forment spontanément un modèle en 3D du monde qui les entoure, l'œil de l'imagination se repositionne pour saisir des perspectives différentes. Quand un dyslexique confond les lettres d et b, c'est probablement parce qu'il voit la lettre par derrière - son œil de l'imagination est passé de l'autre côté du papier. C'est très pratique dans le cas des objets en 3D, mais pour voir correctement des objets en deux dimensions, l'œil de l'imagination doit être stabilisé en un point où les perceptions sont constantes et exactes. C'est ce que fait l'orientation. Nous établissons mentalement un point de vue dans l'espace d'où la perception est optimale. Ce point est habituellement situé à quinze ou trente centimètres au-dessus et derrière la tête, toujours sur la ligne médiane du corps.

À la lecture des descriptions des deux procédures, vous voyez que les deux sont conçues pour obtenir le même résultat. Les exercices de réglage qui suivent ne font qu'aider la personne à trouver le point précis où toutes les perceptions sont « accordées » pour la plus grande précision.

Une fois que vous aurez complété tous les stades de la procédure d'orientation appropriée, vous pourrez vous concentrer sur le domaine d'apprentissage qui présente les plus grands obstacles pour votre élève. Vous aurez probablement acquis une bonne compréhension des problèmes sur lesquels travailler en lisant les chapitres précédents. Donc, dès que vous aurez l'accord de l'élève, vous n'aurez plus qu'à suivre les instructions comme une recette de cuisine. Si vous êtes sur la bonne voie, vous devriez remarquer des résultats positifs dès le début.

LE CONSEIL D'UNE MAMAN

(Lettre envoyée au comité de discussion de la Davis Dyslexia Association à www.dyslexiatalk.com)

J'ai suivi avec ma fille le conseil d'orientation. Elle avait presque treize ans à l'époque et nous avons toutes les deux été abasourdies ! Je n'ai pas compris, mais elle si ! Si vous n'êtes pas dyslexique vous-même, il vous sera probablement impossible de croire que ça va marcher.
Les grandes lignes du livre ont marché parfaitement pour nous. Vous n'avez qu'à les suivre pas à pas sans rien omettre, et ça marchera pour l'élève. Soyez très confiants.
J'étais époustouflée ! Ma fille arrivait à tout visualiser exactement comme le livre l'indiquait, et je suis allée jusqu'au bout (parfois avec incrédulité).
Choisissez un endroit tranquille sans distractions, coups de téléphone, sonneries à la porte ou chiens qui aboient. Consacrez deux heures à l'évaluation et à l'orientation. Cela vous donnera le temps de faire des pauses et de pratiquer aussi le relâchement si nécessaire.
Quand nous avons terminé, ma fille en sautait presque au plafond, elle trouvait ça « trop cool » ! J'aimerais savoir ce qu'elle a ressenti. Je suppose que je n'ai pas son esprit exceptionnel, imaginatif et tridimensionnel.

C'est un bon exemple du précepte « agissez d'abord, vous poserez les questions plus tard ». Bonne chance à tous ceux qui l'utilisent - n'ayez pas peur, allez-y !

Connie Kronberg-Talbert

7.
Motivation et responsabilité

Ce sont les deux facteurs clés à considérer avant d'entreprendre de corriger des problèmes d'apprentissage. Il y a une vérité élémentaire à ne pas oublier : la seule personne capable de corriger un problème d'apprentissage est celle qui en souffre. Votre rôle n'est que de faciliter les efforts de cette personne pour opérer les changements nécessaires. Vous ne pouvez ni le faire à sa place, ni le lui faire.

Les outils qui suivent n'auront d'effet que si vous avez la coopération volontaire de votre élève. S'il n'a pas un désir sincère de changement, vos chances de succès à favoriser la correction du problème sont très minces. S'il n'est pas motivé, vous perdrez votre temps à essayer de le faire changer. Par conséquent, l'étape de motivation de l'élève est la plus importante du processus.

Le succès d'un processus de correction est conditionné par la place de la responsabilité. Je n'entends pas par ce mot « fardeau », ou « comptes à rendre », ou « obligation ». L'essence de la responsabilité est la *capacité et la volonté de contrôler quelque chose*. Il ne peut y avoir responsabilité que si une personne peut et veut causer un changement désiré ou empêcher un changement non désiré. Si quelqu'un qui peut ne veut pas, il ne peut pas être responsable. De même, s'il veut mais ne peut pas, il ne peut pas être responsable. Chaque fois que ce concept simple est violé, on peut s'attendre à un traumatisme émotionnel et psychologique. Si vous voulez faire l'expérience de la folie, essayez d'être responsable de quelque chose que vous ne pouvez pas changer. Les sentiments de frustration et de culpabilité résultent de responsabilité violée.

La perspective à adopter est donc de présumer que la personne avec laquelle vous travaillez doit assumer la responsabilité de corriger ses propres problèmes d'apprentissage. Au début, votre élève n'aura ni les connaissances, ni les capacités pour le faire. Votre première tâche sera donc de l'aider à assumer volontairement la responsabilité de corriger son problème. Vous pourrez ensuite l'aider à acquérir les connaissances et les capacités nécessaires à cet effet.

Ce livre donne tous les détails sur la marche à suivre. À mesure que vous aiderez l'élève à mettre les informations en pratique, cela deviendra sa connaissance. Dès qu'il mettra en pratique ses nouvelles connaissances, ses capacités se développeront naturellement. Votre rôle est d'assister la personne en lui fournissant l'instruction et les outils qui l'aideront à acquérir les connaissances et les capacités dont elle a besoin.

VOTRE PROPRE RESPONSABILITÉ

Votre rôle de tuteur comporte ses propres responsabilités. Vous devez être capable de lire et de suivre les instructions. Vous devez être disposé à et capable d'assister l'élève à suivre les instructions. Vous devez aussi être capable de donner ces instructions sans empiéter sur la responsabilité de la personne.

Avant tout, votre rôle est de vous assurer que l'élève est motivé à éliminer le problème. S'il n'est pas vraiment motivé ou n'accepte pas la responsabilité, vous devez d'abord l'aider à se motiver de façon à pouvoir assumer la responsabilité d'opérer les changements nécessaires pour réussir. Aider un élève à acquérir cette volonté sera peut-être le plus grand challenge pour les deux personnes. Une fois ce point obtenu, l'aider à acquérir les capacités nécessaires devrait être comparativement facile.

Dans cet effort, la motivation revêt trois aspects. Le premier est la prise de conscience de l'existence d'un problème. Deuxièmement, il doit y avoir désir d'éliminer le problème. Troisièmement, il doit y avoir une volonté et un engagement à investir le temps, l'effort et l'énergie nécessaires pour l'éliminer. Si l'un de ces trois facteurs est absent ou pas très affirmé, vos chances de succès sont presque nulles.

Les parents peuvent tenir ce rôle de tuteur, car ils ne le font pas en tant que parents. C'est un rôle d'animateur, d'entraîneur, de guide et de mentor. Pour faire ces exercices, votre propre enfant doit devenir votre élève. Si l'enfant n'est pas vraiment motivé, vous ne pourrez pas vous contenter d'insister pour qu'il suive vos instructions. Vous pourrez peut-être obliger votre enfant à faire ce que vous voulez, mais il n'y gagnera rien. Il est très commun, surtout avec de jeunes enfants, que le parent soit beaucoup plus conscient du problème que l'enfant. Votre enfant ne peut pas partager votre motivation. Chacun de vous doit avoir la sienne.

Questions à vous poser

Donc, si vous êtes parent, vous devez d'abord considérer votre propre motivation à aider.

Savez-vous que votre enfant a un problème ?
Souhaitez-vous aider votre enfant à éliminer ce problème ?
Êtes-vous prêt(e) à investir le temps, l'effort et l'énergie nécessaires pour aider votre enfant à éliminer le problème ?
Êtes-vous prêt(e) à ce que votre enfant devienne votre élève ?
Êtes-vous prêt(e) à assumer la responsabilité et la conduite du processus de correction ?
Le moment venu, serez-vous capable de confier à votre enfant la

maîtrise de la correction du problème ?

Si rien ne vous retient, vous avez le feu vert pour aller de l'avant. Si la réponse à une au moins de ces questions n'est pas très assurée, je vous recommande de trouver quelqu'un d'autre qui serait prêt à donner cette instruction, ou vous adresser à un professionnel. Contactez-le facilitant Davis le plus proche, vous en trouverez la liste sur l'Internet à www.dyslexie-tda-dyscalculie.eu

Soyez ouvert et honnête avec votre élève

Au fil des ans, quand je faisais passer des tests à des enfants pour le programme de correction de la dyslexie Davis, certains parents me demandaient de ne pas employer le mot « dyslexie » devant leur enfant. Ces parents tentaient de protéger leur enfant de la réalité émotionnelle de leur problème. Ils ne voulaient pas que leur enfant souffre.

C'était compréhensible mais à mon avis, c'était la pire chose qu'un parent pouvait faire à un enfant. Ces parents donnaient à leur enfant une interprétation inexacte de la réalité. Il ne pouvait en résulter qu'une interprétation inappropriée de sa propre existence. Cela pouvait aussi semer les graines d'autres troubles émotionnels et psychologiques futurs. Protéger un enfant de cette manière équivaut à le pousser à la démence.

L'enfant finira par découvrir la vérité, mais sa réaction à ce moment-là ne sera pas rationnelle. Ces situations ont toujours été très douloureuses pour moi, car il est extrêmement difficile - et parfois impossible - de trouver le moyen de motiver les élèves qui ont été soumis à ce genre de dénégation. Il m'est arrivé d'avoir à refuser de travailler avec certains de ces élèves et de les renvoyer avec leurs handicaps d'apprentissage non résolus. J'aurais pu aider, si seulement l'enfant avait su que mon aide était nécessaire. Mais cela aurait demandé que je discute ouvertement avec l'enfant de son problème et de son besoin d'aide.

Plus une personne est consciente d'avoir un problème, plus il est facile de la motiver à le résoudre. Le contraire est également vrai. Si la personne n'a pas conscience d'avoir un problème, il peut être impossible de trouver le moyen de la motiver. Il ne sera pas difficile de trouver une brèche, même dans les cas difficiles, si vous pensez à suivre ces trois étapes :

1. Assurez-vous que l'élève est conscient de l'existence d'un problème.

2. Assurez-vous qu'il désire résoudre son problème.

3. Obtenez de l'élève l'engagement de consacrer le temps et l'effort nécessaires pour corriger le problème.

Ce sont les trois étapes de la motivation. Chacun est différent, le désir de changement variera donc d'un élève à l'autre, mais ils auront certains facteurs communs. Pour motiver qui que ce soit à faire quoi que ce soit, nous devons canaliser l'attention et l'énergie dans la direction où nous voulons qu'elles aillent, et créer l'intention chez la personne de prendre ce que nous pouvons lui donner.

QUE DIRE

1. **Demandez s'il y a un problème et obtenez de l'élève qu'il admette qu'il en existe un.** De là, allez directement à ce qu'est ce problème du point de vue de l'élève. Vous devrez

découvrir quelque sentiment négatif dû à l'existence de ce problème. Il ne sera peut-être pas perçu ou exprimé par l'élève comme vous l'auriez attendu. Il peut apparaître comme un résultat indirect du handicap d'apprentissage observé par les parents et les professeurs. Quoi qu'il en soit, cela doit provoquer le sentiment négatif d'avoir ce problème.

2. **Demandez à l'élève s'il aimerait que ce problème disparaisse.** En posant cette question, vous demandez en fait à l'élève d'imaginer que le problème n'existe pas, et d'imaginer comment il se sentirait dans ce cas-là. La différence entre le sentiment d'avoir le problème et celui de ne pas l'avoir créera une émotion qui favorisera sa motivation. Une fois que l'émotion sera présente, vous pourrez offrir une solution.

3. **Proposez votre aide et obtenez l'accord de l'élève pour faire le nécessaire pour corriger le problème.** L'élève doit s'engager à consacrer le temps et l'effort nécessaires pour éliminer le problème.

Voici quelques-unes des stratégies typiques que nous utilisons lorsque nous appliquons professionnellement les programmes Davis.

Motivation pour les TDA et TDA/H

Ces problèmes d'apprentissage posent un défi bien plus grand que les problèmes de lecture, de maths ou de graphisme. Pour commencer, l'enfant est probablement plus jeune ou moins mûr émotionnellement que les élèves qui ont les autres problèmes. La nature même des TDA peut inhiber la capacité de l'enfant à percevoir l'existence d'un problème. Tout au plus peut-il le voir comme un problème que d'autres personnes ont vis-à-vis de lui, et non comme son propre problème.

Donc, en cherchant un moyen de motiver un enfant souffrant de TDA, vous ne pouvez pas vous concentrer directement sur l'état lui-même. Vous devez vous souvenir que le concept de *conséquence* n'est probablement pas inhérent au processus de pensée de l'enfant, et donc la logique de la cause et de l'effet ne vous emmènera pas très loin.

Vous devez trouver quelque chose que l'enfant veut mais qu'il n'a pas. Il ne comprendra pas encore que le comportement TDA l'empêche de l'obtenir. Au cours des années, nous avons découvert que la plupart des enfants atteints de TDA sont conscients d'un fait fondamental : *les autres ne les aiment pas*. Beaucoup pensent que même leurs parents et leurs frères et sœurs ne les aiment pas. Ils ont une conscience aiguë d'avoir peu ou pas de vrais amis. Nous avons découvert que la plupart d'entre eux veulent vraiment avoir au moins un ami. Ils veulent que quelqu'un - n'importe qui - les aime. Donc nous jouons souvent sur le désir d'amitié pour gagner d'abord la coopération, et ensuite pour construire une motivation.

Au lieu de demander : « Est-ce que tu sais que tu as un problème ? », nous demandons : « Aimerais-tu avoir quelqu'un qui t'aime bien ? » Occasionnellement, nous allons jusqu'à demander : « Est-ce que tu veux que je t'aime ? Voudrais-tu que je sois ton ami ? ».

Cette stratégie ouvre la porte pour dire : « Je crois que je peux t'aider. Est-ce que tu veux essayer ? » Une fois qu'ils ont dit oui, vous avez déjà leur coopération.

La stratégie de motivation « *Veux-tu que quelqu'un t'aime bien ?* » ne marchera pas à tous les coups. Si elle ne prend pas avec la personne avec qui vous travaillez, utilisez la stratégie de trouver *quelque chose* qu'ils souhaitent vraiment, agitez la carotte et suscitez la motivation à partir de là. Dès que vous êtes en position de pouvoir les aider à obtenir ce qu'ils veulent, vous êtes en position de les aider à l'obtenir.

Motivation pour les maths

Si un élève n'est pas motivé pour apprendre les maths, même la meilleure méthode d'enseignement échouera. Je vais vous dire ce que je fais d'habitude, mais comme vous connaissez mieux votre élève, adaptez votre langage à la situation.

Tuteur : Je crois que vous avez un problème avec les maths. C'est vrai ?
Élève : Je fais plein de fautes. Je ne comprends pas ce que le professeur veut dire (c'est une réponse affirmative).
Tuteur : Aimeriez-vous apprendre comment résoudre facilement tous les problèmes de maths ?
Élève : J'ai essayé et je n'y arrive pas.
Tuteur : Oui, mais la question est : est-ce que vous aimeriez pouvoir ?
Élève : Oui, mais c'est trop dur (c'est une réponse affirmative).
Tuteur : Si on le rend facile, vous aimeriez le faire ?
Élève : D'accord, mais si c'est trop dur je laisse tomber.
(Réponse affirmative. Vous avez l'accord qu'il vous fallait.)

Motivation pour le graphisme

Ces problèmes sont tellement variés que les stratégies de motivation employées demandent peut être quelque discussion avant que vous atteigniez le « point chaud » qui décrit précisément le problème de l'élève. Par exemple, est-ce qu'il peut relire correctement sa propre écriture ? Est-ce que cela cause des problèmes dans sa vie de tous les jours, comme de prendre des notes en classe ou faire une liste de courses ? Ou bien considère-t-il simplement que son écriture n'est pas belle ? Est-ce qu'à l'école il devient nerveux quand il essaie de suivre les leçons de calligraphie du professeur ?

Une fois que le problème spécifique a été identifié, posez les questions de motivation. Voici un exemple :

Tuteur : Est-ce que vous savez que (ce qui a été conclu de la discussion) est un problème ?
Élève : Le professeur le dit.
Tuteur : Donc le professeur sait que vous avez un problème. Et vous, vous le savez ?
Élève : Oui, je n'écris pas très bien (réponse affirmative).
Tuteur : Eh bien, ce livre dit que je peux vous aider en vous montrant certains trucs. Ce n'est pas la même chose que ce qu'ils vous font faire à l'école.
Élève : Différent comment ?
Tuteur : On devrait pouvoir trouver le vrai problème et le régler. Vous voulez essayer ?
Élève : D'accord (réponse affirmative)

Renforcement

Quel que soit votre objectif de départ, continuez à placer le même objectif devant l'élève à mesure que vous avancez dans la procédure de correction. Faites précéder beaucoup de vos déclarations par « Si vous voulez qu'on vous aime bien », ou « Pour rendre les maths faciles ». Ainsi l'élève fixera son attention sur l'instruction qui suivra. L'objectif reste présent et aide la personne à avancer.

Une fois que vous avez l'engagement de l'élève d'essayer de corriger le problème, la première et la plus difficile étape du processus de correction est accomplie. Il est temps de résoudre le problème au moyen des procédures appropriées.

8.
Évaluation des capacités perceptives

Nous allons aborder ici la procédure d'évaluation telle qu'elle est enseignée au cours des ateliers d'orientation de Davis. Elle a été conçue pour déterminer si une personne souffrant de troubles de l'apprentissage ou d'autres problèmes perceptifs pouvait bénéficier de l'aide apportée par l'orientation Davis ou par l'alignement. Nous l'utilisons avec les enfants et les adultes. Nous ne l'appliquons généralement pas aux moins de sept ans parce qu'il est plus facile pour un jeune enfant de comprendre et de faire la procédure d'alignement.

L'évaluation est présentée sous forme de script, mais vous n'aurez plus besoin de suivre la procédure à la lettre une fois que vous saurez exactement ce que vous recherchez.

Quiconque possède les qualités perceptives des penseurs en images doit pouvoir faire cet exercice sans problème. Pour eux, c'est du gâteau et vous verrez pourquoi ensuite !

Cependant, si une personne est de toute évidence un penseur non verbal, mais ne peut percevoir une image mentale comme cela est requis, utilisez l'alignement (chapitre 12). Le stress, une maladie physique, et certains médicaments peuvent aussi inhiber les perceptions mentales. Si vous suspectez que tel est le cas, vous pouvez désirer contacter un facilitant Davis pour vous assister.

ÉVALUATION DES CAPACITÉS PERCEPTIVES DE DAVIS

1. Accueil et introduction

Accueillez la personne et présentez-vous. Expliquez-lui la nature de l'évaluation qui va suivre.

2. Clarification des concepts

Quoi dire :	Quoi faire :
Êtes-vous droitier ou gaucher ?	*Notez la réponse pour vous y référer par la suite.*
Ce qui m'intéresse c'est votre imagination, c'est-à-dire cette partie de votre esprit où en fermant les yeux vous pouvez créer une image de quelque chose et voir celle-ci. Est-ce que cela a un sens pour vous ?	*Si la personne répond « oui », continuez. Si elle dit « non », demandez-lui d'imaginer quelque chose qu'elle aime en gardant les yeux fermés. Si la personne ne peut créer d'image mentale, arrêtez.*
	Dessinez deux cercles sur une feuille de papier blanc.

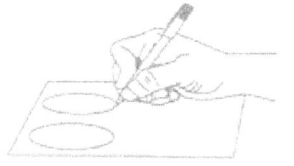

Ce cercle vous représente.	*Montrez l'un des cercles.*
Ce cercle me représente.	*Montrez 1'autre cercle.*

Quoi dire :	Quoi faire :
Si vous me regardez, vous me regardez *à partir* d'ici.	*Pointez votre crayon sur le premier cercle.*
Et vous me regardez là.	*Dessinez une flèche du premier cercle « vous » vers le second cercle « moi ».*
Tant que nous regardons avec nos yeux, nous savons exactement à partir d'où nous voyons. Mais qu'en est-il lorsque nous regardons une image avec notre écran mental ?	*Pointez le doigt vers vos yeux.* *Arrêtez-vous pendant une seconde.*
Nous faisons la même chose. Nous regardons quelque chose *à partir* d'un endroit.	*Montrez le cercle « moi » quand vous dites « regardons quelque chose ». Montrez le cercle « vous » lorsque vous dites « à partir d'un endroit ».*
J'appellerai ŒIL DE L'IMAGINATION l'endroit à partir duquel nous regardons parce que c'est ce qui regarde lorsque nous imaginons.	*Vérifiez que la personne a bien compris.*
Aimez-vous les gâteaux ?	*NOTE : la plupart des gens aiment les gâteaux, aussi dans cet exemple nous partirons du*

Quoi dire :	Quoi faire :
	principe que c'est le cas. Sinon, essayez avec une tarte, une pizza ou avec tout autre objet de forme distincte que la personne peut aisément imaginer.
Quelle est la meilleure sorte de gâteau ?	*Notez quelle sorte de gâteau la personne aime pour vous y référer par la suite.*

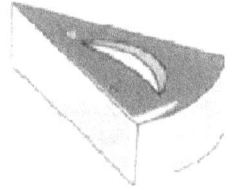

3. Évaluation

Quoi dire :	Quoi faire :
	Faites asseoir la personne bien en face de vous, suffisamment près pour que vous puissiez toucher son front sans vous lever, mais pas trop sinon elle sera mal à l'aise.
Est-ce que je pourrais vous toucher les mains dans	*Obtenez son consentement.*

| Quoi dire : | Quoi faire : |

l'exercice qui va suivre ?

Nous allons utiliser vos deux mains, alors j'ai besoin qu'elles soient disponibles.

Prenez-lui la main gauche si elle est droitière et inversement si elle est gauchère. Tournez-lui la main paume vers le haut comme si elle lisait un livre.

Imaginons une part de _____ (citez le gâteau préféré) posé là sur la paume de votre main. Dites-moi quand le gâteau est là.

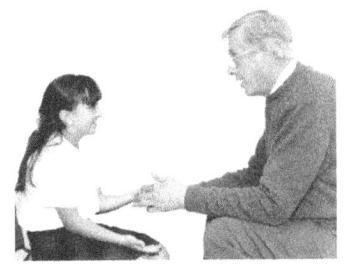

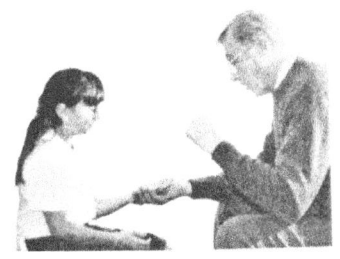

« Fermez les yeux »

« Imaginez une part de gâteau sur votre main »

Décrivez le gâteau comme la personne vous l'a décrit en utilisant exactement les mêmes mots : « Une grosse part de quatre-quarts » ou « Un gâteau au chocolat couvert de petits fruits confits »

Fermez les yeux. Je veux que vous les gardiez fermés jusqu'à

Faites votre demande lorsque la personne vous dit qu'elle a une

Quoi dire :	Quoi faire :
ce que je vous dise de les ouvrir. D'accord ?	*image mentale en tête (si ses yeux ne sont pas déjà fermés).*
	NOTE : Si la personne ne parvient pas à visualiser un objet ou si elle a du mal à maintenir son image, vous pouvez soit vous arrêter, soit essayer de l'aider à créer une image mentale. Une difficulté à visualiser indique que le conseil d'orientation ne sera pas approprié pour elle. Utilisez la procédure d'alignement (chapitre 12).
	En posant des questions simples, essayez de déterminer comment l'objet imaginaire est positionné dans la main. Continuez jusqu'à ce que vous ayez aussi une image mentale claire de l'objet posé sur sa main.
	*Si vous ne pouvez obtenir de copie visuelle de l'objet imaginaire, essayez au moins d'avoir une idée de sa taille, de sa forme et de sa position.*

Quoi dire :	Quoi faire :
Je voudrais que vous déplaciez votre imagination et que vous mettiez l'œil de l'imagination ici, où se trouve votre doigt et que vous regardiez la part de gâteau à partir d'ici.	*Prenez l'index de l'autre main de la personne entre votre pouce et votre majeur. Élevez le doigt à quelques centimètres du front un peu au-dessus du niveau des yeux. Les yeux de la personne doivent rester fermés pendant l'évaluation.*
	Tapotez l'extrémité de l'index de la personne à l'aide du vôtre en disant le mot « ici ».

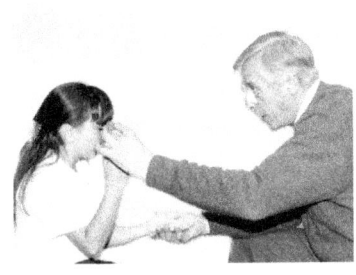

« Regardez la part de gâteau d'ici. » (Tapotez le doigt.)	
C'est comme si vous vous leviez pour obtenir une autre vue du gâteau à partir d'*ici*.	*Tapotez le doigt de nouveau. Attendez quelques secondes...*
Pouvez-vous voir le gâteau à partir d'*ici* ?	*Tapotez le doigt de nouveau.*
Je veux que vous conserviez votre œil de l'imagination dans votre doigt. Maintenant, je vais faire déplacer votre doigt. Je	*NOTE : Si la personne ne peut opérer ce premier déplacement aisément, arrêtez-vous. Passez directement à la quatrième étape*

| **Quoi dire :** | **Quoi faire :** |

veux que votre œil de l'imagination bouge avec. D'accord ?

qui constitue la fin de l'évaluation. Expliquez-lui que l'évaluation est terminée et qu'un conseil d'orientation n'est pas indiqué. Utilisez plutôt l'alignement.

NOTE : Ne déplacez pas le doigt de la personne pendant que vous lui donnez les instructions ou que vous vous adressez à elle. Parlez avant de commencer à déplacer son doigt et arrêter de le déplacer avant de recommencer à parler.

Déplacer le doigt doucement et lentement en direction de la main ouverte. Faites en sorte que la distance entre le doigt et la main ouverte soit à peu près égale à celle entre les yeux et la main. Ce que vous cherchez est la capacité à désorienter ou à déplacer l'œil de l'imagination.

Pouvez-vous voir le gâteau à partir d'*ici* ?

Tapotez le doigt.

Quoi dire :	Quoi faire :
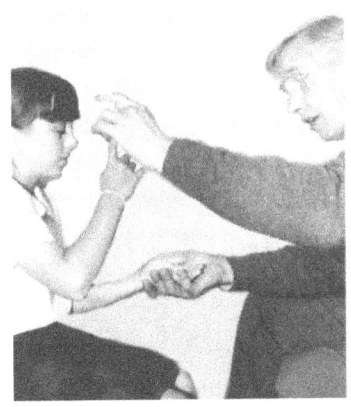 « Pouvez-vous voir le gâteau d'ici ? »	Si la réponse est « oui », posez des questions qui requièrent une réponse verbale. Soyez attentif au temps de latence de la réponse, aux variations du discours et aux manifestations possibles de confusion et de désorientation. Quand vous aurez vérifié que la personne a bien déplacé son œil de l'imagination jusqu'au nouvel emplacement, vous pourrez passer à l'étape numéro quatre et terminer l'évaluation quand vous le souhaiterez. Si vous n'êtes pas sûr que la personne ait bien déplacé son œil de l'imagination, passez à l'étape suivante.
Je vais de nouveau déplacer votre doigt. Je veux que votre œil de l'imagination se déplace avec votre doigt. D'accord ?	Déplacez le doigt lentement et sans à coup un peu plus loin autour de la paume ouverte. Ne déplacez pas plus d'un quart de cercle, au-dessus ou en-dessous de la paume à chaque fois.
Pouvez-vous voir la part de gâteau d'*ici* ?	Tapotez le doigt de nouveau.

Quoi dire :	Quoi faire :
	Quand la personne vous répondra « oui », posez-lui de nouveau des questions afin de vérifier qu'elle a bien déplacé l'œil de l'imagination. Elle devrait avoir une image mentale (imaginaire) à partir du bout de son doigt comme si elle était effectivement en train de regarder l'objet du bout de son doigt.
	Répétez l'opération jusqu'à ce que vous soyez sûr que l'œil de l'imagination de la personne a bien été déplacé.

4. Fin de l'évaluation

Quoi dire :	Quoi faire :
Je voudrais que vous replaciez votre œil de l'imagination là où il était lorsque nous avons commencé.	*Lentement, sans à-coup, déplacez le doigt vers l'œil qui correspond à la main dominante de la personne. Arrêtez-vous à quelques centimètres de l'œil.*
Retirez votre œil de	*Attendez plusieurs secondes.*

Quoi dire :	Quoi faire :
l'imagination de votre doigt et retrouvez votre vue de la part de gâteau que vous aviez au début de l'exercice.	
Retrouvez-vous la vue que vous aviez au début ?	*Lorsqu'elle vous répondra « oui », amenez son doigt sur ses genoux et lâchez-le.*
Faites disparaître la part de gâteau et dites-moi quand elle aura effectivement disparu.	*NOTE : Si la personne éprouve de la difficulté à faire disparaître l'objet, faites-lui cligner des yeux rapidement.*
	Quand il sera parti, touchez sa paume encore ouverte.
Mettez une nouvelle part de gâteau dans votre main et dites-moi quand le gâteau est là.	*NOTE : Demander à la personne de former une nouvelle image et de la faire disparaître comme précédemment. Cela sert à s'assurer que l'œil de l'imagination a bien repris sa place initiale et que la personne ne restera pas désorientée.*
Faites disparaître cette part de gâteau et quand elle aura disparu, ouvrez les yeux.	*Quand la personne ouvrira les yeux, amenez la main ouverte sur les genoux et lâchez-là.*

9.
L'Orientation Davis

Pour corriger la dyslexie, il faut commencer par maîtriser les distorsions de la perception. Cela signifie apprendre à *provoquer* et à *interrompre* les désorientations. La plupart des symptômes des problèmes qu'ont les élèves, sont les symptômes de la désorientation, aussi dès que l'élève sait comment supprimer les désorientations, il peut aussi supprimer ces symptômes.

On pourrait croire à ce stade que le problème est résolu mais l'orientation n'est que la première étape du processus de correction.

Il suffit généralement d'une petite heure pour achever une séance de conseil d'orientation Davis. En travaillant avec des élèves ayant des problèmes de dyslexie « en lecture », problème à l'origine de la conception de cette procédure, on peut voir immédiatement l'effet de l'orientation. À la fin d'une séance réussie et si l'on aide la personne dyslexique à détecter les désorientations quand elles se produisent, elle fera des progrès considérables en lecture. On pourrait croire qu'un miracle s'est produit mais vous ne ferez qu'observer les capacités réelles de la personne en l'absence des désorientations. Nous disposons de nombreux exemples d'adolescents dont le niveau en lecture s'est considérablement amélioré à la suite d'un conseil d'orientation.

Il serait facile de croire que quelque chose qui peut produire un tel effet sensationnel doive être difficile à apprendre. En fait c'est très simple à apprendre pour les penseurs non verbaux. Parce qu'en effet ils savent déjà le faire depuis leur petite enfance. Ils n'en étaient tout simplement pas conscients. Le conseil d'orientation leur permet de découvrir cette aptitude qu'ils ignoraient posséder et leur donne les moyens de la maîtriser.

La procédure que nous allons décrire ressemble à première vue à un exercice de visualisation. Appliquée convenablement, elle peut entraîner des résultats quasi miraculeux. Il suffit de suivre quelques règles.

1. Vérifiez que la personne peut être candidate à un conseil d'orientation en évaluant sa capacité à déplacer son œil de l'imagination selon la technique décrite dans le chapitre précédent.

2. Vérifiez que la personne souhaite très vivement participer à cette procédure. Nous ne la proposons généralement pas aux enfants de moins de sept ans parce que la désorientation n'est pas encore à cet âge un problème pour eux à l'école. À leurs yeux, tout va bien.

3. Installez-vous dans un coin tranquille et confortable où vous ne serez pas dérangés ni gênés par des bruits.

4. Maintenez un contrôle bienveillant et soutenez la personne pendant que vous la guidez à travers toutes les étapes de la procédure. Elle ne doit pas avoir besoin de réfléchir à ce qu'elle est en train de faire. Il lui suffit de suivre les instructions.

5. Assurez-vous qu'elle n'est pas fatiguée, qu'elle n'a pas faim et qu'elle ne prend pas des médicaments qui pourraient entraver la perception ou la pensée.

Ce qui suit est le script d'une séance de Conseil d'Orientation Davis telle qu'elle est pratiquée au Reading Research Council. Bien appliquée, elle réussit à 97%. Si vous n'obtenez pas de bons résultats, c'est que vous n'avez peut-être pas suivi l'une des cinq règles ci-dessus.

CONSEIL D'ORIENTATION DAVIS
PROCÉDURE INITIALE

1. Accueil et présentation

Accueillez la personne et établissez le contact. Expliquez-lui l'objectif de la procédure comme il est dit au début de ce chapitre.

2. Clarification des concepts

Si vous ne disposez pas des notes prises au cours de l'évaluation, il vous faudra déterminer si la personne est droitière ou gauchère et choisir un objet qu'elle pourra imaginer aisément. Sinon, utilisez le même morceau de gâteau ou le même objet que dans la première évaluation.

Expliquez le concept d'orientation comme étant « se mettre dans la position appropriée en relation avec les faits et les conditions véritables de son environnement ».

Expliquez-lui que la désorientation est un état dans lequel le cerveau ne reçoit pas les informations que les yeux voient ou que les oreilles entendent. Le sens de l'équilibre et du mouvement est modifié et le temps semble passer plus vite ou plus lentement que dans la réalité.

Quoi dire :

Avant de commencer la séance, je vais vous expliquer tout ce que nous allons faire. Je vais vous le montrer sur une feuille de papier puis nous procéderons étape par étape. D'accord ?

Quoi faire :

Prenez une feuille de papier et faites asseoir la personne de telle façon qu'elle la voie bien.

« Je vais dessiner exactement ce que nous allons faire pour que vous sachiez ce qui va se passer. »

Je vais au préalable vous dire tout ce que nous allons faire pour deux raisons. D'abord pour que vous sachiez ce qui va se passer et que vous n'ayez pas de surprises. Ensuite pour m'assurer que vous avez bien compris ce que je vais vous demander.

Écrivez sur la feuille de papier le nom de la personne, le vôtre, le nom du processus, l'objet qui sera utilisé en visualisation et si elle est droitière ou gauchère.

Quoi dire :	Quoi faire :
Je vous demanderai de ne pas commencer l'exercice tant que je vous le montrerai sur le papier. Cela ne ferait que créer de la confusion. Regardez et écoutez simplement. Si vous avez une question, posez-la. Quand nous aurons tout vu sur le papier, nous ferons l'exercice étape par étape. D'accord ?	
	Tracez deux cercles sur la feuille de papier. L'un d'eux sera une « vue de haut » d'une tête. L'autre sera une « vue de profil ».
Voici deux vues de la même tête, vue de haut et vue de profil.	 
Comme dans l'évaluation, je vous demanderai d'imaginer une part de gâteau dans votre main.	*Dessinez l'objet (la part de gâteau utilisée dans l'évaluation) qui sera visualisé devant chaque tête. Il devra être placé selon un angle de 45 degrés par rapport à la ligne du regard dans le croquis du profil.*

Quoi dire :   Quoi faire :

Ensuite, vous déplacerez votre imagination et vous mettrez votre œil de l'imagination dans votre doigt et vous regarderez la part de gâteau *d'ici.*

Faites une croix à droite ou à gauche de la tête vue de haut pour indiquer la position de l'œil de l'imagination (à droite si la personne est droitière).

Tracez une ligne droite partant de l'objet sur la vue de haut traversant la tête et allant bien au-delà de l'arrière de la tête. Sur la vue de profil, tracez également une ligne droite partant de l'objet, passant à travers le haut du nez, à travers la tête et poursuivez-la bien au-delà du sommet de la tête.

Quoi dire :	**Quoi faire :**

Une fois que votre œil de l'imagination sera dans votre doigt, vous imaginerez une ligne partant de la part de gâteau et traversant votre tête. La ligne partira de la part de gâteau, passera par votre nez, votre tête et continuera pendant environ trente centimètres au-dessus et derrière votre tête.

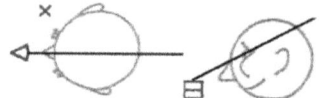

Quand vous aurez tracé cette ligne, vous déplacerez votre œil de l'imagination pour qu'il arrive à quelques centimètres au-dessus et derrière votre tête et vous le placerez sur la ligne. D'accord ?

Faites une croix sur chacune des lignes traversant la tête.

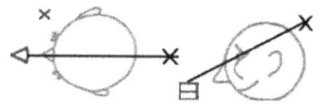

Savez-vous comment fonctionne une ancre de bateau ?

Vous disposez d'un gros poids que vous attachez à une ligne ou à une chaîne. Vous attachez la ligne au bateau et jetez l'ancre à l'eau. Elle s'enfonce dans le sable ou s'accroche à un

Quoi dire :	Quoi faire :
rocher ou à autre chose. Quand la ligne est bien tendue, elle empêche le bateau de bouger. D'accord ?	
	Vérifiez que le concept de « ligne d'ancrage » est bien compris.
Nous allons utiliser ici la même idée que celle de l'ancre. Quand votre œil de l'imagination sera à la bonne place sur la ligne au-dessus et derrière votre tête, nous allons vous faire descendre une ligne d'ancrage jusqu'aux sommets de chaque oreille et vous ancrerez chacune de ces lignes-là. Puis vous mettrez une troisième ligne d'ancrage jusqu'au haut de votre tête et vous l'ancrerez là aussi. Ensuite vous tendrez les trois lignes ensemble et vous les attacherez juste là où se trouve votre œil de l'imagination.	*Tracez les trois lignes d'ancrage sur la feuille de papier au fur et à mesure de vos explications.* 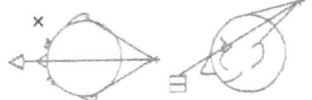
Avez-vous des questions ?	

Quoi dire :

Une fois que les 3 lignes d'ancrage seront tracées, nous n'aurons plus besoin de la ligne qui va jusqu'à la part de gâteau, alors vous l'effacerez et elle disparaîtra. Nous n'aurons plus besoin non plus de la part de gâteau, aussi vous l'effacerez également.

Il ne vous restera plus que les trois lignes d'ancrage qui se rejoindront en un point au-dessus et derrière votre tête.

Nous allons appeler POINT D'ORIENTATION le point d'intersection des lignes. C'est l'ENDROIT où se terminent les lignes. Nous appelons ces lignes « lignes d'ancrage », pas pour ancrer l'œil de l'imagination, ce que vous ne pouvez pas faire de toute façon,

Quoi faire :

Pour simuler l'effacement, griffonnez une ligne en dents de scie sur la ligne et sur l'objet qui se trouve à son extrémité.

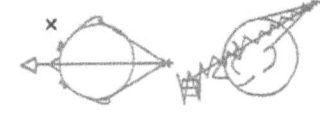

Dessinez trois lignes se rejoignant sur une autre partie de la feuille de papier. Tracez un cercle autour du point d'intersection.

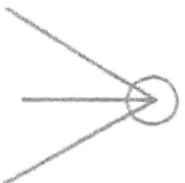

Quoi dire :	Quoi faire :

mais pour ancrer cet endroit-là pour qu'il demeure toujours au même endroit.

Avez-vous des questions ?

Ce que nous recherchons en réalité est un groupe de cellules du cerveau responsable de la désorientation. Quand ces cellules sont *désactivées*, notre cerveau voit exactement ce que nos yeux voient, au moment même où nos yeux le voient. Notre cerveau entend exactement ce que nos oreilles entendent, au moment même où nos oreilles l'entendent. Notre sens de l'équilibre et du mouvement est juste et notre sens du temps également. Lorsque ces cellules du cerveau sont *activées*, cela signifie que l'œil de l'imagination s'est déplacé et que nous sommes désorientés. Notre cerveau ne voit pas ce que nos yeux voient. Il voit ce que nous pensons que nos yeux voient. Notre cerveau

Quoi dire :	Quoi faire :
n'entend pas ce que nos oreilles entendent, mais ce que nous pensons que nos oreilles entendent. Notre sens de l'équilibre et du mouvement change et notre perception interne du temps peut ralentir ou s'accélérer. Un interrupteur pour désactiver ces cellules est ce dont nous avons réellement besoin. C'est ce qu'est le point d'orientation. C'est l'interrupteur pour désactiver la désorientation, pour la mettre sur « arrêt ».	
Nous mettons l'interrupteur sur la position arrêt simplement en amenant l'œil de l'imagination sur ce point d'orientation. Ceci désactive les cellules du cerveau responsables de la désorientation.	*Tracez une croix dans le cercle où les trois lignes distinctes se rejoignent.* 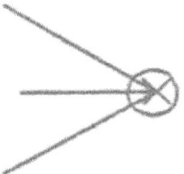
Si votre œil de l'imagination se trouve sur ce point, les cellules	*Tracez trois lignes supplémentaires se rejoignant en*

| **Quoi dire :** | **Quoi faire :** |

du cerveau sont désactivées. Mais si quelque chose pouvant provoquer une désorientation survient, l'œil de l'imagination ne reste plus là, il se déplace.

un point et mettez une croix sur celui-ci.

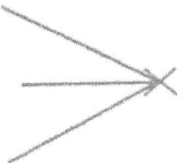

Alors il s'en va et nous sommes désorientés. Avant, si nous attendions suffisamment longtemps, si nous allions faire un tour ou si nous passions à une autre activité que celle qui venait de causer la désorientation, notre œil de l'imagination finissait par revenir en place et nous étions de nouveau bien jusqu'à ce qu'un autre élément déclenche une nouvelle désorientation.

Dessinez une flèche partant du point vers le côté.

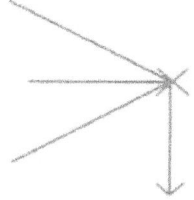

Lorsque nous avons un point d'orientation, nous pouvons délibérément y amener notre œil de l'imagination et interrompre ainsi la

Tracez une nouvelle ligne retournant vers le point initial et refaites une croix.

Quoi dire :

désorientation. Nous n'avons pas besoin d'attendre, de faire autre chose ou de nous torturer. Remettre l'œil de l'imagination simplement là, interrompt la désorientation. Cela met un terme au sentiment de confusion et aux erreurs.

Avez-vous des questions ?

Nous ne pouvons bien sûr pas voir un œil de l'imagination. Il ne peut même pas se voir lui-même dans un miroir. Il est invisible. Alors nous allons simplement imaginer pendant un moment que ceci est un œil de l'imagination. D'accord ?

Quand nous en arriverons au moment où vous devrez placer les trois lignes d'ancrage, votre œil de l'imagination se tiendra

Quoi faire :

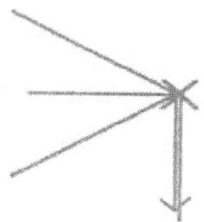

Dessinez trois autres lignes qui se rejoignent. Elles devront être plus longues et plus épaisses que les précédentes.

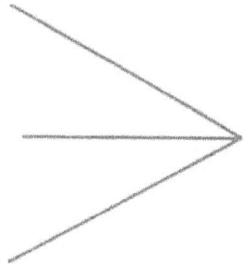

Prenez un petit objet (une pièce par exemple) et tenez-le pour que la personne puisse le voir.

Quoi dire :	**Quoi faire :**
exactement à l'endroit où elles se rejoignent.	
Pour la première fois de votre vie, vous aurez délibérément désactivé les cellules du cerveau qui causent la désorientation. Le problème est que nous n'apprenons pas grand-chose si nous ne faisons quelque chose de nouveau qu'une seule fois.	*Positionnez l'objet sur le dessin exactement à l'endroit où les trois lignes se rejoignent.*
Quand votre œil de l'imagination sera placé sur ce point, nous allons donc rechercher des situations de la vie réelle qui peuvent lui faire quitter ce point et vous désorienter.	*Donnez une pichenette à l'objet pour qu'il quitte le point où les lignes se rejoignent.*
Lorsque cela se produira, je vous empêcherai de regarder la chose qui l'a fait quitter ce point et je vous ferai remettre votre œil de l'imagination sur ce point.	
	Remettez l'objet sur le point où les lignes se rejoignent.

Quoi dire :	**Quoi faire :**
Cela désactivera la désorientation. La confusion disparaîtra. Puis je vous montrerai ce qui l'a provoquée.	
Nous trouverons ensuite une autre chose qui le fera quitter ce point.	*Donnez une pichenette à l'objet puis remettez-le à nouveau en place.*
Vous remettrez votre œil de l'imagination sur le point. Je vous montrerai ce qui l'a fait quitter le point puis nous referons l'exercice. Nous le referons encore et encore jusqu'à ce que vous sachiez parfaitement remettre votre œil de l'imagination sur votre point d'orientation. Vous serez capable de le faire rapidement, facilement, et vous saurez que c'est vous qui l'avez fait.	
Vous aurez alors la capacité de désactiver une désorientation. Peu importe ce qui l'aura déclenchée. L'action de simplement mettre votre œil de l'imagination sur votre point	

Quoi dire :	**Quoi faire :**
d'orientation l'interrompra.	
Des questions ?	
Il faut encore ajouter une chose.	
Nous appelons ceci « *ligne* » parce qu'elle a une longueur. De même que le stylo/le crayon a une longueur. Mais qu'en est-il lorsqu'on regarde de l'extrémité d'un stylo/crayon ?	*Pointez l'une des lignes d'ancrage du dessin.* *Prenez votre stylo ou votre crayon.*
Cela n'a pas l'air long du tout, n'est- ce pas ? Cela ressemble à un point, n'est-ce pas ?	*Pointez le bout du stylo ou du crayon en direction des yeux de la personne.*
Si l'œil de l'imagination était juste ici, il ne verrait pas les trois lignes comme des lignes, non ?	*Montrez un endroit du dessin où les trois lignes se rejoignent au moment où vous dites « ici ».*
On dirait trois points ou bien un seul s'ils étaient mis ensemble. Êtes-vous d'accord ?	*Dessinez un point et trois autres qui se touchent.*

Quoi dire :	**Quoi faire :**
Avez-vous des questions au sujet de ce que nous allons faire ?	
Si vous n'en avez pas (plus), allons-y !	

D.P. Gâteau au chocolat

Ron Davis Droitier

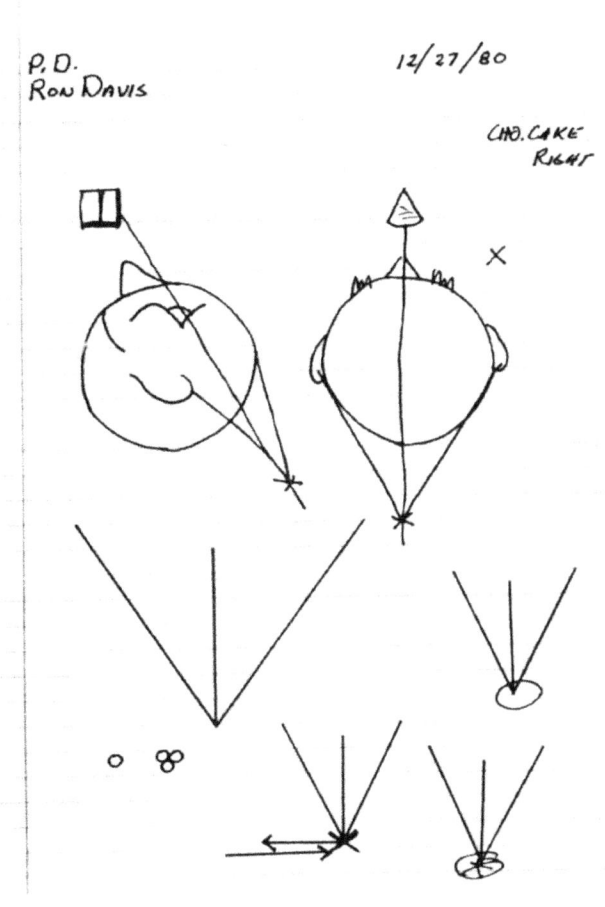

Le diagramme explicatif que vous faites lors d'une séance de conseil d'orientation de Davis a cette allure lorsque vous avez terminé.

3. Séquence du processus

Quoi dire :	Quoi faire :
Est-ce que je peux vous toucher les mains pendant ce que nous allons faire ?	*Faites asseoir la personne bien en face de vous, suffisamment près pour que vous puissiez touchez son front sans vous lever de votre chaise. Mais ne vous approchez pas trop non plus, vous la mettriez mal à l'aise.*
	Obtenez son consentement.
Nous allons utiliser vos deux mains, alors j'ai besoin qu'elles soient disponibles.	*Prenez la main gauche de la personne si elle est droitière et inversement si elle est gauchère. Tournez-lui la main paume vers le haut comme si elle lisait un livre.*
Imaginons qu'une part de _____ (citez le nom du gâteau) est là dans votre main. Prévenez-moi quand le gâteau est là.	*Décrivez le gâteau exactement comme il l'a été lors de l'évaluation.*
Fermez- les yeux. Je veux que vous les gardiez fermés jusqu'à ce que je vous dise de les ouvrir D'accord ?	*Lorsque vous serez sûr que la personne a formé une image mentale et que ses yeux sont fermés, prenez l'index de l'autre main entre votre pouce et votre majeur. Amenez-le sur le côté du*

Quoi dire :	Quoi faire :
	front à la hauteur des yeux (là où vous avez placé la croix sur le premier dessin).
Je veux que vous déplaciez votre imagination et que vous ameniez votre œil de l'imagination *ici*... là où se trouve votre doigt et que vous regardiez la part de gâteau à partir *d'ici*.	*Tapotez l'index de la personne avec le vôtre au moment où vous dites « ici ».*
C'est comme si vous vous penchiez et que vous regardiez à partir *d'ici*.	*Tapotez le doigt de nouveau. Attendez quelques secondes.*
Pouvez-vous voir la part de gâteau à partir *d'ici*?	*Tapotez le doigt. Quand la personne vous dira « oui », passez à l'étape suivante.*
Imaginez une ligne droite partant de la part de gâteau, passant à travers votre nez, votre tête et qui continue pendant une trentaine de centimètres au-dessus et derrière votre tête. Tracez-la mentalement et dites-moi quand vous l'avez placée.	*Vérifiez que la ligne est bien là.*

Quoi dire :	Quoi faire :
Je vais déplacer votre doigt. Je veux que votre œil de l'imagination se déplace avec. D'accord ?	NOTE : *Ne déplacez pas le doigt de la personne pendant que vous lui donnez les instructions ou que vous lui parlez. Achevez ce que vous avez à lui dire avant de commencer à déplacer son doigt et arrêtez de le déplacer avant de recommencer à parler.*
Je veux que vous mettiez votre œil de l'imagination sur la ligne au-dessus et derrière votre tête, alors laissez-moi déplacer votre doigt. Laissez votre œil de l'imagination se déplacer avec.	

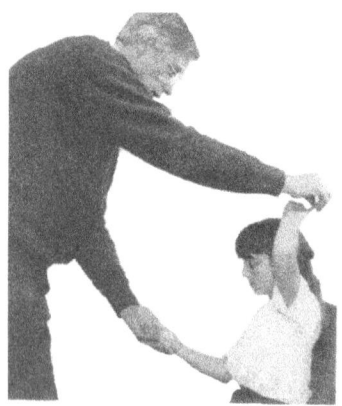

Il faudra que vous vous mettiez debout pour cette opération. Faites-la doucement et silencieusement.

Déplacez son doigt doucement et délicatement en direction du plan vertical médian (qui coupe le corps en deux parties symétriques) au-dessus et derrière sa tête. Arrêtez son doigt à quelques centimètres (entre 15 et 25) au-dessus et derrière sa tête.

« *Arrêter le doigt 15 à 25 cm au-dessus et derrière la tête.* »

Quoi dire :   Quoi faire :

Si son coude pointe vers l'extérieur, il faudra que vous le fassiez pivoter vers l'avant. Ainsi, sa main pourra aisément atteindre le point situé en haut et derrière la tête.

Je ne peux pas voir la ligne. Vous êtes le seul à la voir, alors j'ai besoin de vous pour amener votre œil de l'imagination juste dessus.

Relâchez votre emprise sur l'index et laissez la personne le déplacer librement. Il pourra se passer quelques secondes avant qu'elle ne trouve le point exact. Quand elle l'aura trouvé, reprenez son index entre votre pouce et votre majeur.

Vérifiez que le doigt est bien situé sur le plan médian (il l'est rarement).

S'il est sur ce plan passez à l'étape suivante.

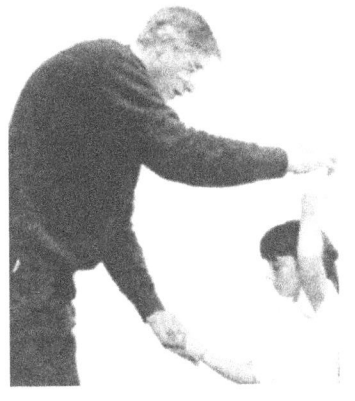

« J'ai besoin que vous fassiez la mise au point finale pour aligner votre œil de l'imagination. »

[Il semble un peu décalé sur le   [S'il n'est pas sur le plan vertical

Quoi dire :	Quoi faire :

côté. Est-ce que je peux le déplacer légèrement ?]

médian, tout en ne changeant pas la distance qui le sépare de la tête, amenez-le sur le plan.]

Tirez sur la ligne pour arriver ici et dites-moi quand c'est fait.

Tapotez le doigt.

La personne doit avoir une vue imaginaire à partir de ce point au-dessus et derrière la tête.

Tapotez le doigt.

« Tirez la ligne jusqu'ici » (déplacez le doigt sur la ligne médiane et tapotez-le).

Pouvez-vous voir vos oreilles d'ici ? Vous pouvez voir à travers vos cheveux.

Tapotez le doigt.

Quand la personne vous répondra « oui », passez à l'étape suivante.

[Si elle vous dit « non », faites-lui « sentir » où devraient se situer les oreilles. Si nécessaire, faites-lui

Quoi dire :	Quoi faire :
	toucher ses oreilles avec sa main (utiliser celle qui tient l'objet imaginaire). Si le fait de les toucher ne lui permet toujours pas de les « voir », faites-lui imaginer où elles devraient être et construire une image mentale de celles-ci.]
Mettez les lignes d'ancrage qui s'attacheront au sommet de chaque oreille et tendez-les fermement jusqu'ici.	*Tapotez le doigt.*
Mettez une autre ligne d'ancrage qui ira jusqu'au sommet de votre tête, ancrez-la bien, tendez-la fermement jusqu'ici aussi.	*Tapotez le doigt.*
Attachez les trois lignes ensemble.	*Vérifiez que c'est fait.*
Je veux déplacer votre doigt mais je ne veux pas que votre œil de l'imagination le suive cette fois-ci. D'accord ?	*Obtenez son consentement.*
Pendant que je déplacerai votre doigt, laissez votre œil de	*Déplacez le doigt de quelques centimètres sur le côté.*

Quoi dire :	Quoi faire :

l'imagination à l'extrémité des lignes.

Est-ce que votre œil de l'imagination est bien resté sur les lignes ?

Si « oui », amenez le doigt au-dessus de l'épaule en direction du genou. Relâchez-le et rasseyez-vous.

[Retirez votre œil de l'imagination de votre doigt et laissez-le sur les lignes pendant que je déplace votre doigt.]

[Si « non », ramenez le doigt à sa position sur les lignes.]

[Recommencez cette étape jusqu'à ce que l'œil de l'imagination demeure sur les lignes.]

Nous n'avons plus besoin de la ligne qui va jusqu'à la part de gâteau, alors effacez-la et dites-moi quand vous l'aurez fait. Nous n'avons plus besoin de la part de gâteau, alors effacez-la également et prévenez-moi quand elle aura disparu.

De quelles couleurs sont les trois lignes d'ancrage que vous avez mises ?

Notez-le pour vous y référer par la suite.

Déplacez votre œil de

| Quoi dire : | Quoi faire : |

l'imagination jusqu'à l'endroit où les trois lignes (dites la couleur) se rencontrent. Dites-moi quand il y sera.

Voyez-vous trois points ou un seul ?   *Notez la réponse.*

Les lignes d'ancrage posées par le dyslexique au cours d'une séance de conseil d'orientation de Davis convergent en un point à quelques centimètres au-dessus et derrière la tête en formant un angle d'environ 45 degrés et sur le plan vertical médian.

Sont-ils de la même couleur que les lignes ?   *Notez la réponse.*

Quoi dire :	Quoi faire :
Ce que votre œil de l'imagination voit en ce moment est ce qu'il devrait voir quand il est sur le point d'orientation. Chaque fois que vous le désirez, vous pourrez voir avec votre œil de l'imagination. S'il voit ce qu'il voit en ce moment, vous saurez qu'il est sur le point d'orientation.	*À partir de ce moment, la personne devrait être capable de se mettre « sur le point » en regardant mentalement les points.*
S'il ne voit pas ce qu'il voit en ce moment, vous saurez qu'il n'est pas sur le point d'orientation et qu'il faut l'amener au point où il voit ce que vous voyez maintenant. Des questions ?	*Si « non », passez à l'étape suivante.*
Ouvrez les yeux. A-t-il bougé quand vous avez ouvert les yeux ?	*[Si « oui », dites-lui de le remettre en place.]*
[Remettez-le en place.]	*[Si la réponse est « Je ne sais pas », faites-lui fermer les yeux de nouveau et vérifier.]*
[Fermez les yeux et regardez.]	

4. Explication

<u>Quoi dire :</u>   <u>Quoi faire :</u>

Je ne peux pas voir votre œil de l'imagination. Je ne peux pas voir vos lignes d'ancrage. Si je ne m'étais pas trouvé là pendant que vous les installiez, je ne saurais même pas que vous en avez. Si je ne peux pas le savoir alors que j'étais là, personne ne le peut non plus : vous seul savez. Vous n'avez donc pas à vous préoccuper que les gens pensent que vous êtes étrange ou que vous faites des choses qu'ils ne savent pas faire eux-mêmes.

Vous ne pouvez pas toucher un œil de l'imagination. Rien ni personne ne le peut.

Vous n'avez pas à vous inquiéter : rien ne peut le heurter, vous n'allez pas le cogner dans un mur, dans une porte ou dans autre chose. Vous n'allez pas le coincer dans la portière de la voiture. Il

Agitez la main au-dessus et derrière votre tête.

Quoi dire :

traverse les objets comme s'ils n'existaient pas.

Lorsque votre œil de l'imagination est sur le point d'orientation, il se trouve à l'intersection des lignes qui partent du sommet de vos oreilles et du haut de votre tête. Vous ne bougerez jamais suffisamment vite pour le perdre. Vous ne tournerez jamais la tête assez brusquement pour le faire tomber. Il se trouve simplement là et va là où votre tête et vos oreilles vont.

Des questions ?

Savez-vous ce que le mot « responsabilité » veut dire ?

Laissez-moi vous en donner une définition simple (plus simple). La responsabilité est la capacité et la volonté de contrôler quelque chose. Le contrôle dans sa forme la plus

Quoi faire :

« Ne vous inquiétez pas, vous ne risquez pas de déplacer votre œil de l'imagination ou que quelqu'un voie vos lignes. »

Quelle que soit la réponse, insistez pour que le concept qui suit soit bien compris.

Quoi dire :

Quoi faire :

simple est la capacité de faire changer cette chose ou de faire en sorte qu'elle ne soit pas changée.

Quand je me penche vers vous et que je déplace votre main, je change quelque chose dans votre corps. Ce changement se produit et vous ne le provoquez pas. Je suis responsable de ce changement. Vous, non, parce que vous ne l'avez pas opéré. N'est-ce pas ?

Prenez la main de la personne et déplacez-la un peu.

Mais je ne peux pas me pencher vers vous et déplacer votre œil de l'imagination. Personne ne le peut. Rien ni personne sur cette planète ne peut le faire bouger même d'un micron. Mais vous pouvez l'amener où vous voulez. Cela signifie que vous en avez le contrôle total, ce qui veut dire également que vous êtes totalement responsable de l'endroit où il se trouve et de ce qu'il fait.

Quoi dire :   **Quoi faire :**

Êtes-vous d'accord ?

Cela signifie également que s'il saute lors d'une désorientation, c'est vous qui l'avez fait sauter. Lorsque vous étiez très petit, vous l'avez programmé pour qu'il s'en aille automatiquement dès que vous étiez en proie à la confusion afin qu'il vous en débarrasse. Quand votre confusion était causée par un objet réel, cette technique marchait. Mais elle ne marchera jamais avec des symboles. Or tous les mots sont formés de symboles, alors cela ne marchera pas avec les mots. Faire bouger l'œil de l'imagination en tous sens ne fera qu'accroître la confusion initiale.

Maintenant vous avez un problème. Votre œil de l'imagination saute chaque fois que vous devenez confus et vous ne voulez plus qu'il le fasse.

Quoi dire :   **Quoi faire :**

Le problème est qu'il va continuer. Si vous essayez de le maintenir sur le point d'orientation pour l'empêcher de sauter pendant qu'en même temps vous essayez automatiquement de le faire sauter, vous aurez mal à la tête.

La seule solution que je connaisse est de le laisser sauter. Quand il le fera, remettez-le simplement en place. Cela sera votre travail, votre responsabilité. Chaque fois qu'il sautera, vous le remettrez en place.

Avez-vous des questions ?

Votre œil de l'imagination est-il toujours sur votre point d'orientation ?

Si « oui » passez à l'étape suivante.

[Remettez-le sur le point d'orientation.]

[Si « non », demandez-lui de le remettre en place.]

Juste après avoir trouvé notre point d'orientation, votre œil de l'imagination flotte autour de

Quoi dire :	Quoi faire :

lui. Il n'y reste pas.

C'est comme cela pour tout le monde. Nous appelons cela une « dérive ».

Dès que vous aurez l'habitude de contrôler votre œil de l'imagination et que vous arriverez à l'amener et à le laisser sur le point d'orientation, cette dérive s'arrêtera. Puis lorsque vous conduirez l'œil de l'imagination là, il y restera.

N'essayez pas de l'y maintenir. Laissez-le dériver. De temps en temps, ramenez-le sur le point d'orientation et relâchez-le. Si vous essayez de l'y bloquer, vous ne ferez que prolonger la phase de dérive.

Avez-vous des questions ?

5. Comment s'entraîner à utiliser l'orientation

Quoi dire :

Quoi faire :

Fondez-vous sur l'histoire de la personne pour sélectionner une activité qui la désorientera. Soyez vigilant pour détecter une désorientation éventuelle. Si elle survient ou si la personne commet une erreur, interrompez l'activité.

Si « non », continuez l'activité jusqu'à ce qu'il bouge.

Est-ce que votre œil de l'imagination a bougé ?

[Si la réponse est « Je ne sais pas », demandez-lui de vérifier.]

[Regardez avec votre œil de l'imagination et dites-moi s'il voit un point (des points).]

S'il a bougé, demandez-lui de le mettre en place.

Remettez-le en place.

Puis, montrez-lui quel est le stimulus qui a déclenché la désorientation.

Continuez ainsi jusqu'à ce que la personne puisse rapidement et

Quoi dire :

Quoi faire :

aisément remettre l'œil de l'imagination sur le point d'orientation et voie la différence.

La séance sera terminée quand la personne pourra rapidement et aisément remettre l'œil de l'imagination sur son point d'orientation et qu'elle sera consciente de l'avoir fait.

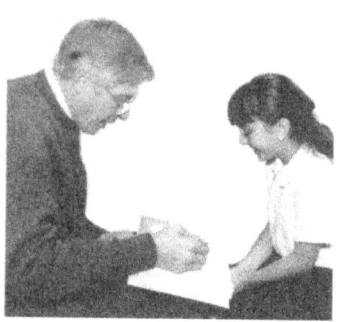

« *Désignez chaque mot qui déclenche une désorientation.* »

10.
La procédure de relâchement
La vérification de l'orientation

Tandis que les dyslexiques développent leur capacité d'orientation, il leur devient évident que lorsque leur œil de l'imagination ne bouge pas, ils *ne commettent pas d'erreur* et que chaque fois que celui-ci se déplace, ils se désorientent. Lors d'une désorientation, ils écorcheront un mot en le lisant ou bien l'une de leurs « vieilles solutions » se déclenchera automatiquement.

L'étape suivante devrait logiquement mettre au point une technique visant à maintenir l'œil de l'imagination sur le point d'orientation, chose facile que la plupart des élèves vont tenter. Mais cela engendre malheureusement bien souvent des maux de tête épouvantables.

La raison la plus probable à cela est que l'œil de l'imagination ne bouge pas vraiment tout seul. L'élève le déplace inconsciemment. Cette habitude fait partie de lui. Apprendre ce qu'est l'orientation et savoir qu'il vaut mieux ne pas déplacer l'œil de l'imagination n'empêchera pas cette réaction naturelle induite par la confusion.

Aussi l'élève, en proie à la confusion tentera à la fois de déplacer l'œil de l'imagination et de l'en empêcher. Littéralement, il agit contre lui-même. C'est ce que nous appelons le « maintien ». Cela crée une tension source de maux de tête.

Recommander à l'élève de ne pas maintenir l'œil de l'imagination sur le point d'orientation ne marche pas. C'est comme si on lui disait de ne pas penser à un éléphant : il ne pourra s'empêcher d'y penser. Plus il essaiera de ne pas le maintenir, plus le « maintien » deviendra fort.

Il n'y a, en plus, aucune raison de ne pas se désorienter lorsque cela peut être utile.

Un élève qui retient l'œil de l'imagination de manière rigide sur son point d'orientation s'étirera et se frottera la nuque. Si vous observez cela, intervenez à l'aide de la procédure de relâchement.

SIGNES DU MAINTIEN :

1. L'élève se plaint d'avoir mal à la tête.

2. Il touche ou se frotte la nuque.

3. Il devient pâle.

4. Son front se plisse.

5. Il commence à paraître stressé ou en détresse.

PROCÉDURE DE RELÂCHEMENT

Récitez ou lisez-lui ce texte reprenant les différentes étapes de la procédure de relâchement. Vérifiez bien qu'il accomplit l'action demandée avant de passer à la suivante.

Fermez le poing doucement. Repliez simplement vos doigts. Maintenant, pensez à une « main ouverte », mais au lieu d'ouvrir la main, fermez le poing plus fort.

Pensez de nouveau à une « main ouverte » et fermez le poing encore plus fort.

Pensez encore à la « main ouverte » et fermez le poing vraiment fort, vraiment très fort, si fort que la tension remonte jusqu'au coude.

Maintenant, sans réfléchir, desserrez la main. Complètement. Laissez vos doigts reprendre leur disposition naturelle.

Ressentez la sensation qui descend dans votre bras, à travers votre main jusqu'au bout des doigts. Cette sensation est celle du relâchement. C'est à cette sensation que le mot « relâchement » se réfère.

La sensation de relâchement est la même que celle du soupir. Soupirez. Inspirez et retenez votre souffle pendant une à deux secondes. Puis laissez l'air s'échapper de votre bouche en émettant un « fuhhhhhhhh » par le nez et la bouche.

Un petit soupir procure une sensation de relâchement dans la poitrine. Un grand soupir peut la susciter jusqu'au bout de vos doigts et de vos orteils.

Faites un grand et profond soupir. Éprouvez cette sensation dans tout votre corps. Laissez-la maintenant s'attarder. Laissez-la demeurer dans votre corps.

Maintenant, laissez votre œil de l'imagination éprouver cette sensation, simplement parce que vous le désirez. Il peut l'éprouver. C'est ce qu'il devrait éprouver.

Demandez maintenant à votre œil de transmettre cette sensation à votre tête et à votre nuque. Vous sentirez les muscles de votre nuque se relâcher. Vous les sentirez se détendre.

Si l'élève a mal à la tête, proposez-lui cet exercice avant de continuer :

Demandez à votre œil de l'imagination de mettre cette sensation à l'intérieur de votre mal de tête. Faites-lui remplir le mal de tête de ce sensation de relâchement. Faites-lui continuer à remplir le mal de tête ainsi jusqu'à ce que la douleur ait complètement disparu.

À l'avenir, toutes les fois que vous aurez à replacer votre œil de l'imagination sur le point d'orientation, faites-le puis relâchez-le. Décontractez-vous. Il n'ira nulle part. Il restera là tout simplement. Vous n'aurez pas à le retenir.
Chaque fois qu'il vous faudra le ramener en place, faites-lui éprouver cette sensation de relâchement. Vous n'aurez alors plus ni maux de tête, ni réapparition intempestive des anciennes solutions.

C'est la fin du processus.

Une fois que l'élève aura appris ce qu'est le relâchement et comment l'obtenir, il ne sera plus nécessaire de repasser par toutes les étapes de la procédure. Demandez-lui ou rappelez-lui simplement de relâcher chaque fois que vous remarquerez qu'il opère un « maintien », qu'il se concentre, qu'il se tend ou qu'il fait trop d'efforts.

PROCÉDURE DE VÉRIFICATION DE L'ORIENTATION

Après quelques heures, le point d'orientation déterminé au cours de la séance initiale de conseil d'orientation peut changer d'emplacement. Vous aurez donc parfois à vérifier s'il a bougé, et si tel est le cas, vous devez le ramener à sa place de départ. C'est ce que l'on fait au cours de la procédure de vérification de l'orientation.

Demandez simplement à l'élève de mettre son doigt là *où se trouve son point d'orientation.* En général, je leur dis : « Lors de la séance d'orientation, vous avez déterminé un point d'orientation. C'est le lieu où convergent les trois lignes en un point. Pouvez-vous mettre votre doigt là où se trouve ce point ? »

Vérifiez que ce point se situe bien sur le plan vertical médian et à quelques centimètres au-dessus et derrière la tête. S'il place correctement son doigt, dites-lui : « C'est bien. Continuez à utiliser ce point et tout ira bien. »

L'emplacement correct du point d'orientation.

S'il ne le place pas correctement, demandez-lui simplement si vous pouvez procéder à un « léger ajustement ». (Personne n'a jamais refusé.)

Son œil de l'imagination est trop bas et décalé sur la droite.

Prenez son doigt entre votre pouce et votre majeur et amenez-le doucement sur le plan vertical médian du corps. Tapotez le bout du doigt à l'aide de votre index et dites : « Tirez le point jusque-là en ajustant les lignes. Dites-moi lorsque vous y serez parvenu. » Tapotez le doigt de nouveau.

Régler le point d'orientation et les lignes de convergence sur le plan médian.

Lorsqu'il vous répond que le point se trouve désormais là où vous voulez qu'il soit, dites-lui : « C'est bien. Utilisez ce point et tout ira bien. »

Si le point continue de glisser excessivement, après avoir accompli l'ajustement décrit plus haut, dites à l'élève de « fixer les lignes pour qu'elles ne bougent pas ».

N'utilisez la procédure de vérification de l'orientation qu'avant d'appliquer celle de réglage optimal que nous aborderons dans le chapitre suivant. Cette technique de vérification du point d'orientation ne sera plus indiquée par la suite.

11.
Le réglage optimal pour l'orientation Davis

La procédure de réglage optimal est une méthode destinée à aider les dyslexiques orientés à déterminer leur *point d'orientation optimal*. C'est le même principe que celui qui consiste à tourner le bouton d'une radio pour avoir la meilleure réception possible.

On peut faire la même chose avec l'œil de l'imagination. En le déplaçant autour du point d'orientation déjà existant, on peut localiser le point d'orientation optimal.

Il faut se souvenir de plusieurs choses ici. La procédure du réglage optimal se fait bien mieux si le dyslexique est orienté, et a disposé de deux jours d'expérience de maîtrise de l'orientation. Le réglage optimal ne doit pas être entrepris tant que toute dérive (léger flottement de l'œil de l'imagination) n'a pas cessé.

Pendant cette procédure, l'œil de l'imagination peut bouger dans toutes les directions et pas seulement d'avant en arrière. Chaque fois qu'il est en mouvement, la personne se sent déséquilibrée. Le réglage optimal est obtenu en déplaçant légèrement celui-ci, en l'arrêtant puis en voyant comment la personne se sent.

Il existe deux manières par lesquelles un élève peut dire s'il a ou non atteint son point d'orientation optimal. Premièrement, il est en équilibre, il peut se tenir sur un pied sans que son pied, sa cheville, son genou, sa hanche ou son torse ne bougent. Il peut rester ainsi jusqu'à ce que ses muscles soient fatigués physiquement. Même s'il change de pied, il reste en équilibre. Deuxièmement, quand son « œil de l'imagination » se trouvera sur le point d'orientation optimal, l'élève éprouvera un sentiment profond de bien-être, dans ce que j'appelle la ZONE DE CONFORT. Il sent que c'est juste.

Souvent au cours d'une séance de réglage optimal, les élèves font traverser la zone de confort à leur œil de l'imagination. Lorsque cela se produit, le sentiment de bien-être les submerge momentanément. Ils sourient et ont l'air soulagés. Mais s'ils n'arrêtent pas l'œil de l'imagination au point exact, cette sensation disparaîtra aussi vite qu'elle sera survenue.

Admettons que nous commençons avec un œil de l'imagination situé au-dessus et en arrière de la tête, les phénomènes observables de la relation entre l'œil de l'imagination et le corps sont :

1. Si l'œil de l'imagination se trouve à gauche de la ligne médiane, le corps est déséquilibré vers la gauche.

2. Si l'œil de l'imagination se trouve à droite de la ligne médiane, le corps est déséquilibré vers la droite.

3. Si l'œil de l'imagination est situé trop en arrière, même s'il se trouve sur la ligne médiane, le corps est déséquilibré vers l'arrière.

4. Si l'œil de l'imagination est situé trop en avant, même s'il se trouve sur la ligne médiane, le corps est déséquilibré vers l'avant.

5. Si l'œil de l'imagination est trop bas, le corps est déséquilibré vers l'arrière.

6. Si l'œil de l'imagination est trop haut, le corps est

déséquilibré vers l'avant.

7. Si l'œil de l'imagination se trouve en avant de la ligne médiane du corps, les phénomènes 1 et 2 seront inversés.

À l'aide de l'information ci-dessus, l'élève peut déterminer son point d'orientation optimal.

L'élève applique la procédure en déplaçant doucement son œil de l'imagination et en l'arrêtant dans la zone où se trouve son point d'orientation. Il faudra qu'il continue jusqu'à ce qu'il atteigne un équilibre parfait et qu'il éprouve un sentiment total de bien-être.

PROCÉDURE DE RÉGLAGE OPTIMAL

Quoi dire :	**Quoi faire :**
	Expliquez ce qu'est le réglage optimal d'un poste de radio et comment ce concept peut aussi s'appliquer à la recherche de l'orientation optimale.
Je veux que vous gardiez les yeux ouverts pendant ce que nous allons faire. D'accord ?	
Mettez votre œil de l'imagination sur votre point d'orientation.	*Trouvez un endroit où la vue est dégagée. Cela peut être devant une fenêtre. Faites-le se tenir face à cette vue.*

Quoi dire :

Quoi faire :

Demandez-lui de vérifier que son œil de l'imagination se trouve bien sur son point d'orientation. Tenez-vous debout à côté de l'élève et montrez un point particulier au loin. Il ne faut pas qu'il se trouve en dessous la ligne du regard.

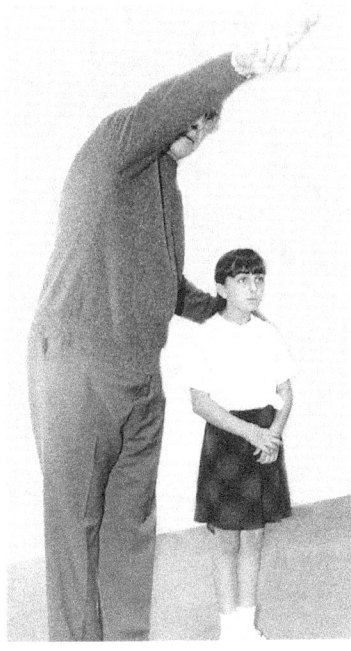

« *Regardez l'image là-haut.* »

Tout en regardant ce point, mettez-vous en équilibre sur un pied.

NOTE : Peu importe quel pied il choisit. Il pourra en changer s'il le souhaite.

Quoi dire :	Quoi faire :
	Prenez-le doucement par les épaules, puis relâchez votre emprise sans trop éloigner vos mains de ses épaules.

« *Continuez à la regarder et restez en équilibre sur un pied.* »

« *Déplacez-le un petit peu et voyez ce qui se passe.* »

Maintenant, poussez l'œil de l'imagination dans ma direction et voyez quel effet cela produit sur votre équilibre. Je ne vous laisserai pas tomber.

Si l'élève ne penche pas vers vous ...

[Poussez-le bien. Je ne vous laisserai pas tomber.]

NOTE : *Il est important que l'élève sente que son corps se déséquilibre dans la direction du*

Quoi dire :	Quoi faire :
	déplacement de son œil de l'imagination.
Remettez votre « œil » sur le point et reposez votre pied sur le sol.	
Penchez la tête en avant et regardez le point précis. Maintenant tenez-vous sur un pied.	*Localisez un autre point plus près à environ 45 degrés sous la ligne du regard. Attirez l'attention de la personne sur ce point.*
Maintenant, comme si vous étiez en train de régler votre radio, déplacez votre œil de l'imagination et déterminez l'endroit où votre corps se trouve parfaitement en équilibre.	

Quoi dire :   Quoi faire :

	« *Regardez cette pièce de 50 centimes que j'ai laissé tomber et restez en équilibre sur un pied.* »
Rappelez-vous que lorsque l'œil de l'imagination est en mouvement, vous êtes déséquilibré, alors déplacez-le un tout petit peu, arrêtez-le et vérifiez. Vous saurez par le ressenti que cela vous procurera, que vous avez	NOTE : *Ce processus prendra le temps qu'il faudra. Il se peut que l'élève ne trouve pas son point d'orientation optimal au cours de la première tentative.*

Quoi dire :	**Quoi faire :**
trouvé le point d'orientation optimal.	
	Ne le laissez pas s'arrêter tant qu'il n'aura pas trouvé son point d'orientation optimal ou qu'il n'en sera pas très près.
Maintenez votre œil de l'imagination juste là où il se trouve et posez le pied.	*Lorsque l'élève aura trouvé son point d'orientation optimal ou s'il se montre fatigué et qu'il en est très près, passez à l'étape suivante pour terminer la séance.*
Maintenez-le là et tirez vos points jusqu'à l'endroit où se trouve votre œil de l'imagination. Vous amenez le point vers l'œil et non l'œil vers le point.	
Laissez vos lignes d'ancrage se tendre et se solidifier là où elles sont comme le béton se solidifie et durcit. Ainsi, votre point se trouvera là où il devrait être et ne bougera pas en tous sens.	*Vérifiez que c'est fait.*

Expliquez à votre élève qu'il devra appliquer cette procédure au moins une fois par jour pour s'assurer que ce point d'orientation est bien optimal. Dites-lui que de temps à autre, celui-ci changera de place pour des raisons inconnues et qu'il devra s'adapter à ces modifications à l'aide de cette technique.

Après le réglage optimal, ne suggérez pas à vos élèves d'essayer de mettre le doigt sur leur point d'orientation. Ils n'arriveront probablement pas à le trouver et cela ne fera qu'engendrer de la confusion.

Les vérifications ultérieures de l'orientation consistent à demander à l'élève de regarder par terre et de se tenir sur un pied pour vous montrer que l'équilibre est bien atteint.

Il n'existe qu'un seul point d'orientation optimal où l'ensemble des informations sensorielles est le plus fidèle possible. Il existe cependant d'autres lieux d'orientation, un ou plusieurs lieux pour chaque sens, et à ce lieu le sens sera très fin. Celui de l'équilibre se trouve à soixante centimètres ou plus directement au-dessus de la tête ou devant le centre de gravité. Quand vous travaillerez avec des athlètes ou des danseurs (et en général tous ceux qui ont un grand sens de l'équilibre), veillez à ce que leur point d'orientation soit au-dessus et derrière leur tête et non directement au-dessus ou devant celle-ci. Demander à la personne de regarder vers le bas pendant qu'elle vérifie vous permettra de vous en assurer.

12.
Procédure d'alignement

Si vous en êtes à ce chapitre, cela signifie que votre élève a moins de sept ans, ou que vous avez conclu de l'exercice d'évaluation des capacités perceptives du chapitre 8 qu'il est essentiellement un apprenant kinesthésique ou tactile.

Avant de commencer, vous devez expliquer à votre élève pourquoi vous employez cet outil avec lui. Adaptez cette explication à l'âge et aux besoins de l'enfant. Vous devez employer des mots qu'il comprenne. N'oubliez pas que vous vous adressez à quelqu'un qui n'est probablement pas très bon pour penser en mots. Soyez donc le plus bref et le plus précis possible.

En outre, votre interlocuteur a probablement une durée d'attention limitée. Si vous parlez plus longtemps que sa durée d'attention, vous le perdrez. Cela se produit parfois au bout de cinq à dix secondes. L'explication prendra plus de temps que cela, voici donc une stratégie qui vous permettra de dépasser cette limite : il suffit de fragmenter l'explication. Parlez pendant quelques secondes, puis demandez à l'enfant de répondre d'une manière ou d'une autre. Un oui ou un non suffisent, et je suggère que vous posiez surtout des questions dont la réponse est oui ou non. Attendez la réponse avant de passer à la question suivante.

Il n'y a pas de texte établi à suivre, à vous d'improviser. Voici un exemple d'explication de la procédure à un enfant de sept ans :

1. *Ce que nous allons faire s'appelle alignement. Avez-vous déjà entendu ce mot ?*

2. *Pour nous, c'est le nom d'une méthode que vous pouvez utiliser pour être sûr que votre cerveau voit ce que vos yeux voient, et qu'il entend ce que vos oreilles entendent. Dites-moi le mot : alignement.*

3. *C'est très important, surtout à l'école, que votre cerveau voie et entende vraiment ce qui se passe. Parce que si ce n'est pas pareil, vous ferez des erreurs. Vous savez ce que c'est, une erreur ?*

4. *Bon, avant de commencer, vous avez déjà un alignement naturel. Il fait partie de vous. Je le sais puisque vous pouvez me parler, et vous n'auriez pas pu apprendre à parler si vous n'aviez pas d'alignement. Dites le mot « charabia ».*

5. *Vous voyez, il y est. Sinon, vous n'auriez pas pu répéter ce que j'ai dit. Vous me suivez ?*

6. *Mais il y a un problème. Parfois, votre alignement se casse ou se perd pendant un moment. Et vous ne le remarquez même pas. Vous vous en êtes déjà aperçu ?*

7. *Quand ça arrive, votre cerveau ne voit pas vraiment ce qu'il y a à voir et n'entend pas vraiment ce qu'il y a à entendre. Et vous n'en savez rien. D'accord ?*

8. *C'est un problème parce que ça vous fera faire une erreur, et je crois que personne n'aime faire des erreurs. Vous aimez faire des erreurs ?*

9. *Pensez-vous que ce serait bien d'avoir un moyen de savoir si votre alignement est bien là, pour ne pas faire d'erreurs ?*

10. *Pensez-vous que ce serait bien d'avoir un moyen de le fixer, ainsi vous ne feriez plus d'erreur parce qu'il n'est pas là ?*

11. *Bien, ce que nous pouvons faire est de vous donner un nouvel alignement. Et ce nouvel alignement est tel que vous pourriez vérifier qu'il est bien là. Ainsi vous arrêterez de faire des erreurs. Ce serait bien ?*

12. *On y va ?*

Continuez seulement si la réponse à la dernière question est *oui*. Si c'est non, soit vous vous trouvez devant un problème de motivation (voir chapitre 7), soit l'élève n'a pas vraiment compris votre explication.

PROCÉDURE D'ORIENTATION PAR ALIGNEMENT

Avant d'entamer la procédure d'alignement, exécutez d'abord la procédure de relâchement pour l'alignement. C'est pratiquement la même que celle employée pour le conseil d'orientation au chapitre 9, mais la formulation est légèrement simplifiée. La procédure de relâchement et la procédure d'alignement sont données ci-dessous sous forme de scénario que vous n'aurez qu'à lire à votre élève. N'oubliez pas que ce que vous faites est toujours fragmenté, mais les réponses que vous attendez ne seront pas verbales.

Procédure de relâchement pour l'alignement

1. *Installez-vous bien - le mieux possible.*

2. *Fermez le poing sans serrer. Repliez simplement les doigts.*

3. *Maintenant, pensez « main ouverte », et serrez le poing. Pensez de nouveau « main ouverte », et serrez le poing encore plus fort.*

4. *Pensez encore une fois « main ouverte » et serrez le poing au maximum. Sentez la tension jusqu'au coude.*

5. *Maintenant, sans penser, relâchez votre main. Laissez vos doigts reprendre leur position naturelle.*
   Note : le minutage et le rythme des étapes précédentes sont importants. Allez suffisamment lentement pour que l'élève ressente l'effet, mais suffisamment vite pour que ses muscles ne se fatiguent pas.

6. *Ressentez la sensation qui descend dans votre bras, votre main, jusqu'au bout de vos doigts. Cette sensation est celle du relâchement. C'est à cette sensation que le mot « relâchement » se réfère.*

7. *La sensation de relâchement est la même que celle du soupir. Soupirez de manière audible pour donner un exemple.*

8. *Soupirez. Inspirez, retenez votre souffle (attendez deux ou trois secondes), puis laissez l'air s'échapper de votre bouche en émettant le son « shshshsh » par la gorge et la poitrine.*

9. *Un petit soupir procure une sensation de relâchement dans votre poitrine. Un grand soupir la fera ressentir jusqu'au bout de vos doigts et de vos orteils. Soupirez un grand coup ; sentez cette sensation dans tout votre corps. Laissez-la s'attarder. Laissez-la*

demeurer dans votre corps.

10. *Fermez les yeux. Prenez conscience de vos orteils ; localisez-les et sentez-les de l'intérieur.*

11. *Continuez à sentir vos orteils et sentez vos doigts. Localisez vos doigts et sentez-les de l'intérieur.*

12. *À présent, répandez cette sensation des orteils vers les chevilles, et des doigts vers les poignets.*

13. *Continuez à répandre votre sensation des orteils jusqu'aux genoux, et des doigts jusqu'aux coudes.*

14. *Continuez jusqu'aux hanches et aux épaules.*

15. *Dans tout le corps, maintenant, jusqu'au cou.*

16. *Maintenant, par le cou jusqu'à la tête, jusqu'au cuir chevelu au sommet de la tête. Englobez tout, même les oreilles.*

17. *À présent, soupirez un grand coup, et laissez la sensation de relâchement inonder tout votre corps, jusqu'au bout de vos doigts et de vos orteils.*

18. *Laissez cette sensation de relâchement demeurer dans votre corps. Dès que vous serez prêt, ouvrez les yeux.*

Procédure d'alignement

1. *Fermez de nouveau les yeux. La sensation de relâchement doit toujours être dans votre corps.*

2. *Sans bouger le corps, éprouvez la sensation que vous vous mettez debout. Éprouvez la sensation que vous vous levez de votre chaise.*

3. *Maintenant, éprouvez la sensation que vous vous déplacez pour vous tenir debout derrière le corps qui est assis sur la chaise.*

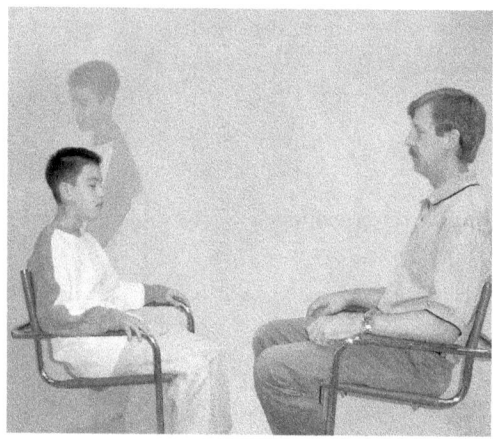

4. *Éprouvez la sensation que vous êtes debout juste derrière le corps qui est assis sur la chaise.*

5. *Posez vos mains imaginaires sur les épaules du corps assis sur la chaise.*

6. *Sentez vos épaules avec vos mains imaginaires, et sentez vos mains imaginaires avec vos épaules réelles.*

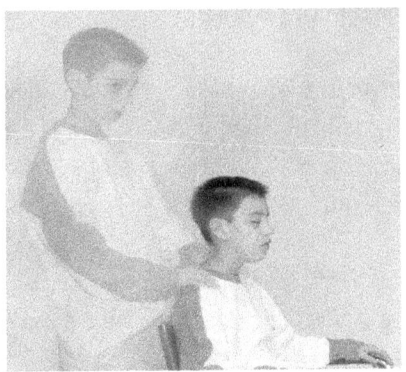

7. *Ouvrez vos yeux imaginaires et baissez-les vers le corps qui est assis sur la chaise. Vous devez voir le sommet et l'arrière de la tête.*

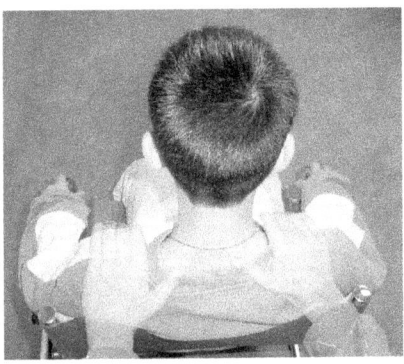

8. *Fermez vos yeux imaginaires et conservez la sensation de vos mains imaginaires sur vos épaules.*

9. *Ouvrez les yeux. Conservez la sensation des mains sur vos épaules. Regardez autour de vous. Regardez la position des objets par rapport à l'emplacement de votre corps. Voyez où sont les murs par rapport à votre corps.*

Réglage optimal pour l'alignement

Dès que l'élève a accompli la procédure d'alignement, vous pouvez passer directement à l'exercice de réglage optimal. C'est ainsi qu'il vérifiera et corrigera son orientation à l'avenir, chaque fois que le besoin s'en fera sentir.

1. *Maintenant, levez-vous en conservant les mains imaginaires sur vos épaules. Restez éloigné de la table et des chaises.*

2. *Restez en équilibre sur un pied. Sentez les mains imaginaires qui vous gardent en équilibre. Si vous sentez que vous perdez l'équilibre d'un côté, déplacez légèrement le corps imaginaire dans la direction opposée jusqu'à ce que vous vous sentiez parfaitement en équilibre.*

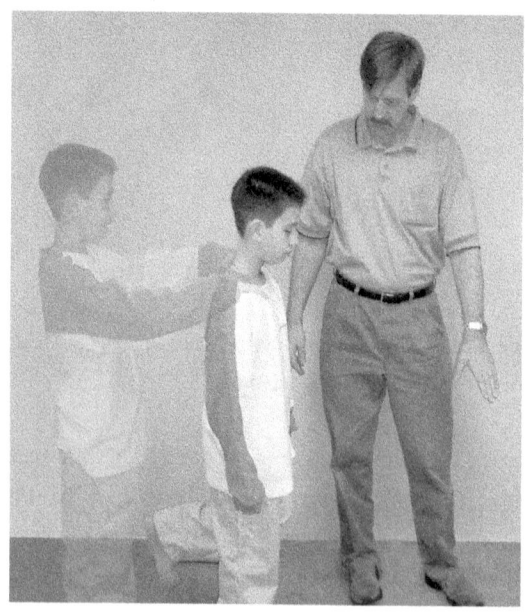

3. *Quand vous avez trouvé le bon équilibre, bloquez vos coudes imaginaires de manière que le corps imaginaire soit toujours dans la même position quand vos mains imaginaires sont sur vos épaules.*

4. *Maintenant vous pouvez vous déplacer, en conservant les mains imaginaires sur vos épaules.*

5. *Vous pourrez retrouver votre alignement n'importe quand en sentant vos mains imaginaires sur vos épaules.*

Arrivé à ce point, votre élève devrait être capable de se réorienter à volonté. Au début, un petit rappel périodique est souhaitable au cours des exercices de correction. Dès qu'une erreur se produit ou que vous voyez des signes de désorientation, demandez : « Comment va votre alignement ? », ou dites seulement : « Vérifiez votre alignement - sentez vos mains imaginaires sur vos épaules. »

13.
Réglage du compteur d'énergie

À l'origine, cette procédure a été mise au point pour les personnes atteintes de TDA/H, la forme « hyperactive » des TDA. Nous la recommandons à présent à tous les utilisateurs des processus de cet ouvrage, car elle peut aussi améliorer la pratique des mathématiques, de la calligraphie et de l'athlétisme, et le comportement en société.

Ce réglage d'un compteur permet à l'élève d'ajuster son expérience du temps et son niveau d'énergie de manière qu'ils soient adaptés à une situation donnée. Ce que nous allons faire est d'installer un dispositif imaginaire de contrôle de l'énergie que la personne peut vérifier et ajuster si nécessaire. Un parent peut le faire avec un enfant, et un adulte peut le faire avec l'aide d'un ami. Vous pouvez le faire n'importe quand après avoir terminé le réglage optimal de l'orientation ou de l'alignement.

Un cadran est, selon le dictionnaire, un *cercle gradué muni d'une aiguille fixée en son centre, qui peut être déplacée pour indiquer les graduations.* Un compteur muni d'un cadran sert à deux choses :

- Il indique le mode de fonctionnement de quelque chose. Le bouton d'un fourneau indique le degré de chaleur d'un brûleur. Celui d'un tourne-disque indique le niveau du son.
- Il permet aussi de modifier ce fonctionnement. On peut tourner le bouton du brûleur pour augmenter ou réduire la température, et ajuster le son du tourne-disque.

Le compteur que vous allez donner à votre élève, l'aidera à contrôler le niveau auquel il ressent le changement (temps ou vitesse), et le niveau d'énergie qu'il éprouve. On l'installe par l'imagination et les sensations, ou la sensation physique.

POURQUOI UN COMPTEUR ?

La désorientation cause des distorsions de la perception et des variations dans la chimie du cerveau. Les fluctuations de la chimie du cerveau expliquent une grande partie des symptômes et des caractéristiques des troubles déficitaires de l'attention, y compris l'hyper et l'hypoactivité.

Avec l'orientation, la perception est rectifiée, ce qui a un effet stabilisant sur la chimie du cerveau. Toutefois, les changements dans la chimie du cerveau sont très semblables aux oscillations d'un pendule. La régularisation et la stabilisation demandent du temps. Le cerveau a fonctionné avec différents niveaux de produits chimiques pendant si longtemps que même lorsque les choses se régularisent, les niveaux peuvent être supérieurs ou inférieurs à la normale. Le compteur d'énergie est un outil que l'élève peut utiliser pour effectuer les réglages qui s'imposent en moins d'une minute.

Le rapport d'un facilitant

Voici un exemple de l'efficacité du compteur d'énergie sur les élèves présentant des TDA quand il est employé correctement. Il s'agit d'un cas clinique réel étudié par Paula Morehead, une facilitante au Davis Dyslexia Center of the South, à Birmingham, Alabama.

« J'ai parlé au père d'un garçon de treize ans qui était intéressé par le programme de correction de la dyslexie Davis pour son fils. Au cours de la conversation, j'appris que l'enfant prenait de la Ritaline depuis six ans. Après une aussi longue période de traitement, son fils pouvait à peine se tenir tranquille pendant un petit moment sans prendre le médicament. Je lui recommandai de parler au médecin de son fils, pour lui demander d'arrêter la prise de médicament au moins deux semaines avant de commencer le programme. Il accepta.

Lorsqu'ils se sont présentés pour commencer le programme de cinq jours, il fut très difficile à l'enfant de se tenir tranquille pendant toute la consultation initiale. Nous sommes arrivés au bout, et j'ai pu établir qu'il souhaitait vraiment pouvoir lire et arrêter de prendre le médicament. Il dit qu'il était embarrassant d'aller à l'infirmerie tous les jours pour prendre son médicament comme un bébé.

Dès que nous avons terminé la session initiale du conseil d'orientation, je lui ai présenté le compteur d'énergie. Nous avons longuement parlé des différentes sortes de compteurs et leur utilisation. Ensuite nous avons créé un compteur d'énergie pour qu'il contrôle son énergie au lieu d'avoir à prendre un médicament. Je dois dire qu'à la fin de la première journée, je ne savais pas trop ce qui allait se passer. J'étais fatiguée de le voir gigoter sur son siège.

Le lendemain, c'était un peu mieux. Il avait commencé à lire le lundi à un niveau de CP, mais nous avons dû aller dans un endroit où il n'y avait rien dans son champ visuel. S'il pouvait apercevoir quoi que ce soit qui le distrayait, il ne pouvait pas rester dans un état orienté parce qu'il y avait des « choses qui se déplaçaient dans la pièce » et il voulait les regarder.

Le mercredi, après le réglage optimal, il était transformé. J'ai sorti *Charlotte's Web*[1] et il a lu les deux premières pages en ne faisant que

---

1 Un livre pour enfants célèbre aux États Unis. Charlotte est une araignée. NDLT.

deux ou trois erreurs. Je l'ai interrogé sur les choses qui étaient autour de lui et il a dit : « Super, maintenant je peux lire et les choses ne bougent plus autour de moi. » Le vendredi matin, il avait terminé le livre.

Dans le rapport d'inventaire post évaluation, son niveau de lecture était passé du niveau CP au niveau CM2. Il était tout excité et prêt à retourner à l'école à l'automne. Quand j'ai eu de ses nouvelles quatre mois plus tard, il m'a dit que tout allait bien sans médicament. »

LA PROCÉDURE DU RÉGLAGE DU COMPTEUR

Demandez : « Savez-vous ce qu'est un compteur ? »

Si l'élève ne le sait pas, expliquez-le-lui. Vous pouvez même lui montrer différents compteurs de réglage et parler de ce qui se passe à différents réglages. Assurez-vous que la personne comprend à quoi cela ressemble et que cela indique un niveau de fonctionnement et le contrôle de ce niveau.

Expliquez à l'élève que vous allez lui faire imaginer un cadran qui indiquera son niveau d'énergie et la vitesse à laquelle il perçoit le temps. Dites-lui que ce sera le même cadran. Si nécessaire, expliquez ce que vous entendez par niveau d'énergie.

Dites : « *Imaginez un compteur qui indique votre niveau d'énergie.* »

Une fois que c'est fait, demandez-lui de le décrire. Posez suffisamment de questions pour être sûr qu'il y a une image mentale assez réaliste. De quelle couleur ? Quelle taille ? Quelle forme ? S'il ne comporte pas dix graduations ou niveaux, dites à l'élève de modifier l'image du compteur pour qu'il ait dix numéros ou réglages.

Dites : « *Placez le compteur quelque part devant vous, à gauche ou à droite, pas directement en face.* »

Lorsque c'est fait, dites : « *Mettez la main dans l'espace à l'endroit où se trouve l'image du compteur.* »

Demandez : « *Si le compteur indique votre niveau d'énergie en ce moment, quel est son réglage ?* »

Si c'est cinq ou moins, dites : « *Réglez-le sur huit. Est-ce que vous sentez la montée d'énergie ? Sentez-vous l'air devenir froid autour de vous ? Avez-vous l'impression d'être plus éveillé ? Vous sentez-vous agité à ce niveau ?* »

Si le réglage est au-dessus de cinq, dites : « *Réglez sur trois. Vous sentez-vous ralentir ? Ressentez-vous le calme ? Sentez-vous la chaleur ? Sentez-vous la détente ?* »

Vous pourrez également poser d'autres questions sur ce que l'élève ressent. Vous voulez attirer son attention sur tous les changements qui se sont produits. Ne faites pas de commentaire sur les réponses (justes ou fausses). L'élève vivra sa propre expérience, quelle qu'elle soit.

Quand il remarquera des différences, demandez-lui de bouger

l'aiguille dans la direction opposée (si c'était sur trois, aller sur huit, si c'était sur huit, aller sur trois). Ensuite, reposez les questions appropriées (voir ci-dessus).

Quand l'élève aura décrit les changements, demandez-lui de retourner au réglage initial et de remarquer les changements. Ils seront plus subtils parce que la différence sera moindre. Mais à ce stade, il devrait pouvoir remarquer facilement la différence.

Il est temps à présent d'introduire l'idée de réglage approprié à chaque activité. Vous pouvez demander :

« *Quel serait le meilleur réglage quand vous faites du sport ?* »

« *Quel serait le meilleur réglage pour regarder la télévision ?* »

« *Quel serait le meilleur réglage en classe pour écouter le professeur ?* »

« *Quel serait le meilleur réglage quand vous vous brossez les dents ?* »

« *Quel serait le meilleur réglage quand vous faites vos devoirs ?* »

Il est trop tôt pour qu'il connaisse vraiment les réponses, mais cela le fera penser dans la bonne direction.

Terminez cette activité en lui disant : « *Votre compteur est votre outil. Il vous appartient, à présent. Vous pouvez l'utiliser quand vous voulez. Je suggère que vous l'essayiez - que vous expérimentiez différents réglages selon les activités. Vous pouvez décider de ce qui vous convient le mieux.* »

Note importante : après l'installation du compteur et après que l'élève aura eu l'occasion de s'en servir tout seul, vous ne devriez pas lui dire comment le régler. Il l'a créé, il lui appartient et c'est lui qui le contrôle. Si vous lui disiez de l'augmenter ou de le réduire, vous le priveriez de responsabilité et du contrôle de lui-même. Au début, vous pouvez lui rappeler de le vérifier en demandant par exemple :

« *Avez-vous vérifié votre compteur récemment ?* »

« *Sur quel réglage est votre compteur ?* »

« *Est-ce que ce réglage convient à ce que vous faites en ce moment ?* »

Très vite, l'élève fera ses propres réglages automatiquement.

Suivi

Allez vous promener ensemble dans un endroit où il y a beaucoup de monde à observer. Montrez une personne et demandez : « Si cette personne avait un compteur, quel serait son réglage ? » Continuez à l'interroger sur le réglage d'autres personnes jusqu'à ce que l'élève puisse vous répondre sans hésitation. Ne vous étonnez pas s'il vous donne des valeurs inférieures à ce que vous pensez, surtout s'il s'agit d'un élève affecté de TDA/H. Pour une personne hyperactive, présentez une simple évidence de ce genre :

« *Les autres pourront mieux communiquer et s'entendre avec vous si vous réglez votre énergie au même niveau que la leur. Vous vous trouverez ainsi sur la même longueur d'onde qu'eux.* »

N'oubliez pas que l'effet du changement de réglage sera plus spectaculaire avec un enfant qu'avec un adulte. Il semble qu'en vieillissant, nos variations diminuent. Ce qui était pour moi réglé sur six il y a vingt ans est à présent sur dix à soixante ans. Je ressens les sensations les plus spectaculaires quand je règle mon énergie entre trois et un.

Pendant toutes ces années, seuls quelques adultes qui

fréquentaient mes ateliers n'ont pas été capables de créer de compteur d'énergie, ou bien les changements de réglage produisaient si peu de variations qu'ils ne pouvaient pas en sentir l'effet. Je soupçonne que c'était parce qu'ils étaient sceptiques au départ ; ils se sont ainsi privés d'un outil formidable. Pour tous les autres, cela marche très bien.

14.
La coordination

Quand l'étape du réglage est terminée, il existe un moyen simple de se débarrasser de la confusion droite/gauche une fois pour toutes. Cette technique s'adresse également à la dyspraxie décrite dans les chapitres 17 et 24. Nous l'appelons la thérapie de Koosh parce que nous nous servons de ces balles légères et molles faites en bandelettes de mousse. Il vaut mieux ne pas se servir de balles de tennis ou de ping-pong car elles ont tendance à rebondir avant que la personne ait pu les saisir.

Vous pouvez commencer à pratiquer régulièrement après le réglage optimal décrit dans les chapitres 11 et 12. Tenez-vous entre un mètre cinquante et trois mètres de la personne (plus près pour les jeunes enfants). Demandez-lui d'abord de « vérifier son point d'orientation » si vous avez utilisé la procédure d'orientation ou de « vérifier ses mains imaginaires » si vous avez utilisé l'alignement. Quand la personne est orientée, obtenez qu'elle se mette en équilibre sur un pied. Elle peut choisir celui qu'elle veut et changer de pied à tout moment.

Tenez les deux balles dans une main. Quand l'élève est à l'aise en équilibre sur un pied, dites : « Attrapez une balle avec une main et l'autre balle avec l'autre. »

1. *En tenant les balles par en dessous, lancez une balle à la fois. Ne lancez pas trop fort en visant à peu près à hauteur de la poitrine. Chaque fois que vous lancez une balle dites : « Une balle dans une main, l'autre dans l'autre main. »*

2. *Quand la personne rattrape facilement les balles avec l'une ou l'autre main tout en conservant son équilibre, répétez :* « Une balle dans une main, l'autre dans l'autre main. » *Puis envoyez les deux balles ensemble. Visez directement la personne de face sur la ligne médiane du corps. Si les balles sont lancées correctement, chacune d'elles se trouvera de part et d'autre de la ligne médiane du corps. Faites attention de les envoyer de telle façon qu'elle peut facilement les rattraper. Quand la personne attrape les deux balles, félicitez-la et recommencez.*

« Une balle dans une main, l'autre dans l'autre. »

3. *Après un moment de cette pratique, dites :* « Je vais envoyer les deux balles d'un seul côté. Je veux que vous les rattrapiez sans perdre l'équilibre. » *Faites ceci de chaque côté pour que la personne soit obligée de franchir la ligne médiane avec la main opposée à ce côté afin de rattraper les balles. Ne visez pas trop excentré, vous lui*

feriez perdre l'équilibre.

Cet exercice fait une pause agréable dans le travail de maîtrise des signes sur les petits mots.

« *Franchissement de la ligne médiane* »

15.
Maîtrise des symboles
et maîtrise des concepts

Pour comprendre la stratégie de la maîtrise des symboles, nous devons considérer deux facteurs.

Le premier est le postulat que le langage reflète le processus de pensée. Si ce n'était pas le cas, le langage serait probablement trop compliqué à apprendre. Toutes les langues sont composées de symboles, et tous les symboles comportent trois aspects :

- Le son du symbole quand nous l'entendons
- À quoi ressemble le symbole quand nous le voyons
- Ce que signifie le symbole.

Le deuxième est l'observation qu'il existe deux méthodes de pensée humaine : la conceptualisation verbale (penser avec des sons) et la conceptualisation non verbale (penser en images).

Une personne qui utilise la conceptualisation verbale pense avec les sons des symboles. Celle qui utilise la conceptualisation non verbale pense en images mentales. Deux des trois éléments qui composent un symbole peuvent être conçus en images mentales - à quoi il ressemble quand nous le regardons et ce qu'il signifie ou représente. Les individus qui utilisent la conception non verbale ne pensent évidemment pas avec ce à quoi les symboles ressemblent, sinon il leur faudrait lire leurs pensées comme un journal. Donc, que reste-t-il ? Une personne qui a un mode de pensée non verbal pense par le sens du langage sous forme d'images mentales des concepts et des idées qu'il contient.

La pensée non verbale ne nécessite pas de savoir lire et écrire. Une personne illettrée peut communiquer sans savoir à quoi les symboles ressemblent. Ils ne sont importants que pour la lecture, l'écriture, les maths, la musique et les autres formes de données enregistrées. Quand la personne apprend à quoi ressemblent les symboles et devient capable de reconnaître les choses ou les concepts qu'ils représentent, elle cesse d'être illettrée.

MAÎTRISE ET AUTOMATISME

Lorsque nous apprenons à faire quelque chose comme monter à bicyclette ou conduire une voiture, nous incorporons cette acquisition à notre identité. Avec un peu de pratique, nous pouvons le faire sans y penser. Ce savoir-faire fait partie de qui nous sommes et de ce que nous sommes. Lorsque nous maîtrisons un mot ou un concept cela devient aussi une partie de qui nous sommes et de ce que nous sommes. Pour y parvenir, deux choses sont nécessaires : l'expérience personnelle de l'individu et sa créativité.

La maîtrise des symboles consiste à faire faire à quelqu'un l'expérience personnelle de la création d'un symbole. L'élève crée les trois parties du symbole au même endroit et au même moment.

En cas de dyslexie à la lecture, nous commençons par faire maîtriser à l'élève les symboles de base : lettres de l'alphabet, signes de ponctuation, et occasionnellement des chiffres. Selon les problèmes de l'élève, vous pouvez déterminer s'il est approprié de maîtriser ces symboles de base ou non.

Matériel nécessaire

- 1 kilo de pâte à modeler
- un couteau en plastique pour couper la pâte à modeler
- un dictionnaire contenant des définitions claires et simples
- d'autres ouvrages de référence si vous travaillez avec des termes techniques
- des serviettes en papier pour nettoyer les mains et la surface de travail
- pour la maîtrise de l'alphabet, faites des photocopies agrandies des bandes de lettres que vous trouverez à la fin du chapitre.

Règles de base pour le tuteur

- Soyez attentif au moindre signe de désorientation
- Vérifiez l'orientation après chaque désorientation et après les pauses
- Soyez patient, courtois, doux, curieux et observateur
- Évitez de toucher les modèles faits par votre élève. Si vous ne voyez pas clairement ce qu'ils représentent, dites seulement que vous ne saisissez pas et discutez avec lui cet aspect de la signification si nécessaire.

Pour que le processus soit vraiment efficace, les modèles doivent être entièrement créés par l'élève. En tant que tuteur, votre rôle est d'encourager, pas de critiquer. Le meilleur moyen d'aider votre élève à formuler des idées et de stimuler son imagination est de poser des questions. Il suffit que ses modèles montrent clairement une signification. Cela n'a rien à voir avec de la sculpture d'art.

LA MAÎTRISE DES LETTRES, DES SIGNES DE PONCTUATION ET DES CHIFFRES

Procédure de maîtrise de l'alphabet

La maîtrise de l'alphabet a pour but de trouver et d'éliminer toutes les lettres qui pourraient déclencher une désorientation. Cette procédure peut demander de quelques heures à deux jours.

1. Familiarisez l'élève avec la pâte à modeler. Demandez-lui de la manipuler, de la couper et de la rouler.

2. Dès que vous percevez le moindre signe de désorientation, arrêtez-vous et dites doucement à l'élève : « *Vérifiez votre orientation ou trouvez votre/ou vos points* », ou « *sentez vos mains imaginaires* » puis continuez.

3. L'élève commencera par modeler les majuscules et progressera par ordre alphabétique de A jusqu'à Z. Les lettres devront mesurer au moins six centimètres. Préparez une bande de lettres en suivant les instructions qui se trouvent à la fin du chapitre et laissez-la à portée de l'élève pour qu'il puisse la consulter comme exemple.

4. Demandez à l'élève : « *À qui appartient cet alphabet ?* » Répétez la question sur le ton de la conversation jusqu'à ce qu'il réponde : « *C'est le mien.* » Puis demandez-lui « *Pourquoi ?* » ou « *Comment cela se fait-il ?* » jusqu'à ce qu'il vous réponde : « *Parce que c'est moi qui l'ai fait* », ou : « *Parce que c'est moi qui l'ai créé.* »

5. Demandez-lui : « *Êtes-vous satisfait de votre alphabet ?* » Si la réponse est non, demandez-lui ce qui pourrait être amélioré, et faites-le-lui corriger jusqu'à ce qu'il soit satisfait.

6. Demandez-lui combien l'alphabet comporte de lettres. S'il n'en est pas sûr, faites-les-lui compter lentement. Recommencez jusqu'à ce qu'il soit convaincu qu'il y en a bien vingt-six.

7. Demandez-lui de toucher doucement et délibérément chaque lettre et de la nommer par ordre alphabétique, de gauche à droite.

8. S'il y a lieu, demandez à l'élève de vérifier que toutes les lettres sont correctement positionnées, placées dans le bon ordre et de taille similaire. Laissez-lui trouver les erreurs en comparant avec les exemples.

9. Demandez-lui de toucher chaque lettre et de la nommer dans l'ordre inverse, en commençant par Z.

10. Relevez erreurs, hésitations et confusions. Pour les lettres qui causent des signes de désorientation :

    A) Demandez-lui de citer des mots ou des noms commençant par cette lettre. (Facultatif : demandez des associations ou si cela lui rappelle quelque chose.)

    B) Demandez à l'élève de prendre la lettre, de la placer dans la paume d'une main, de la couvrir avec l'autre, de trouver son point ou son alignement, puis de découvrir la lettre pour voir si elle déclenche toujours une désorientation. Répétez cette opération aussi souvent que nécessaire jusqu'à ce que la lettre ne déclenche plus de désorientation et qu'elle ne soit plus chaude.

11. Pour les lettres qui provoquent la confusion ou qui sont interverties, demandez-lui :

   A) « Dites-moi ce que ces deux lettres ont en commun. »
   B) « Dites-moi en quoi ces deux lettres sont différentes. »

   Alternez les questions A et B jusqu'à ce que toutes les réponses possibles aient été formulées.

   Si des erreurs ou des omissions ont été commises dans l'ordre des lettres, demandez, pendant que l'élève regarde la lettre :

   A) « Quelle lettre vient avant __ ? »
   B) « Quelle lettre vient après __ ? »

12. Demandez à l'élève de toucher et de nommer les lettres dans l'ordre alphabétique puis dans l'ordre inverse jusqu'à ce qu'il arrive à le faire facilement et sans hésitation.

13. Demandez-lui de dire l'alphabet de A à Z puis de Z à A, en regardant les lettres sans les toucher.

14. Dites une lettre de l'alphabet et demandez à l'élève de

toucher et de nommer la lettre qui vient avant puis celle qui vient après cette lettre. Répétez l'opération jusqu'à ce qu'il puisse trouver vite et facilement n'importe quelle lettre.

15. Demandez à l'élève de réciter l'alphabet à rebours en lui laissant consulter son modèle autant de fois que nécessaire. Là encore, voyez quelles sont les lettres qui lui posent des problèmes, celles qu'il regarde plusieurs fois ou qui sont sources de confusions répétées. Vérifiez son orientation/alignement et passez aux étapes 10 ou 11 chaque fois qu'il éprouvera des difficultés avec une lettre. Recommencez jusqu'à ce qu'il puisse réciter l'alphabet à rebours au moins une fois sans regarder.

16. Si vous observez que l'élève peine ou éprouve de la frustration, ARRÊTEZ. Faites une courte pause. Puis vérifiez son orientation ou son alignement et reprenez à l'étape précédant celle où les difficultés sont apparues. Répétez cette étape jusqu'à ce qu'il n'y ait plus de problème.

17. Continuez à lui faire travailler l'alphabet en avant et en arrière jusqu'à ce qu'il le connaisse bien et puisse aisément le réciter dans les deux sens. Félicitez-le sincèrement. Faites une bonne pause après cette réussite.

18. Demandez à l'élève de modeler l'alphabet en minuscules à rebours, de z à a (mais pas en inversant les lettres en miroir). Tenez à sa portée pour s'y référer la bande de lettres faite en suivant les instructions données à la fin du chapitre.

Votre élève apprendra l'alphabet à l'endroit et à l'envers

19. Comme il a été dit plus haut, surveillez les lettres à problème, vérifiez l'orientation/alignement de l'élève si nécessaire et demandez-lui de vérifier lui-même son alphabet.

20. Répétez les étapes 4 à 17 avec l'alphabet en minuscules.

21. Faites quelques exercices pratiques récréatifs, comme de nommer des lettres dans l'environnement, chercher des lettres dans un dictionnaire ou un annuaire de téléphone.

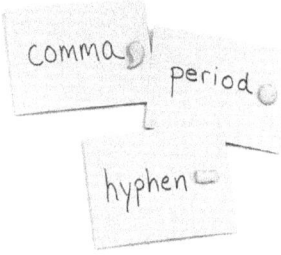

Voici comment nos élèves maîtrisent les signes de ponctuation en pâte à modeler

Maîtrise des signes de ponctuation

1. Lisez la définition du mot « ponctuation » : signes utilisés en écriture et en imprimerie pour rendre plus clair le sens des phrases.

2. Demandez à l'élève de fabriquer un point en pâte à modeler.

3. Demandez-lui d'écrire ou de copier le nom du signe de ponctuation sur une petite feuille de papier (la moitié d'une feuille A4 conviendra parfaitement).

Signes de ponctuation à modeler :

point	.
point d'interrogation	?
point d'exclamation	!
virgule	,

point-virgule	;
deux-points	:
trait d'union	-
tiret	–
parenthèses	( )
crochets	[ ]
guillemets	« »
barre oblique	et/ou
points de suspension	...
apostrophe	l'

4. Montrez-lui l'emplacement du signe de ponctuation en relation avec les mots d'un texte, et demandez-lui de placer le modèle du signe sur le papier à l'endroit correspondant à ce qui est écrit.

5. Comme pour l'alphabet, demandez « À qui est ce signe ? » et « Comment cela se fait-il ? ».

6. Demandez à l'élève de toucher et de nommer le signe de ponctuation.

7. Expliquez-lui ce qu'il doit faire lorsqu'il rencontre ce signe quand il lit à haute voix : s'arrêter au point, faire une pause aux virgules, aller vers les aigus pour un point d'interrogation, etc.

8. Répétez les étapes 2 à 7 pour chaque signe de ponctuation.

9. Dans un livre de grammaire ou un dictionnaire, passez en revue l'utilisation habituelle de chaque signe de ponctuation que l'élève ne comprend pas.

10. Demandez-lui de trouver des exemples de chaque signe de ponctuation dans différents textes, comme un livre de lecture, un magazine, un panneau de signalisation, etc. Faites-lui remarquer que les formes diffèrent en fonction du style d'imprimerie et de la nature des caractères utilisés.

Maîtrise des chiffres

Demandez à l'élève de modeler sur la table les chiffres de 0 à 10, d'environ six centimètres de haut. Placez ensuite le nombre correspondant de boulettes de pâte à modeler en colonne au-dessus de chaque chiffre. Demandez à l'élève de modeler le mot correspondant à chaque chiffre et de le placer au-dessous de chaque chiffre.

Demandez-lui de montrer les boulettes et de dire : « *Ceci est (le chiffre), c'est-à-dire (compter les boulettes).* »

Demandez-lui de montrer le chiffre et de dire : « *Cela se dit (le chiffre), cela signifie (compter les boulettes).* »

Demandez-lui de montrer le mot et de dire : « *Cela se dit (le chiffre), c'est-à-dire (compter les boulettes).* »

Cet exercice ainsi que d'autres exercices de maths se trouvent au chapitre 19 : « Douze exercices pour enseigner les maths. »

MAÎTRISE DES SYMBOLES APPLIQUÉE AUX MOTS

À présent que l'élève a maîtrisé les éléments de base, il est temps de passer aux mots.

Exercice un : créer un mot nouveau

Vous commencerez par cet exercice simple de manière à faire comprendre qu'un mot se compose de trois éléments : 1) l'aspect, 2) le son, et 3) la signification.
Voici les instructions à donner à votre élève :

1. Demandez-lui de modeler quelque chose de sa pure invention. Cela peut être une machine, une idée, une action, une description, un animal imaginaire ou n'importe quoi (le concept). Quand c'est terminé, passez à l'étape suivante.

2. « Parlez-moi de ce que vous avez fait. » Lorsqu'il a fini de décrire ce qu'il a créé, dites-lui : « Vous venez de me donner la "signification" de votre création. »

3. « Donnez un nom inventé à votre création ».

4. Demandez-lui de modeler ce nom avec les lettres de l'alphabet. Il peut l'orthographier comme il veut (le symbole écrit).

5. Demandez-lui de dire au modèle comment il s'appelle et ce que cela signifie : « Tu es (nom) et tu (signifies). »

6. Demandez-lui de dire au mot comment il se dit et comment il s'épèle : « Tu te dis (nom), (orthographe). »

Ensuite, parlez de l'évolution et de l'objet des mots, avec une explication de ce genre :
« *Vous venez de créer un mot nouveau. Un symbole sonore et un*

symbole écrit qui désignent ce que vous avez modelé. Vous le maîtrisez parce que vous l'avez créé, vous savez ce qu'il veut dire, comment il se prononce et quel aspect il a.

Bien sûr, vous êtes le seul à connaître la signification de votre mot, comment le prononcer correctement, et comment l'épeler. Maintenant, supposons que vous vouliez enseigner ce mot à quelqu'un. Le prononcer ou l'écrire ne suffirait pas, n'est-ce pas ? Pour que la personne le comprenne, il faudrait qu'elle sache ce que les lettres et les sons que vous lui montrez signifient ou représentent, non ?

Toutes les langues sont composées de mots fabriqués par quelqu'un. La personne est partie d'une idée ou d'une image qui était dans son esprit, a fait un son qui va avec, puis des symboles pour représenter ce son. Quand beaucoup de personnes ont appris le mot et ont accepté que ce son et ces symboles auraient toujours la même signification, elles ont pu utiliser le mot pour communiquer oralement et par écrit.

En français, nous avons des milliers de mots dont les sons et les lettres sont acceptés par tout le monde. Leur signification et leur prononciation sont décrits dans le dictionnaire. Avec la maîtrise des symboles, vous recréez pour vous même la signification, le son et l'aspect de ces mots. Après avoir maîtrisé des mots que vous aviez des difficultés à prononcer, à lire, à écrire ou à comprendre, vous les connaîtrez et les comprendrez de la même manière que vous connaissez et comprenez le mot que vous venez de créer. »

Exercice deux : procédure de la maîtrise des symboles appliquée aux mots

Pour vous familiariser avec les étapes de la maîtrise des symboles, pratiquez cet exercice avec quelques mots faciles qui n'ont qu'une ou deux définitions. Choisissez le nom de quelque chose de concret, comme *chien*, *chat*, *pomme* ou *parapluie*.

Guidez votre élève dans les neuf étapes du processus de maîtrise des symboles :

1. *Chercher le mot* dans un dictionnaire, un lexique ou tout autre livre de référence.

2. *Prononcer le mot.* Si votre élève ne connaît pas les signes phonétiques, prononcez le mot et faites le lui répéter.

3. *Lire à haute voix la première définition et les exemples de phrases.* Si l'élève ne peut pas lire la définition, faites-le pour lui.

4. *Expliciter le sens de la définition.* Discutez-en avec l'élève. À tour de rôle, faites des phrases contenant ce mot avec la signification de la définition. Répétez l'exercice jusqu'à ce que l'élève ait une image mentale de cette définition.

5. Réaliser en pâte à modeler un modèle du concept décrit par la définition.

Un modèle du mot fait par un élève

6. *Former le mot en pâte à modeler.* Assurez-vous que l'orthographe est correcte. Utilisez des minuscules, sauf pour les mots commençant normalement par des majuscules.

7. *Dire à haute voix au modèle du concept* : « Tu es [le mot] et tu veux dire [définition]. » (Exemple : Tu es [*grand*], tu veux dire [*d'une hauteur supérieure à la normale*].)

8. *Dire à haute voix au modèle du mot :*
« Tu te dis [le mot]. »
(Exemple : tu te dis [*grand*].)

9. *Former une image mentale de ce qui a été créé.*

Autres exercices (facultatifs)
A) Toucher et prononcer les lettres du mot.
B) Épeler le mot à l'envers et à l'endroit.
C) Écrire le mot.
D) Former des phrases avec ce mot jusqu'à ce que l'élève le fasse facilement. Assurez-vous que l'utilisation des mots soit conforme à sa définition telle qu'elle a été modelée. Refaites cet exercice en utilisant un verbe puis un adjectif usuels.

Vous utiliserez cet exercice pour aider votre élève à maîtriser divers termes dans les procédures de correction qui suivent. C'est une manière efficace d'apprendre des mots de vocabulaire de base, ainsi que les termes clés de tous les sujets.

Autres utilisations
La maîtrise des symboles ne se limite pas aux mots. Elle permet de maîtriser n'importe quel symbole, comme les symboles

mathématiques, musicaux ou chimiques. Quand on aborde un sujet, il est souhaitable de maîtriser tous les termes nouveaux ou non familiers figurant au lexique du livre d'étude.

MAÎTRISE DES CONCEPTS

La maîtrise des concepts suit les mêmes neuf étapes que la maîtrise des symboles, mais avec une variation essentielle. La représentation en pâte à modeler de la signification doit inclure un modèle de soi. Le modèle doit montrer de quelle manière la personne est, ou peut-être, impliquée dans le concept qu'elle modèle. La première étape de la maîtrise des concepts sera donc de faire exécuter par l'élève un modèle qui le représente lui-même.

Cela peut être délicat. Si vous vous contentez de dire à quelqu'un de faire un modèle en pâte à modeler de lui-même, ce modèle ne montrera que les caractéristiques physiques. Ce n'est pas ce qui nous intéresse ; c'est l'identité de la personne qui nous intéresse. Cette identité n'est pas visible, il n'est donc pas nécessaire que le modèle ressemble à l'élève. Il représente son moi plutôt qu'il ne le signifie. Il suffit que ce soit une silhouette humaine. La signification est contenue dans la partie orale du processus. Le langage que vous emploierez doit être adapté pour identifier le modèle en tant que représentant l'identité de l'élève.

Lorsque vous dites à l'élève de faire le modèle, vos paroles doivent exprimer l'idée que ce modèle ne fait que représenter la personne, sans en être une définition.

Par exemple :

- Dites : « Prenez de la pâte à modeler et faites une personne. Cette personne, ce sera vous, et vous allez utiliser ce modèle

pour indiquer votre place dans le monde des idées. Le modèle représente la personne que vous êtes. Il doit mesurer six à neuf centimètres et pouvoir tenir debout. »
- Pendant que l'élève fait le modèle, demandez négligemment : « *Quand vous parlez à quelqu'un, quel mot employez-vous pour vous désigner vous-même ?* » Vous attendez la réponse : « *Moi.* »
- Si l'élève ne comprend pas la question, montrez quelque chose qui lui appartient, sa chaussure par exemple, et demandez : « *À qui appartient cette chaussure ?* » Quand il répond : « *À moi* », dites : « *C'est le nom que nous donnerons à votre modèle.* »
- Quand le modèle est prêt, dites : « *Faites le mot "moi" en pâte à modeler et posez-le sous le modèle.* »
- Puis dites : « *Montrez le modèle de la personne et dites : "Tu représentes moi". En disant le mot "moi", touchez votre poitrine avec l'autre main.* » Obtenez que l'élève le fasse.
- Dites ensuite : « *Montrez le modèle et dites : "Tu représentes toutes les expériences vécues par moi" (touchez votre poitrine).* » Continuez en disant : « *Toute la connaissance, tout le savoir-faire et toute la compréhension.* » Attendez qu'il le fasse.
- Dites ensuite : « *Montrez le mot et dites : "Tu représentes moi". Quand vous prononcez le mot "moi", touchez votre poitrine avec l'autre main.* » Attendez qu'il l'ait fait.
- Enfin, dites : « *Montrez le mot et dites : "Tu représentes toutes les expériences vécues par moi." (Touchez votre poitrine.)* » Continuez en disant : « *Toute la connaissance, tout le savoir-faire et toute la compréhension.* » Attendez qu'il l'ait fait.

Lorsque la procédure est terminée, l'élève peut retirer le mot, mais va conserver le modèle pour le réutiliser.

Concepts de base

Les concepts fondamentaux qui suivent sont ceux dont nous avons constaté l'absence ou l'inexactitude chez la plupart des élèves affectés de handicaps de l'apprentissage, en particulier de TDA ou d'acalculie. Ils doivent être abordés dans l'ordre indiqué. Les significations de ces concepts sont données, de manière que ni vous, ni votre élève n'ayez besoin du dictionnaire ou d'autre ouvrage de référence.

Les illustrations donnent deux exemples de modèles pour les concepts « changement » et « temps ». Ils ne sont donnés qu'à titre d'exemples et ne sont pas à copier. Votre élève doit créer de toutes pièces ses propres concepts de base, en se servant des définitions données et de son imagination. Naturellement vous discuterez de ces concepts en détail, en donnant si possible des exemples réels.

Voici quelques conseils :
- Il faudra peut-être faire plusieurs modèles de soi pour montrer ces concepts dans un scénario.
- Dans la plupart des cas, il est souhaitable de limiter le nombre de concepts maîtrisés à quelques-uns par jour.
- Assurez-vous que les pièces modelées par l'élève sont en trois dimensions, qu'elles représentent la réalité physique d'une manière reconnaissable et ne sont pas abstraites. Un morceau de pâte à modeler ne peut pas représenter une voiture s'il n'a pas au moins quatre roues.
- Utilisez des flèches en pâte à modeler pour indiquer les directions ou une suite.
- Pour indiquer une idée, former avec un petit boudin de pâte une « bulle » de bande dessinée posée près de la tête de la personne en pâte à modeler, et mettre « l'idée » à l'intérieur

de la bulle.

Les concepts fondamentaux à maîtriser sont les suivants :

1. **Soi** : *un modèle de soi qui représente toute la connaissance, toute la sagesse et toute la compréhension de la vie de la personne, décrits plus haut.*

2. **Changement** : *quelque chose qui devient autre chose.*

3. **Conséquence** : *quelque chose qui se passe comme résultat d'une autre chose.*

4. **Cause** : *quelque chose qui fait que quelque chose d'autre se passe.*

5. **Effet** : *résultat d'une cause.*

6. **Avant** : *se passe plus tôt.*

7. **Après** : *se passe plus tard.*

8. **Temps** : *mesure du changement en référence à une norme.*

9. **Séquence** : *la façon dont les choses se suivent les unes après les autres, selon la taille, la quantité, l'ordre arbitraire, le temps ou l'importance.*

10. **Ordre** : *les choses à la place correcte, dans la position correcte et en l'état correct.*

11. **Désordre** : *les choses ne sont pas à la place correcte et/ou dans la*

position correcte et/ou dans l'état correct.

Changement : le ballon était plein d'air, puis il était vide

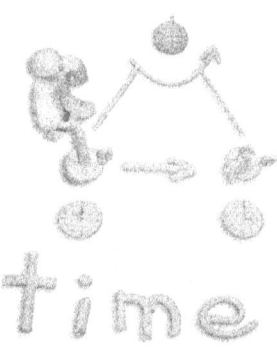

Temps : J'ai allumé une bougie. Plusieurs heures plus tard, elle s'est éteinte

Une fois qu'il aura maîtrisé ces concepts de base, votre élève sera sur la bonne voie pour résoudre les problèmes d'apprentissage et de comportement qui dérivent du fait de ne pas les connaître.

Voici les lettres majuscules et minuscules utilisées au Davis Dyslexia Correction Center pour la maîtrise des symboles. Elles ont été conçues spécialement pour être façonnées en pâte à modeler. Agrandir ces pages en les photocopiant à 150 %, puis couper chaque copie en trois bandes que vous assemblerez pour obtenir une longue bande par alphabet.

A B C D E F G H I
J K L M N O P Q R
S T U V W X Y Z

Here are the upper and lowercase letters used for basic Symbol Mastery at the Davis Dyslexia Correction Center. They were specially designed for modeling in clay. Enlarge these pages at about 150 percent on a potocopier, then cut each copy into three strips. Tape them together to make long strips that look like these:

A B C D E F G H I J K L M N O P Q R S T U V W X Y Z

z y x w v u t s r q p o n m l k j i h g f e d c b a

z y x w v u t s
r q p o n m l k j i
h g f e d c b a

16.
Établir l'ordre

Dans notre vie quotidienne, la plupart d'entre nous ne ressentent pas le chaos de la nature. Nous ne comprenons donc pas l'importance d'établir l'ordre. Au cours de nos journées, nous ne remarquons pas combien de temps nous passons à établir l'ordre. Nous nous contentons de vivre. Toutefois, si nous voulons véritablement être responsables et entreprendre de vrais changements durables, nous devons être capables de déterminer ce que devrait être l'ordre. Et nous devons être capables de l'établir.

Il est important pour ceux qui ont des problèmes d'apprentissage d'être capables d'établir l'ordre. Cela est particulièrement vrai pour les personnes qui souffrent de TDA et de problèmes en maths, parce que si ces problèmes existent, c'est que l'individu a une conception erronée de l'ordre, ou n'en a pas du tout. La compétence d'établir l'ordre commence par une conception exacte de ce qu'est l'ordre, et la capacité de créer ce qu'il doit être. En fait, corriger un problème, c'est établir l'ordre.

Il est important de définir l'ordre pour comprendre ce que c'est. Mais comprendre le mot ordre ne suffira pas à rendre quelqu'un capable de l'*établir*.

Selon notre définition, il y a ordre lorsque les choses sont à leur place, dans la position correcte et en état correct.

Qu'entend-on par place correcte, position correcte et état correct ? Eh bien, la place est simplement un point dans l'espace en relation avec son environnement. La position est la manière dont l'objet occupe un espace donné. Quant à l'état, il est un peu plus complexe.

D'après la science, toute chose est en perpétuel changement. Toute chose a un commencement et une fin. Par conséquent, au cours de la période entre son début et sa fin, une chose existe en changeant continuellement. L'état d'une chose est déterminé en fonction de son emplacement sur le continuum de son changement. Son état est sa condition d'existence. Tout ce qui précède semble assez simple.

C'est le mot « correct » qui complique l'ordre. Pour notre propos, nous utiliserons la signification anglaise courante : *adéquat* ou *approprié*. Ce qui nous donne l'idée d'une place, une position et un état *adéquats* à quelque chose.

Par conséquent, avant que l'ordre ne puisse être établi, quelqu'un doit décider quel doit être le bon ordre. Ce qui revient à demander *qui* décide ce que doivent être la place, la position et l'état appropriés.

Ce ne peut pas être la nature. Dans la nature, toutes choses existent dans des places, des positions et des états relatifs aux forces qui les y ont mises. Dans la nature, le désordre n'existe pas vraiment. Les idées d'ordre et de désordre sont clairement des concepts fabriqués par l'homme. C'est donc l'homme qui doit décider de ce que l'ordre est ou doit être. Plus précisément, dans votre propre environnement, c'est *vous* qui devez décider. C'est à vous de choisir les places, positions et états adéquats ou appropriés à vos affaires.

ÉTABLIR L'ORDRE

On peut comparer « établir l'ordre » à faire un puzzle, car c'est exactement ce que l'on fait. Vous jetez les pièces sur la table et c'est le chaos. Les pièces sont dans un état de désordre aléatoire. La première chose que font la plupart des personnes est de les étaler afin que nulles ne se chevauchent. La deuxième, c'est de retourner les pièces qui ont atterri à l'envers. Ensuite il faut trouver et séparer les pièces identifiables. Les bords étant rectilignes, ces pièces-là sont faciles à reconnaître, et la plupart des personnes les mettent à part et les groupent par couleur. Ensuite, ces pièces de bordure sont assemblées en fonction de leur découpe. Puis c'est l'intérieur qui est reconstitué en cherchant des pièces dont les couleurs et les formes correspondent, et en les assemblant une à une. Quand la dernière pièce est installée à sa place dans la bonne position, le puzzle est terminé.

N'oubliez pas que l'aspect final du puzzle avait été déterminé par avance. L'ordre avait été décidé avant même que la boîte ne soit ouverte. C'est l'action de mettre chaque pièce à sa place qui a établi l'ordre.

La capacité d'établir l'ordre n'est pas innée chez l'homme. C'est une chose que nous devons apprendre. Nous sommes censés l'apprendre par l'exemple de nos parents et nos professeurs. Nous sommes censés apprendre à le faire sans le comprendre. Simplement parce qu'on s'attend à ce que nous le fassions. Si nous voulons voir si cette méthode a été efficace, il nous suffit de regarder l'état de nos prisons ou de nos ghettos. La plupart des parents n'ont même pas à regarder plus loin que dans la chambre de leur enfant.

En ce qui concerne le désordre typique d'une chambre d'enfant, la dynamique de la situation va au-delà de la pagaille. En surface, il semble que l'enfant soit simplement négligent. On lui a dit que c'était à lui de ranger sa chambre, mais il ne le fait pas. Les parents sont agacés et l'enfant se sent harcelé. En général, le désordre de la chambre de l'enfant et l'agacement des parents résultent de trois erreurs commises par les parents :

1. *On a dit à l'enfant que l'ordre de sa chambre était sa responsabilité et pourtant le parent essaie toujours de*

contrôler la situation. La responsabilité n'a pas vraiment été donnée à l'enfant. Sinon, le parent ne serait pas agacé par l'état de la chambre.

2. *L'enfant n'était pas capable ou désireux d'assumer cette responsabilité.* S'il était véritablement capable et désireux d'être responsable de l'ordre de sa chambre, le parent n'aurait aucun sujet de plainte.

3. *L'ordre que l'enfant est supposé maintenir a été déterminé par le parent, pas par lui-même.* L'enfant ne range pas les choses à la « bonne » place pour les parents, la chambre est donc en désordre - de leur point de vue. L'enfant n'a jamais déterminé lui-même cet ordre. Si c'était le cas, et s'il en était vraiment responsable, il n'y aurait pas de problème.

S'il a la volonté d'apprendre, nous devrions pouvoir montrer à un enfant comment ranger sa chambre. S'il peut y mettre de l'ordre, il peut le faire partout. En sachant comment établir l'ordre, l'individu peut être véritablement responsable de créer un nouvel ordre pour les choses et les situations qui affectent sa vie.

CRÉER L'ORDRE

L'ordre est créé en déterminant d'abord ce qu'il devrait être puis en l'établissant. Les trois exercices qui suivent montrent comment créer l'ordre en assemblant un puzzle de cinquante pièces, comment déterminer l'ordre en rangeant un bureau en désordre, et comment créer l'ordre dans l'environnement d'une personne.

Exercice un

Cet exercice donne les étapes de base pour établir l'ordre. Il vous faut un puzzle approprié à l'âge de la personne. Il ne doit pas prendre plus de deux heures à assembler mais au moins une demi-heure. Un puzzle de cinquante pièces devrait suffire. Cet exercice est à exécuter dans un endroit bien éclairé, sur une table ou un bureau.

Posez le puzzle sur la table et placez l'élève debout de l'autre côté de la table. Si nécessaire, faites-lui vérifier son orientation (chapitre 9), faire le relâchement (chapitre 10) et régler son énergie (chapitre 13).

Employez les mots adaptés à l'âge de l'élève, mais ne l'aidez pas. Asseyez-vous sur vos mains si nécessaire.

1. Dites à l'élève : « *Nous allons établir l'ordre avec un puzzle. Vous savez peut-être déjà faire un puzzle, mais je veux que vous le fassiez en suivant mes instructions.* »

2. Dites à l'élève de vider le contenu de la boîte sur la table.

3. Quand c'est fait, ensuite, dites-lui d'étaler les pièces pour qu'elles ne se chevauchent pas.

4. Quand c'est fait, ensuite, dites-lui de mettre toutes les pièces à l'endroit.

5. Quand c'est fait, dites-lui de séparer les pièces qui forment les bords et de les grouper par couleur.

6. Quand c'est fait ou presque fait, indiquez-lui comment assembler les pièces de bordure en fonction des couleurs et

des découpes.

7. Dites-lui d'assembler les bordures.

8. Quand c'est fait, montrez un point à l'intérieur d'un angle et demandez : « *De quelle couleur doit être la pièce qui va ici ?* » Quand il a répondu, demandez : « *Et de quelle forme ?* »

9. Quand il a répondu, dites : « *Trouvez cette pièce et placez-là.* »

10. Répétez trois fois les étapes 8 et 9.

11. Quand c'est fait, demandez : « *Pouvez-vous trouver l'endroit où vous voulez placer la prochaine pièce ?* » Quand la réponse est oui, dites à l'élève de le faire. Si la réponse est non, répétez les étapes 8 à 11 jusqu'à ce que la réponse soit oui.

12. Laissez-le continuer jusqu'à ce que la dernière pièce du puzzle soit en place. À la fin, dites : « *Félicitations, vous venez d'établir l'ordre de ce puzzle ! Voyons maintenant ce que vous avez fait. Quelle a été la première chose ?* »

13. Revoyez chaque étape du processus jusqu'à l'étape 10 et demandez : « *Quelle est la dernière chose que vous avez faite ?* »

14. Après la réponse, dites : « *C'est une séquence à suivre pour établir l'ordre. En suivant cette séquence avec parfois de légères variations, vous pourrez établir l'ordre n'importe où, à condition que vous sachiez quel ordre vous devez établir. Si vous ne savez pas quel ordre vous devez établir, vous devez le déterminer par vous-même. Nous allons faire un exercice pour vous montrer*

comment y parvenir. »

Exercice deux

Nous présenterons dans cet exercice les étapes de base pour établir l'ordre. Il vous faudra encore une table bien éclairée. Il vous faudra aussi environ une douzaine d'articles variés pris dans la pièce, y compris des mouchoirs en papier froissés en boule et des morceaux de papier déchirés. Installez votre espace de travail. Mettez les articles variés en pile sur la table.

1. Demandez à l'élève de prendre un objet dans la pile.

2. Demandez : « *Qu'est-ce que c'est ?* »

3. Après la réponse, demandez : « *Quel est son état ?* » La réponse peut être :

   - vieux ou neuf,
   - bon ou mauvais,
   - sale ou propre,
   - cassé ou entier,
   - joli ou laid,
   - ou simplement OK.

4. Demandez : « *Quelle serait la bonne place pour cet* [objet] *dans cet état ?* »

5. Après la réponse, dites : « *Assignez cette place à cet* [objet] *en le lui disant.* »

6. Quand c'est fait, demandez : « *Dans quelle position cet* [objet] *dans cet état devrait être quand il est à cette place ?* »

7. Après la réponse, dites : « *Assignez cette position à l'* [objet] *à cette place en le lui disant.* »

8. Quand c'est fait, dites : « *Mettez l'* [objet] *à sa place dans la position correcte.* »

9. Répétez les étapes 1 à 8 pour chaque article de la pile.

10. Quand le dernier objet est placé, dites : « *Félicitations, vous avez déterminé et établi l'ordre de tous ces objets ! En suivant la même séquence, vous pouvez déterminer et établir l'ordre dans n'importe quel environnement.* » La séquence comporte neuf étapes :

    1) isoler un objet ;
    2) l'identifier ;
    3) déterminer son état ;
    4) en fonction de son identité et de son état, déterminer la place qui lui convient le mieux ;
    5) lui attribuer cette place ;
    6) déterminer la position qu'il doit avoir à cette place ;
    7) lui attribuer cette position ;
    8) le mettre dans cette position à cette place ;
    9) répéter la séquence jusqu'à ce que l'ordre soit établi dans l'environnement.

11. Faites écrire cette séquence par l'élève. Ensuite, dites : « *Ceci est votre guide pour créer l'ordre. En suivant cette séquence, vous*

pouvez vous trouver dans n'importe quel environnement qui a besoin d'ordre et le créer. Nous allons faire un exercice de plus pour que vous puissiez pratiquer l'action de créer l'ordre. »

Exercice trois

Nous allons à présent enseigner à l'élève comment créer l'ordre. Le meilleur lieu pour cet exercice est sa propre maison, et même sa chambre. Si la personne est adulte ou presque, laissez-lui choisir la pièce. Vous emploierez tout ce que la pièce contient. L'élève doit suivre les instructions qu'il a écrites pour créer l'ordre.

S'il s'agit d'un enfant qui n'est pas le vôtre, vous devez expliquer à ses parents ce que vous allez faire et obtenir leur permission. Expliquez à l'élève qu'il va créer l'ordre dans son espace. Ce sera un ordre nouveau - son ordre. Ensuite, allez dans la chambre.

Avant de commencer, si la pièce est encombrée de toutes sortes de choses par terre, demandez à l'élève de les empiler au milieu de la pièce ou près de l'entrée, à l'extérieur.

1. Commencez par le plus grand meuble. Touchez-le et demandez : « *Qu'est-ce que c'est ?* »

2. Après la réponse, demandez : « *Quel est son état ?* »

3. Après la réponse, demandez : « *Est-ce que cette place lui convient, ou est-ce qu'il devrait être ailleurs ?* »

   - Si l'objet est bien à sa place, dites : « *Assignez-lui cette place et cette position en le lui disant.* »
   - S'il faut le déplacer, demandez : « *Où voulez-vous le mettre ?* » Après la réponse, dites : « *Assignez-lui cette*

place en le lui disant. »
- Quand c'est fait, demandez : « *Dans quelle position devrait-il être à cette place ?* » Après la réponse, dites : « *Assignez-lui cette position en le lui disant.* »
- S'il faut le déplacer, dites : « *Déplaçons-le, je vais vous aider.* » Aidez l'élève à mettre l'objet où il le désire. Bien sûr, vous devez faire preuve de bon sens. S'il s'agit d'un piano à queue, il vous faudra une aide extérieure. Ou si c'est une bibliothèque, il faudra peut-être enlever les livres pour l'alléger. S'il y a quelque chose à l'endroit choisi, demandez-lui de dégager cet espace d'abord.

4. Répétez les étapes 1 à 3 pour tous les autres objets volumineux de la pièce, c'est-à-dire les meubles ou les objets posés dessus, comme un téléviseur sur une commode ou un ordinateur sur un bureau.

5. Quand vous en aurez terminé avec les objets volumineux, demandez à l'élève de s'attaquer aux petits articles. Dites : « *Vous avez votre guide à suivre pour créer l'ordre. Quelle est la première instruction ?* » Quand l'élève répond : « *Isoler une chose* », dites : « *Faites-le.* » Demandez-lui de prendre quelque chose. Il y aura probablement une pile d'objets au milieu de la pièce ou juste à la porte.

6. Dites : « *Suivez les étapes de votre guide d'instructions pour cet objet.* » Il se peut que vous ayez à l'aider en lui donnant des conseils du genre : « *En général on met les chaussettes sales dans le panier à linge* », ou : « *En général on met les sous-vêtements propres à une place et une position dans un tiroir.* »

7. Quand l'élève est arrivé à l'étape 8 et a « mis l'objet là », demandez : « *Vous avez assigné à cet* [objet, état] *une place et une position, est-ce que c'est la place de tous les* [objets, état] *?* »

8. Si la réponse est oui, dites : « *Comme avec le puzzle, trouvez tous les* [objets, état] *et mettez-les à leur <u>place</u> dans leur <u>position</u>.* »

9. Ensuite, demandez : « *Que dit l'étape 9 de votre guide ?* » Quand il a répondu « *Répétez cette séquence jusqu'à ce que l'ordre soit établi dans l'environnement* », dites : « *D'accord, recommencez au numéro 1.* »

10. Répétez les étapes 6 à 8 jusqu'à ce qu'il y ait de l'ordre. Observez l'élève. Si, au dixième objet, il se réfère toujours au guide, vous pouvez demander : « *Est-ce que vous pouvez vous souvenir des étapes pour ne pas avoir à consulter le guide ?* » Le but recherché est que les étapes deviennent une part de l'identité de l'élève. Il se peut que vous ayez à l'aider à mémoriser les étapes en le défiant de se souvenir de l'étape suivante avant de la lire.

11. Vous n'êtes peut-être pas obligé de rester présent pendant tout le processus. Si l'élève le fait sans votre aide, demandez : « *Est-ce que vous avez encore besoin de moi, ou est-ce que vous pouvez terminer tout seul ?* » S'il pense qu'il a encore besoin de vous, restez.

12. S'il n'a plus besoin de vous, à la fin du processus, terminez l'exercice en disant : « *Tout ce qui se trouve ou est apporté dans cet espace doit être mis en ordre. C'est votre responsabilité. C'est*

votre espace, c'est donc votre devoir. Comme il est de votre devoir et votre responsabilité de maintenir l'ordre. Ce qui signifie que quand quelque chose n'est pas à sa place, dans la bonne position ou le bon état, c'est à vous de rétablir l'ordre en remettant l'objet à sa place. C'est votre travail, et si vous le faites bien, personne ne pourra se plaindre. »

III.
CORRECTION DES TDA ET TDA/H

17.
Stratégie de correction des TDA et TDA/H

Voici une vérité simple : si *vous éliminez la cause d'un problème, vous éliminerez le problème.* C'est la base de notre stratégie de correction des TDA. Par définition, les TDA existent à cause de deux éléments : l'aspect développemental et la désorientation. Notre stratégie consistera donc à attaquer sur ces deux fronts.

Nous pouvons à présent élaborer un plan d'action. Il consistera en trois points : *pourquoi* faire quelque chose, *quoi* faire et *quand* le faire. Le *comment faire,* c'est-à-dire les procédures proprement dites, est détaillé plus loin. Pour l'instant, dressons un « plan » qui nous permettra d'éliminer les comportements identifiés des TDA.

Les comportements qu'il faut traiter sont associés à l'impulsivité, l'inattention et l'hyperactivité.

- *difficulté à prendre son tour*
- *agir avant de penser*
- *difficulté à rester assis immobile*
- *courir ou grimper partout*
- *problèmes pour organiser son travail*
- *passer continuellement d'une activité à l'autre*
- *incapacité de finir les tâches commencées*
- *facilement distrait(e)*
- *apparent manque d'attention*
- *difficulté à se concentrer sur les tâches qui demandent une*

attention soutenue.

Le but est d'aider un élève à établir de nouveaux comportements pour remplacer ces comportements non souhaités. Tout comportement est une manifestation de l'identité d'une personne. L'identité est un produit du système de filtrage décrit au chapitre 2. Elle est composée de *vraies* connaissances nées d'expériences vécues. Le contenu du système de filtrage influence la perception que l'individu a de son environnement et sa manière d'y réagir. Il dicte à l'individu son comportement. Donc, le système de filtrage de l'élève doit être la cible de nos efforts.

DONNER ET PRENDRE

Nous voulons changer le contenu d'un système existant. Théoriquement, il n'y a que deux moyens d'y parvenir : en ajoutant ou en retranchant quelque chose. Le système de filtrage est composé de vraies connaissances qui sont déjà en place. Nous ne pouvons pas les retirer ; par conséquent, si nous voulons changer quelque chose, le seul moyen sera d'ajouter quelque chose. Essentiellement, nous devrons ajouter de nouvelles connaissances qui annuleront les anciennes, modifiant ainsi le comportement. Heureusement pour nous, le processus d'apprentissage rend ce résultat possible.

Le défi consiste à faire passer les connaissances nouvelles à travers le système de filtrage existant qui, de par sa nature, essaiera d'empêcher de passer tout ce qui peut entrer en conflit avec ce qui est déjà en place.

Nous devons procéder en deux étapes :

1. Installer des connaissances nouvelles qui n'entrent pas en

conflit avec le contenu du système existant. Ce qui signifie ajouter de petits éléments de connaissances nouvelles indépendants les uns des autres. La procédure de maîtrise des concepts (chapitre 15) est une manière de le faire.

2. Lier ces éléments entre eux une fois qu'ils sont en place à l'intérieur du système. Cela peut s'accomplir en établissant un nouvel ordre, comme nous l'expliquons plus loin dans ce chapitre.

Le système employé par les facilitants de la Davis Dyslexia Correction fonctionne très bien. Voici la séquence des procédures, étape par étape.

La première étape, comme pour n'importe quel travail, est la préparation. Nous devons nous préparer pour ce que nous allons accomplir. En lisant ceci, vous vous préparez à faire quelque chose. Vous êtes en train de rassembler les informations, les instructions et les outils dont vous aurez besoin. Une fois que votre processus de préparation sera terminé, il faudra que vous prépariez votre élève aux activités qu'il va devoir accomplir.

INSTALLATION DES OUTILS DE BASE

Votre élève doit être prêt à coopérer à cet effort. S'il n'est pas motivé, vous ne pourrez même pas commencer. Reportez-vous au chapitre 7, à l'information sur la motivation dans la section des outils de base, pour vous aider à motiver votre élève.

Vous devrez fournir à l'élève un outil lui permettant d'être mentalement présent avec vous pendant que vous le guiderez tout au long du processus. Pour progresser plus facilement, il doit ressentir le même environnement réel que vous-même. L'élève doit être orienté pendant que les nouvelles connaissances seront installées, vous devez donc lui fournir un outil pour contrôler la désorientation. Au moyen de la procédure d'évaluation des capacités perceptives (chapitre 8), décidez quelle technique d'orientation employer, puis appliquez la procédure appropriée, soit le conseil d'orientation (chapitre 9), soit l'alignement (chapitre 12).

Lorsque votre élève partagera la même réalité que vous, il aura besoin de quelques outils qui l'aideront à s'y maintenir confortablement. La procédure de relâchement (chapitre 10) lui permettra d'éliminer les sensations de stress et la tension. La procédure du compteur d'énergie (chapitre13) lui permettra de régler son niveau d'énergie et la vitesse de son horloge interne.

PREMIÈRE ÉTAPE

Une fois que les outils sont en place, vous pouvez ensemble vous attaquer aux problèmes. Au cours de la première étape, vous installerez dans le système de filtrage de l'élève des informations qui diffèrent de ses expériences vécues antérieures. Pour ce faire, suivez les processus et la séquence décrits dans la procédure de maîtrise des concepts (chapitre 15).

Voici un aperçu des concepts et de la séquence à suivre :

Soi : *un modèle de soi qui représente toute la connaissance, toute la sagesse et toute la compréhension de la vie de la personne, décrits plus haut.*

Changement : *quelque chose qui devient autre chose.*

Conséquence : *quelque chose qui se passe comme résultat d'une autre chose.*

Cause : *quelque chose qui fait que quelque chose d'autre se passe.*

Effet : *résultat d'une cause.*

Avant : *se passe plus tôt.*

Après : *se passe plus tard.*

Temps : *mesure du changement en référence à une norme.*

Séquence : *la façon dont les choses se suivent les unes après les autres, selon la taille, la quantité, l'ordre arbitraire, le temps ou l'importance.*

Ordre : *les choses à la place correcte, dans la position correcte et en l'état correct.* (Il y a aussi une définition du mot « ordre » qui signifie « séquence », mais pour notre propos nous garderons les deux concepts séparés.)

Désordre : *les choses ne sont pas à la place correcte et/ou dans la position correcte et/ou dans l'état correct.*

Suivez d'abord les instructions du chapitre 15 jusqu'à ce que l'élève maîtrise ces concepts. Quand ils auront été insérés dans son système de filtrage, la première étape sera terminée et la seconde pourra commencer. C'est là que vous aiderez l'élève à relier ces concepts entre eux. D'autre part, cette étape l'aidera à éliminer ou corriger les comportements de TDA.

DEUXIÈME ÉTAPE

Vous allez à présent relier entre eux les concepts individuels de la première étape. Le but est de faire que l'élève établisse un nouvel ordre de comportements.

Personnaliser les concepts

Vous pouvez y parvenir en faisant utiliser les nouveaux concepts par l'élève. À ce stade, il aura maîtrisé le concept d'ordre. Le stade suivant serait qu'il fasse l'expérience d'établir l'ordre. Suivez les instructions du chapitre 16. En accomplissant ces exercices, l'élève acquiert des connaissances expérimentales et commence à développer sa capacité de créer l'ordre. C'est le début du processus qui permet de relier les concepts et cela constitue une base pour traiter les comportements individuels.

Le stade suivant consiste à aborder les comportements. L'élève est prêt à mettre en pratique ses nouvelles connaissances et capacités pour établir un ordre nouveau pour son comportement. Les mêmes principes de base pour déterminer et établir l'ordre s'appliquent aussi bien aux activités qu'aux objets. La technique est différente, bien entendu, mais le raisonnement, la logique et la stratégie sont les mêmes. Le problème est que l'ordre des comportements existant est dicté par l'identité de la personne. Au cours de ces exercices, les nouveaux concepts se relieront entre eux dans le système de filtrage et causeront un changement dans l'identité. Cela permettra à l'élève de modifier une activité (comportement).

Pour ce faire, vous pouvez faire refaire les parties modelage et discussion de la procédure de maîtrise des concepts, en créant le concept de *conséquence*. Cependant, cette fois vous demanderez à l'élève de modeler un de ses comportements de TDA. Les modèles seront des scénarios montrant des séquences d'événements. L'élève créera des scénarios de séquences de cause à effet montrant comment l'activité [A] a eu pour résultat l'activité [B], qui à son tour a causé l'activité [C], etc. Les modèles doivent montrer que ce qu'il a fait dans le premier scénario a conduit à l'effet indésirable du scénario final. Il doit vous le décrire ou vous l'expliquer.

Traiter les causes fondamentales

L'impulsivité, l'inattention et l'hyperactivité sont les causes originelles, en tout ou en partie, de tous les comportements associés aux TDA (voir la liste de ces comportements au début du chapitre). Un ou plusieurs de ces trois types de comportements sont à la base de tous les autres comportements qu'il faudra traiter.

L'activité comportementale est quelque chose que l'élève *fait* et qui est considéré comme un problème. Par exemple, pousser un autre enfant pour être le premier de la file, hurler une réponse ou se lever et courir dans la pièce. C'est donc l'activité elle-même de l'élève qu'il faut traiter. Dans le cas d'une situation vécue, il doit être facile de dresser la liste de ces activités comportementales - c'est tout ce qui attire des ennuis à l'élève ou provoque des réactions négatives de la part des autres.

Ces activités non productives ou antisociales doivent être abordées l'une après l'autre. Choisissez d'abord uniquement celles qui peuvent être facilement liées à la motivation de l'élève. Si la motivation est « je veux que quelqu'un m'aime bien », choisissez un comportement qui fait qu'on ne l'aime pas.

En créant ces scénarios, votre élève finira par se rendre compte que son activité produit une conséquence - un effet qu'il n'aime pas. Il doit voir la relation de cause à effet entre quelque chose *qu'il fait* et quelque chose qu'il *n'aime pas* ou ne veut pas.

Ce qui est évident pour un parent ne le sera pas pour un enfant à qui le concept de conséquence fait défaut.

Disons qu'un enfant TDA arrache un jouet des mains d'un autre enfant qui se met à pleurer. Alors le professeur arrive, gronde l'enfant TDA et lui fait rendre le jouet. Après cela, l'autre enfant ne lui parlera plus. Il doit faire le lien entre l'effet (l'autre enfant l'ignore) et la cause (il lui a pris son jouet).

Dès que l'élève aura établi le lien entre la cause (son comportement) et l'effet négatif qu'il provoque, il sera prêt, désireux et capable de modifier ce comportement. Ce qui se passe en fait est qu'il modifie son système de filtrage de manière à avoir des concepts exacts des idées énumérées plus haut. À la longue, ces nouveaux concepts se relieront entre eux et remplaceront ceux qui les avaient précédés. L'élève a découvert la cause de l'effet négatif. Il veut bien établir un nouvel ordre de comportement.

Ensuite, demandez à l'élève de modeler une activité similaire avec un comportement différent de sa part, qui produit un effet désirable. Il créera un modèle d'un nouvel ordre de comportement. À présent, il peut voir clairement comment causer un effet désiré en modifiant son activité (en se comportant différemment). Il est capable d'incorporer cette nouvelle connaissance dans son système de filtrage.

Choix de comportement

Il a maintenant deux activités comportementales potentielles dans son système de filtrage. Il lui faut ensuite renforcer le nouveau comportement par l'expérience vécue. Dès que l'expérience aura prouvé que la connaissance nouvelle fonctionne mieux, elle remplacera l'ancienne. L'élève aura établi un nouvel ordre de comportement, et l'ancienne connaissance ne sera plus une part dominante de son identité.

Répétez le même processus avec un autre comportement TDA. Et puis un autre encore. Continuez autant de fois qu'il faudra. Tôt ou tard, selon l'élève, il atteindra un point de changement crucial. Il commencera à se percevoir lui-même comme la cause principale de ce qu'il aime et ce qu'il n'aime pas. À ce point, son système de filtrage aura changé. Il aura un concept exact de la *conséquence* qui supplante tout concept antérieur.

Vous reconnaîtrez la mutation lorsqu'elle se produira. Tout en modelant une activité qui produit un effet négatif, l'élève vous dira ce qu'aurait dû être l'activité alternative. À partir de ce moment-là, vous n'aurez plus besoin de traiter les comportements négatifs. Vous pouvez être sûr qu'il fera de lui-même toutes les rectifications nécessaires.

Dès que cette mutation se sera produite, votre élève et vous aurez corrigé avec succès l'un des deux aspects du problème des TDA.

Désorientation

Il est temps ensuite d'aborder l'aspect des TDA concernant la désorientation spontanée. Comme je l'indiquais au chapitre 3, l'hyperactivité ou l'hypoactivité, l'impulsivité et l'inattention de l'élève sont soit influencées, soit causées par la désorientation.

Vous avez déjà fourni à l'élève les outils dont il a besoin pour corriger sa désorientation avec la procédure d'alignement ou d'orientation. Si vous avez suivi correctement les instructions, votre élève devrait avoir réglé cet outil au point d'avoir une perception optimale quand il est orienté. Grâce à la procédure de relâchement, il est également en mesure de relâcher la tension et le stress. Enfin, il devrait pouvoir contrôler son niveau d'énergie et sa perception du temps grâce à la procédure du compteur d'énergie.

Il doit savoir comment et quand utiliser ces outils pour prévenir ou éliminer un effet négatif. Il y a deux points importants à lui faire assimiler : utiliser consciemment l'orientation ou l'alignement pour avoir une vue claire des choses, et ajuster le niveau d'énergie pour être en phase avec une autre personne ou un groupe de personnes. L'utilisation de ces outils est la responsabilité de l'élève. Vous devez l'aider à acquérir la connaissance et le savoir-faire nécessaires.

Votre rôle est de conseiller et de rappeler à l'élève de se servir de ces outils, et de l'y encourager. Pendant le travail, vous pouvez lui demander de vérifier son orientation ou son alignement si vous sentez que c'est nécessaire. Si le niveau d'énergie est trop élevé ou trop bas, demandez-lui si le réglage convient à l'activité du moment. Si le stress ou la tension gagnent, demandez-lui s'il n'est pas temps d'utiliser le relâchement. En demandant plutôt que de dire, vous ne lui enlevez pas la responsabilité, vous la lui donnez.

Nous considérons la désorientation spontanée dans les TDA essentiellement comme un effet négatif d'une capacité positive. Nous voulons que l'élève élimine l'effet négatif sans inhiber la compétence positive. Le moyen le plus simple est de traiter l'effet négatif comme n'importe quel autre comportement.

Conservation de l'énergie

Pour l'hyperactivité et l'hypoactivité, faites faire à l'élève la partie modelage et discussion de la procédure de maîtrise des concepts pour celui de *conséquence,* montrant une activité accomplie en état orienté, puis désorienté. Faites la même chose avec une activité accomplie avec des réglages d'énergie différents. Demandez à l'élève de dresser une liste d'activités quotidiennes, puis demandez-lui de déterminer le meilleur réglage d'énergie pour chaque activité. Il aura peut-être à modifier les réglages après les avoir expérimentés dans la vie de tous les jours. C'est compréhensible et cela montre qu'il se sert vraiment des outils.

L'aspect impulsivité des TDA, qui découle essentiellement de la trajectoire développementale, a déjà été couvert, à part le *passage constant d'une activité à l'autre.* Au chapitre 3, nous l'avions attribué à la désorientation. Cela fait partie de l'élément d'inattention des TDA.

En abordant l'inattention, nous devons nous rendre compte qu'il y a certaines caractéristiques que nous ne pourrons pas modifier. Nous aurons une certaine influence sur la fréquence et l'intensité de certaines activités, mais les éliminer n'est pas souhaitable, sinon impossible. Nous ne pourrons pas réduire ni éliminer l'intelligence, la conscience de l'environnement, la curiosité ou la créativité sans l'emploi de médicaments. En fait, en donnant à l'élève les outils nécessaires pour corriger son comportement, nous avons peut-être même accru ces qualités. Dans l'ensemble, nous devons considérer que c'est une bonne chose.

TOUCHES FINALES

En traitant *l'impossibilité de terminer les tâches commencées* et le *passage d'une activité à l'autre*, nous avons déjà progressé. Après avoir maîtrisé les concepts comportementaux, l'élève sera en mesure d'envisager de provoquer un changement. Il sera capable de comprendre l'idée de *terminer* quelque chose. Il connaît également les concepts de *temps, séquence* et *ordre*. Même s'il lui manque encore un peu de pratique pour établir l'ordre dans son environnement, il est capable de comprendre que le fait de terminer une tâche est l'étape finale de l'établissement de l'ordre.

L'élève sera capable de terminer ses tâches, malgré la distractibilité. Il comprendra de façon fondamentale que le but de faire une chose est de la finir.

Malgré tout cela, si l'élève n'est pas motivé pour accomplir une tâche particulière, il ne la terminera probablement pas. Des devoirs donnés par un professeur qui ne motive pas l'élève au préalable sont une invitation à ne pas les terminer. Motiver un enfant à faire ses devoirs pour que le professeur l'aime peut donner temporairement des résultats, mais pas pour longtemps. Vous aurez probablement à trouver un quelque autre désir pour le motiver. Au moins, à ce stade, si l'élève n'a pas de bonnes notes, il comprendra pourquoi.

C'est dans la partie *facilement distrait* des TDA que la désorientation spontanée intervient. La maîtrise des comportements n'aura pas beaucoup d'effet. L'outil d'orientation ou l'outil d'alignement, quel que soit celui que l'élève utilise, lui permettra à l'élève de se réorienter mais n'empêchera pas la désorientation de se produire. Faire faire à l'élève la procédure de maîtrise des concepts pour les conséquences de l'orientation et de la désorientation peut avoir un effet positif.

MULTITÂCHE : LE DON DE FAIRE PLUSIEURS CHOSES À LA FOIS

Nous ne devons pas oublier que la curiosité naturelle est le stimulus des désorientations qui distraient. L'élève ne pourra pas l'éliminer, et ne devrait pas le vouloir. Avec du temps et de la pratique, il peut apprendre à déplacer son attention consciemment sans être désorienté.

Sculpture originale de Mark Steele, avec la permission d'Intellution Software.

Tout déplacement d'attention n'est pas causé par la désorientation. Mais dans une salle de classe normale, le moindre déplacement d'intérêt dû à la curiosité peut être interprété comme tel. La meilleure solution est d'apprendre à faire plusieurs choses à la fois. Cette compétence se développe naturellement, habituellement vers l'âge de douze ans. Dire à un jeune enfant que c'est possible est déjà un pas dans la bonne direction. Je n'ai pas mis au point d'exercices spécifiques pour faciliter cette compétence, mais vous devriez pouvoir en accélérer le développement.

Il y a un certain nombre de jeux auxquels vous pouvez jouer avec l'élève pour l'encourager à être multitâche. Quelque chose d'aussi simple que lui demander de se frotter l'estomac tout en se tapant sur la tête l'entraîne à être multitâche. Lui demander de répéter textuellement ce que vous venez de dire tout en jouant à un jeu vidéo ou en regardant la télé également. Défier un enfant à faire plus d'une chose à la fois le plus souvent possible, et d'autant de façons différentes que vous le pourrez, aidera au développement de faire plusieurs choses en même temps.

Si vous décidez d'aider l'élève à développer la compétence multitâche, n'oubliez pas que vous risquez de libérer le génie de la bouteille. J'aime cette idée parce que je ne pense pas que ce génie-là devrait rester enfermé dans la bouteille.

Être multitâche allégera quelque peu la tendance à la distraction de votre élève, mais la véritable solution serait que ce qui se passe en classe soit la chose la plus intéressante dans son environnement.

La « difficulté à se concentrer sur une tâche » (en utilisant notre définition révisée de « l'inattention ») a donc été traitée. Vous disposez de tous les éléments pour aborder les comportements habituels par lesquels on reconnaît les TDA. L'étape suivante consiste à passer à l'acte en accomplissant la première étape de cette tâche. Bonne chance !

IV.
LES MATHÉMATIQUES
ACALCULIE ET DYSCALCULIE

18.
Une stratégie de correction pour les maths

Ce chapitre expose une stratégie destinée à corriger l'*acalculie* et la *dyscalculie*. Il répondra en détail aux questions *que faire, quand* et *pourquoi* agir. Les procédures de correction proprement dites font l'objet du chapitre suivant.

Ainsi que je l'ai dit, deux facteurs ou composants fondamentaux sont impliqués dans ces problèmes d'apprentissage :

1. L'aspect développemental, certains concepts faisant défaut à l'élève ou étant incorrects.

2. Des méthodes d'enseignement inadaptées aux élèves qui pensent en images.

La désorientation est à la racine de l'aspect développemental du problème. Elle constitue un facteur direct et indirect. La désorientation est la raison principale pour laquelle des concepts font défaut à l'élève ou sont incorrects. Elle peut aussi interférer avec toutes les tentatives pour rectifier la situation. Donc, pour aller à la racine du problème et le corriger, il faut d'abord s'attaquer à la désorientation.

Cela se fera sur trois fronts : la désorientation, les concepts manquants ou inexacts, et les méthodes d'enseignement inadaptées. Nous aborderons donc le problème en trois étapes. D'abord, nous donnerons à l'élève la capacité d'établir et de conserver son orientation. Ensuite nous l'aiderons à mettre en place des concepts de base exacts. Enfin, nous lui enseignerons l'arithmétique d'une manière appropriée.

PREMIÈRE ÉTAPE :
INSTALLATION DES OUTILS DE BASE

Comme dans tout travail, la préparation vient en premier. En lisant ceci, vous vous préparez déjà à cette tâche. En réunissant les informations, les instructions et les outils nécessaires, vous serez en mesure de l'accomplir. Une fois ce processus terminé, vous devez préparer votre élève pour les activités qu'il devra accomplir. Pour ce faire, suivez le processus de motivation (chapitre 7). Quand votre élève sera motivé d'une manière satisfaisante, vous pourrez démarrer le processus de correction de ses problèmes en maths.

Le premier stade consiste à lui fournir un outil lui permettant d'être mentalement présent auprès de vous pendant la session. Pour pouvoir apprendre des choses nouvelles, il doit pouvoir ressentir le même environnement réel que vous, il doit donc être dans un état *orienté* pendant qu'il fait les exercices. On a le choix entre deux outils d'orientation, le conseil d'orientation Davis (chapitre 9) ou l'alignement (chapitre 12). L'évaluation des capacités de perception (chapitre 8) vous aidera à décider lequel employer.

Dès que l'élève pourra percevoir la même réalité que vous, vous lui présenterez quelques outils qui rendront sa présence confortable. La procédure de relâchement (chapitre 10) lui permettra d'évacuer toute sensation de stress ou de tension. Et la procédure du compteur d'énergie (chapitre 13) lui permettra de régler son niveau d'énergie et la vitesse de son horloge interne. Même si votre élève n'est pas reconnu comme se désorientant, continuez et donnez-lui de toutes façons ces outils appropriés.

DEUXIÈME ÉTAPE :
MISE EN PLACE DE CONCEPTS DE BASE EXACTS

À présent, vous et votre élève pouvez commencer à traiter l'aspect suivant : les concepts de base manquants ou inexacts. Des concepts de base exacts doivent devenir inhérents à la personnalité de l'élève. Ils deviendront une partie de ce qu'il est. *Ajouter* un concept manquant est relativement facile, mais *remplacer* un concept inexact est beaucoup plus difficile. Le concept inexact est déjà inhérent à l'identité de l'élève, il lui semble donc tout à fait juste. Son identité doit être modifiée pour intégrer les nouveaux concepts exacts. Pour ce faire, suivez le processus indiqué dans la procédure de maîtrise des concepts (chapitre 15).

Voici un aperçu des concepts nécessaires et la séquence qui est la plus efficace pour les traiter :

Soi : *un modèle de soi qui représente toute la connaissance, toute la sagesse et toute la compréhension de la vie de la personne, décrits plus haut.*

Changement : *quelque chose qui devient autre chose.*

Conséquence : *quelque chose qui se passe comme résultat d'une autre chose.*

Cause : *quelque chose qui fait que quelque chose d'autre se passe.*

Effet : *résultat d'une cause.*

Avant : *se passe plus tôt.*

Après : *se passe plus tard.*

Temps : *mesure du changement en référence à une norme.*

Séquence : *la façon dont les choses se suivent les unes après les autres, selon la taille, la quantité, l'ordre arbitraire, le temps ou l'importance.*

Ordre : *les choses à la place correcte, dans la position correcte et en l'état correct.*

Désordre : *les choses ne sont pas à la place correcte et/ou dans la position correcte et/ou dans l'état correct.*

En suivant les instructions du chapitre 15, faites modeler par l'élève tous ces concepts en pâte à modeler. Ensuite, vous suivrez les instructions du chapitre 16 « Établir l'ordre ». À la fin de ces exercices, l'élève aura intégré les concepts de base dans sa propre identité. Lorsque les concepts sont devenus inhérents à son identité, la deuxième étape est terminée.

TROISIÈME ÉTAPE :
INSTALLATION DES CONCEPTS ARITHMÉTIQUES

Dans cette étape, on enseignera à l'élève les principes de l'arithmétique. Là, il devra relier les concepts fondamentaux à l'objectif d'apprendre l'arithmétique. Vous pouvez y parvenir en lui faisant utiliser les nouveaux concepts. Il a déjà maîtrisé le concept d'ordre et fait l'expérience de l'activité d'établir l'ordre. À présent, vous devez lui faire établir l'ordre pour et avec les objectifs des mathématiques. Relier ces concepts de base aux principes arithmétiques constitue seulement la moitié du travail. Après cela, votre élève devra encore opérer la conversion de l'arithmétique pensée en images à celle faite à la manière conventionnelle, avec un crayon.

Le chapitre suivant est un guide pour la troisième étape, avec des instructions détaillées.

19.
Douze exercices pour enseigner les maths

Il doit y avoir des centaines de techniques pour enseigner les maths. Beaucoup sont probablement excellentes. Mais comme les chiffres et moi avons toujours été bons amis, je n'ai pas eu l'occasion de les tester. Je n'ai pas le souvenir qu'une équation du second degré n'ait pas éveillé en moi une sensation de confort. C'est peut-être la forme d'un carré, ou l'idée d'une limite aux puissances plus élevées de quantités inconnues, ou simplement parce que je pense en images et que je trouve facile de manipuler mentalement des formes et des quantités.

Autrefois, chaque fois qu'il fallait que j'enseigne les maths, j'enseignais toujours leur simplicité et leur beauté. Comme je suis rigoureusement un penseur en images, j'employais un système d'enseignement par la pensée en images, et cela a toujours marché. En tant qu'ingénieur, je considère aussi que ma stratégie d'enseignement des maths est bien structurée.

J'ai décomposé la procédure en douze étapes progressives qui vous diront exactement ce que je ferai. Chacune se compose d'une série d'exercices. Au début de chaque étape, il y a une courte présentation de son objectif et du raisonnement qui la motive.

Ces douze exercices sont employés par le réseau de facilitants professionnels Davis dans le monde entier pour enseigner efficacement les principes des maths à ceux qui souffrent d'acalculie ou de dyscalculie. Ne soyez pas intimidé si vous n'êtes pas vous-même un génie en mathématiques, ce n'est pas nécessaire.

Les exercices sont présentés ici afin que vous puissiez vous familiariser avec eux. Une fois que vous aurez accompli les étapes préparatoires avec votre élève comme indiqué au chapitre précédent, revenez à ce chapitre et suivez simplement la recette. À mesure que l'élève termine une sous-étape, cochez-la et passez à la suivante.

MOTIVATION

Avant de vous mettre au travail avec votre élève, souvenez-vous de l'importance de la motivation. Si votre élève n'a pas de bonne raison pour apprendre les maths, même la meilleure des techniques d'enseignement échouera. Je vais vous dire ce que moi-même et d'autres facilitants Davis font normalement, mais vous connaissez bien votre élève, adaptez donc votre langage à la situation.

Pour motiver un élève, nous devons susciter une émotion qui canalisera son attention dans la direction souhaitée et créera l'intention d'apprendre ce que nous pouvons enseigner. Pour cela, je pose les trois questions suivantes :

- « *Si j'ai bien compris, vous avez des problèmes avec les maths. C'est vrai ?* » (La réponse doit être oui pour continuer.)
- « *Est-ce que vous aimeriez apprendre une manière de rendre les maths faciles ?* » (Là encore, la réponse doit être oui.)
- « *Je pense que je peux vous aider à apprendre les maths. Vous voulez essayer ?* » (Une fois encore, la réponse doit être oui.)

Pour vous aider avec la motivation, vous trouverez d'autres suggestions au chapitre 7. Une fois que votre élève sera motivé, installez votre espace de travail. C'est la même installation que pour la maîtrise des concepts (chapitre 15), que vous devez déjà avoir faite pour préparer votre élève.

Voici ce dont vous aurez besoin :

- environ un kilo de pâte à modeler
- un couteau en plastique
- plusieurs feuilles de papier et un crayon. Cependant, cachez le crayon et le papier. L'élève ne les utilisera pas avant le dernier exercice et n'a pas besoin de les voir avant.

EXERCICE 1 :
ASSUREZ-VOUS QUE L'ÉLÈVE SAIT COMPTER

Compter est l'action de déterminer une quantité. Un changement s'est produit, et l'action de compter consiste à mesurer ce changement en se servant d'un système de numération comme norme. L'action de compter est l'expression des concepts de *temps, séquence,* et *ordre* par opposition à *désordre.*

Le concept principal de temps est la mesure du changement par rapport à une norme. Compter doit se faire en séquence de numération, c'est-à-dire de la manière dont les choses se suivent l'une après l'autre. Et il faut établir un ordre par lequel les boulettes déjà comptées sont séparées de celles qui ne l'ont pas encore été. Les boulettes comptées et non comptées doivent être placées à la place correcte, dans la position correcte et en l'état correct. L'action de compter est donc l'expression des concepts de *temps,* de *séquence,* et d'*ordre* par opposition au *désordre.*

Procédure

- Faites d'abord environ 30 boulettes en pâte à modeler (il vous en faudra jusqu'à cent par la suite). Vous pouvez les

faire avec votre élève. Mettez une douzaine de boulettes sur la table devant lui et demandez : « Combien ? »
- Observez attentivement la manière dont il sépare et compte les boulettes. S'il a des difficultés, faites-le à sa place pour lui montrer. Séparez les boulettes de façon qu'elles ne se touchent pas, et touchez chaque boulette en la comptant. Quand l'élève peut vous imiter sans erreur, passez au stade suivant.

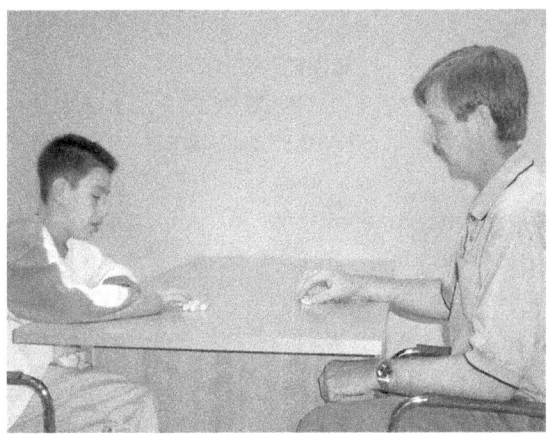

Compter. Vous pouvez montrer comment faire si nécessaire.

- Dans le pire des cas, vous aurez peut-être à enseigner à l'élève le système de numération. Faites-le en utilisant la maîtrise des symboles Davis. Demandez-lui de mettre une boulette sur la table. Mettez le chiffre 1 et le mot un au-dessous. Suivez les étapes verbales de la maîtrise des symboles pour le chiffre et le mot. Puis passez au concept de 2. Vous aurez peut-être à aller jusqu'à 100, mais l'élève aura peut-être compris bien avant. Quand il pourra réciter la séquence de numération sans hésiter, vous pourrez continuer.

Note : si vous devez enseigner le système de numération, le processus risque de prendre une semaine ou davantage. Dès que l'élève semble ne plus avoir de problèmes avec les boulettes que vous mettez sur la table, passez à l'exercice suivant.

EXERCICE 2 :
DÉFIER LA COMPÉTENCE DE L'ÉLÈVE
À ÉTABLIR L'ORDRE

L'élève doit être confiant dans sa compétence à établir l'ordre même si vous le perturbez. Sa compétence à établir l'ordre doit être plus grande que votre compétence à établir le désordre. Cela lui donnera un degré de contrôle plus élevé, renforcera sa compétence à établir l'ordre et sa motivation.

Procédure

- En jouant, jetez quelques boulettes parmi celles qu'il vient de compter et demandez : « *Combien ?* »
- Pendant que l'élève commence à recompter, jetez en jouant quelques boulettes supplémentaires et demandez encore : « *Combien ?* » Il faut que cela reste un jeu car l'élève ne doit pas devenir trop frustré. S'il se met simplement à les recompter, essayez cette fois d'enlever quelques boulettes de celles qu'il vient de compter, et demandez encore : « *Combien ?* » : Si l'élève vous donne une réponse, contestez-

la en disant : « *Vous êtes sûr ?* » et : « *Recomptez-les.* »
- Continuez à ajouter et à retirer des boulettes jusqu'à ce que l'élève se rende compte qu'il doit faire quelque chose pour vous empêcher d'intervenir. Le mieux est qu'il se rende compte par lui-même qu'il doit mettre les boulettes déjà comptées dans un endroit où vous ne pouvez pas y toucher. S'il n'a pas l'air d'y penser et devient très frustré, vous devrez peut-être le guider dans cette direction. Demandez par exemple : « *Où pourriez-vous les mettre pour m'empêcher de m'en mêler ?* »

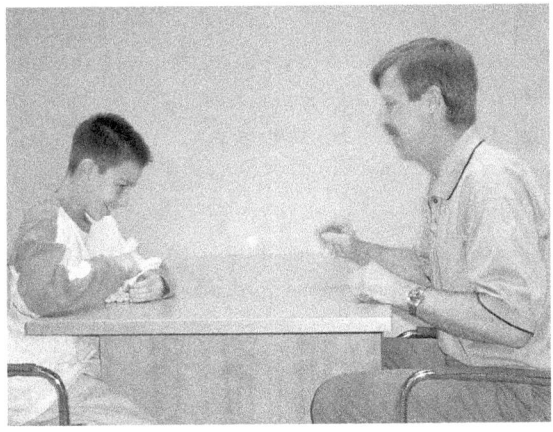

L'élève finira par trouver un moyen de vous empêcher de changer le nombre de boulettes à compter.

Note : après que l'élève a mis les boulettes dans un endroit où vous ne pouvez pas le perturber, continuez à essayer. Continuer à essayer sans succès augmentera sa satisfaction émotionnelle de gagner au jeu, et établira fermement son contrôle. Reconnaissez qu'il a gagné et faites une courte pause avant de continuer.

EXERCICE 3 :
INTRODUISEZ LES CONCEPTS
D'ADDITION ET DE SOUSTRACTION

Le but de cet exercice est de vérifier si l'élève est capable ou non d'additionner et de soustraire sans hésitation. Nous n'avons pas besoin de lui enseigner ce qu'il sait déjà. S'il sait déjà le faire, nous devons faire l'exercice rapidement pour ne pas qu'il s'ennuie. Nous cherchons également à augmenter le degré de contrôle de l'élève.

Procédure

- Prenez trois boulettes dans le tas et placez-les devant vous. Dites à l'élève : « *Faites comme moi.* »
- Quand l'élève pose trois boulettes, demandez : « *Combien ?* » Si la réponse n'est pas immédiate, dites : « *Comptez-les.* » S'il compte aussi les vôtres, dites : « *Comptez seulement les vôtres.* » Si l'élève « protège » les boulettes déjà comptées, dites : « *Vous avez déjà gagné le jeu de l'ordre, je ne vais plus y jouer.* »
- Continuez seulement après avoir reçu la bonne réponse. Ajoutez une boulette à celles qui sont devant vous.
- Lorsque l'élève a fait la même chose, demandez : « *Combien ?* » En cas d'hésitation, dites : « *Comptez-les.* »
- Ajoutez-en deux ou trois. Quand l'élève fait de même, demandez : « *Combien ?* » Continuez jusqu'à ce qu'il réponde sans hésitation.
- Ensuite, faites l'inverse. Retirez des boulettes et demandez : « *Combien ?* » Continuez jusqu'à ce que l'élève réponde sans hésitation.

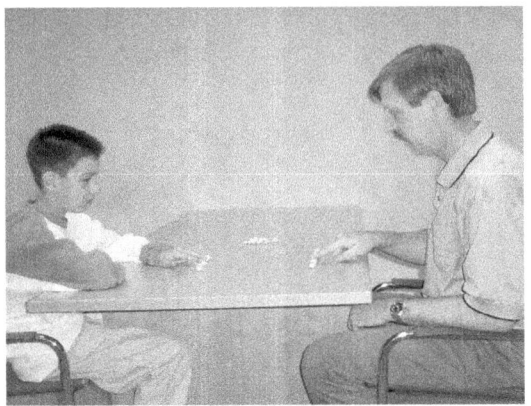

Lorsque l'élève peut répondre sans hésitation à la question « Combien ? », continuez.

- Terminez cette activité en disant : « *Eh bien, vous savez additionner et soustraire.* » Faites une pause avant de continuer.

EXERCICE 4 :
INTRODUISEZ LE CONCEPT DE COMPTER EN MULTIPLES

Dans cet exercice, nous voulons établir les bases de la multiplication en tant qu'addition par groupes. Faites des pauses si nécessaire.

Procédure

- Placez entre vous deux trois rangées de deux boulettes chacune, séparées d'environ deux centimètres, et demandez : « *Pouvez-vous compter par deux ?* »

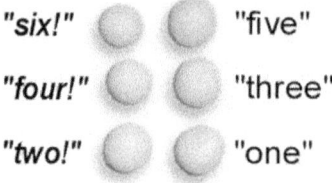

Notez que si vous êtes assis en face de l'élève, l'ordre de votre démonstration ira de gauche à droite et de haut en bas si vous suivez le modèle ci-dessus.

- Si l'élève dit « *oui* », dites : « *Montrez-moi.* »
- S'il ne peut pas vous le montrer, montrez-le-lui. Touchez la boulette de droite la plus proche et dites doucement « *un* », puis touchez la boulette de gauche et dites un peu plus fort « *deux* ». Touchez ensuite la boulette de droite de la rangée du milieu et dites doucement « *trois* », puis la boulette de gauche et dites un peu plus fort « *quatre* ». Procédez de même pour la rangée du haut et dites : « *À vous maintenant.* »
- Lorsque l'élève peut le faire sans se tromper, continuez.
- Demandez : « *Pouvez-vous compter par trois ?* » S'il dit « *oui* », dites : « *Montrez-moi.* » Si c'est non, montrez-le-lui comme auparavant en commençant par la boulette de droite la plus proche, et allez de bas en haut au lieu de gauche à droite. Lorsque l'élève peut le faire sans se tromper, continuez.
- Ajoutez trois boulettes à chaque rangée de deux et faites une autre rangée de cinq pour obtenir quatre rangées de cinq. Demandez : « *Savez-vous compter par quatre ?* » Suivez le modèle ci-dessous.

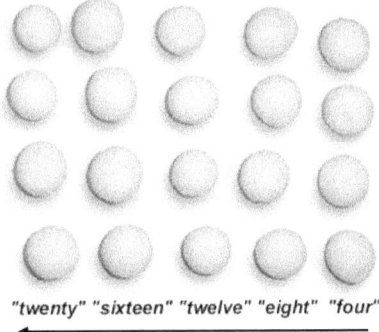

Les schémas de ces exercices de maths sont vus du point de vue du tuteur, l'élève étant assis de l'autre côté de la table.

- Demandez : « *Pouvez-vous le faire sans compter chaque boulette à haute voix ?* » Si oui, continuez.
- Si c'est non, montrez-le-lui en touchant la colonne de droite et en disant « *quatre* ». Puis une colonne à gauche et dites « *huit* ». Faites chaque colonne successivement. Puis dites : « *À vous.* » Même si l'élève va lentement et compte en silence un par un, acceptez et continuez.
- Demandez : « *Pouvez-vous compter par cinq ?* » Suivez les modèles ci-dessus.

EXERCICE 5 :
COMPTER À REBOURS EN MULTIPLES

Le but de cet exercice est d'établir les bases de la division en tant que soustraction par groupes. N'oubliez pas de faire autant de pauses que nécessaire.

Procédure

- Demandez : « *Savez-vous compter à rebours ?* » Si c'est oui, dites : « *Montrez-moi, comptez à rebours en partant de dix.* » Si c'est non, montrez comment on fait en ajoutant cinq boulettes à la rangée de cinq la plus proche et en les comptant à rebours à partir de dix. Continuez lorsque l'élève peut le faire sans se tromper.
- Demandez : « *Pouvez-vous le faire de cinq en cinq ?* » Si c'est oui, dites : « *Montrez-moi.* » Indiquez les quatre rangées de cinq et dites : « *Comptez ces vingt à rebours.* » Si c'est non, faites la démonstration et faites-le faire à l'élève. Lorsqu'il y parvient sans se tromper, continuez.
- Demandez : « *Pouvez-vous le faire de quatre en quatre ?* » Suivez le modèle ci-dessus (vous aurez peut-être à retirer des boulettes pour avoir cinq rangées de quatre). Lorsque l'élève peut le faire sans se tromper, continuez.

EXERCICE 6 :
PRÉSENTEZ LA MULTIPLICATION EN UTILISANT UNE GRILLE

En utilisant un carré et toutes les figures qui peuvent être créées à l'intérieur, l'élève peut se servir de la pensée en images pour déterminer des quantités. La multiplication a un fondement raisonné. Elle ne relève pas de la mémorisation pure comme on l'apprend à l'école. Je veux que l'élève sache pourquoi $9 \times 9 = 81$, et puisse le prouver, au lieu de se contenter de le mémoriser.

Votre démonstration sera à l'envers pour vous, mais elle sera dans le bon sens pour l'élève. Si vous avez du mal à penser et à fonctionner de cette perspective, asseyez-vous à côté de lui. Les illustrations montrent le point de vue du tuteur assis en face de l'élève qui travaille à partir de son coin supérieur gauche.

Procédure

- Dites : « *Créons un carré avec dix rangées de dix boulettes par rangée.* » Vous pouvez utiliser des boudins de pâte à modeler pour vous assurer que les rangées et les colonnes soient droites. Vous pouvez aider l'élève à faire la grille s'il a des difficultés. Il faut qu'elle soit « raisonnablement » carrée.

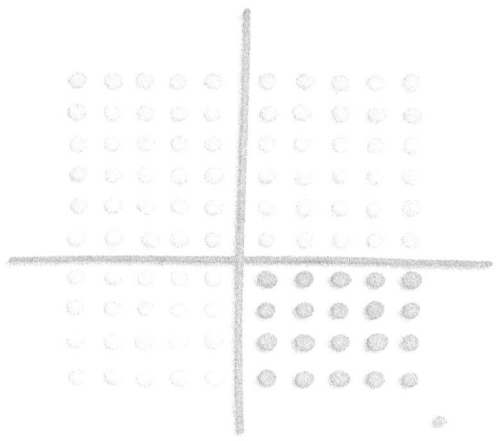

Quatre fois cinq égale vingt

- Demandez : « *Si vous deviez les compter, par où commenceriez-vous ?* » Ajoutez un petit morceau de pâte près du coin indiqué et dites : « *C'est juste pour indiquer le point de départ.* »
- À partir du point de départ, comptez quatre rangées vers le haut ou vers le bas, et posez un boudin en travers de la grille. Puis, à partir du même coin, comptez cinq colonnes et posez un autre boudin. Montrez le quadrant de grille isolé et demandez : « *Combien ?* » En cas d'hésitation, dites : « *Comptez-les.* »
- Si l'élève répond immédiatement, ou après qu'il a compté, demandez : « *Êtes-vous sûr ?* » S'il n'est pas sûr, dites : « *Comptez encore.* » Puis redemandez : « *Êtes-vous sûr ?* »
- Quand il dit qu'il est sûr, dites : « *Prouvez-le.* » S'il demande : « *Comment ?* », dites : « *Comptez-les à haute voix.* » À la fin, dites : « *Vous avez raison, je suis d'accord, il y a exactement vingt*

boulettes ici. »
- Après une courte pause, passez votre main par-dessus la grille entière et dites : « *Si vous regardez la grille entière, vous voyez qu'il y a quatre sections.* »
- Demandez : « *Savez-vous combien il y a de boulettes dans la grille entière ?* » S'il ne sait pas, faites-lui compter les dix rangées par dix, ou montrez-lui comment le faire.
- S'il répond cent, demandez : « *Comment le savez-vous ?* » Quand il répond, dites : « *Prouvez-le, comptez-les à haute voix de dix en dix.* » Quand il a fini, dites : « *Vous avez tout à fait raison, et je suis d'accord, il y a exactement cent boulettes dans la grille.* »
- Demandez : « *S'il y en a cent en tout et vingt dans cette section* (montrez le quadrant), *combien y en a-t-il là ?* » Montrez le reste de la grille.
- Si l'élève ne sait pas, dites : « *Il y en a quatre-vingt et je peux le prouver.* » S'il répond « *quatre-vingt* », dites : « *Vous avez tout à fait raison, et je peux le prouver.* » Montrez-lui comment compter le périmètre d'un quadrant et compter par multiples pour ce quadrant.
- Par exemple, comptez en partant du boudin et dites : « *Il y en a six dans ce sens.* » Comptez du coin jusqu'au boudin et dites : « *Il y en a cinq dans ce sens.* » Comptez par six dans un sens et par cinq dans l'autre sens, en obtenant trente à chaque fois et dites : « *Ici il y en a trente.* »
- Après avoir compté les trois quadrants, dites : « *Maintenant il ne me reste plus qu'à faire une addition ; il y en a trente ici et trente là. Il y en a donc soixante. Il y en a vingt là. Et vingt plus soixante, il en reste donc quatre-vingt ici.* »

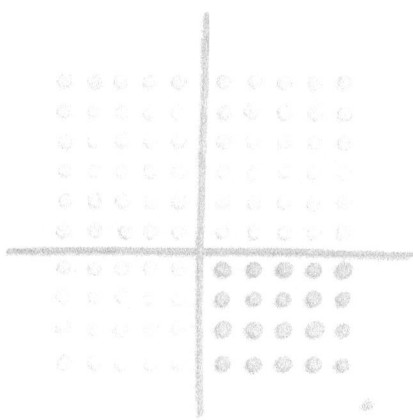

Cinq fois quatre égale vingt

- Dites : « *Je l'ai prouvé, à vous maintenant.* » Faites-le-lui faire. Honorez dignement l'exploit accompli.
- Faites une pause.
- Enlevez les boudins de la grille et dites : « *Comptez quatre colonnes et posez le boudin verticalement.* » Quand c'est fait, dites : « *Comptez cinq rangées en partant du point de départ et étalez le boudin en travers.* » Quand c'est fait, demandez : « *Combien ?* », puis : « *Êtes-vous sûr ?* » Ensuite, dites : « *Prouvez-le.* »
- Dites : « *Vingt, c'est exactement ce que nous avions auparavant. Qu'est-ce qui est différent ?* » Si l'élève a du mal à voir la différence, faites-le passer de l'autre côté de la table et la vue de la grille sera la même que précédemment.
- Après que l'élève a pu donner la différence, demandez : « *Alors, peu importe le sens, si nous avons cinq et quatre, la réponse sera toujours vingt, c'est vrai ?* » Assurez-vous qu'il est

certain de sa réponse.
- Retirez les boudins et dites : « *Comptez trois colonnes et étalez un boudin verticalement.* » Quand c'est fait, dites : « *Comptez trois rangées et étalez un boudin en travers.* » Puis demandez : « *Combien ?* » et : « *Êtes-vous sûr ?* », et « *Pourriez-vous le prouver si je vous le demandais ?* » Si la réponse est oui sans hésitation, continuez. Sinon, dites : « *Alors prouvez-le.* » Quand c'est fait, continuez.
- Dites : « *Donc, trois* (comptez les trois colonnes jusqu'au boudin) *fois trois* (comptez les trois rangées jusqu'au boudin) *font neuf.* » Demandez : « *C'est juste ?* » La réponse doit être oui.

Note : vous venez de donner à l'élève une définition fonctionnelle du mot fois.
- Passez la main par-dessus l'ensemble de la grille et dites : « *Alors cette grille est une véritable table de multiplication, et nous pouvons le prouver.* » Dites : « *Déplacez les boudins pour montrer quatre fois quatre.* » Quand c'est fait, demandez : « *Combien font quatre fois quatre ?* » Après la réponse, demandez : « *Pourquoi ?* » Si l'élève ne peut pas répondre, faites-le à sa place. Dites : « *Quatre fois quatre font seize parce qu'il y a seize boulettes ici (montrez le quadrant) et si vous ne me croyez pas, vous pouvez les compter.* »

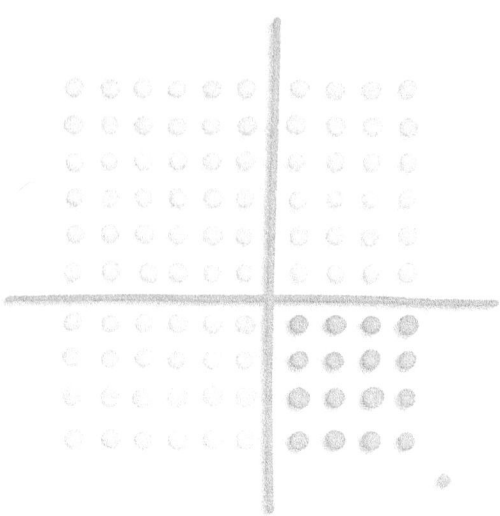

Quatre fois quatre égale seize

- Dites : « *Montrez-moi cinq fois cinq.* » Demandez : « *Combien font cinq fois cinq ?* » et : « *Pourquoi est-ce que cinq fois cinq font vingt-cinq ?* »
- Parcourez toute la table de multiplication en demandant de temps en temps : « *Vous êtes sûr ?* » et : « *Prouvez-le.* »

Faites une bonne pause avant de poursuivre.

EXERCICE 7 :
PRÉSENTEZ UNE DÉFINITION FONCTIONNELLE
DES MATHÉMATIQUES

À ce stade, l'élève devrait avoir assez d'expérience pour

comprendre le sens des mathématiques, il est donc temps de lui en donner une définition fonctionnelle. Le but est de le préparer à apprendre les divisions au moyen de la même grille en pâte à modeler.

Procédure

- Dites : « *Montrez-moi 4 x 4.* » Quand les boudins sont placés, dites : « *Lorsque nous avons ce type de forme et de construction, nous avons ici trois informations différentes. Ce sont :* « *combien il y en a ici* (comptez les rangées jusqu'au boudin : quatre), *combien il y en a ici* (comptez les colonnes jusqu'au boudin : quatre), *et combien il y en a là* (passez la main par-dessus tout le quadrant : seize). »
- Dites : « *Si nous savons compter, et si nous connaissons deux des trois informations, nous pouvons toujours trouver la troisième information.* » Demandez : « *C'est vrai ?* »
- Dites : « *Les mathématiques, c'est simplement trouver la troisième information.* »
- Dites : « *Cette affirmation est très simple, mais c'est vrai. Chaque fois que nous faisons des maths, quelles qu'elles soient, tout ce que nous faisons, c'est de trouver la troisième information. Si c'est une addition, nous avons une information du genre : nous avons deux boulettes, et nous avons une autre information : nous y joignons trois boulettes de plus, alors la troisième information est cinq. On peut soit trouver la réponse en comptant, soit, au bout d'un certain temps, on s'en souvient tout simplement. La soustraction, c'est pareil, mais à l'envers. Nous avons une information nous avons dix boulettes, puis une autre information : quelqu'un en enlève trois, et la troisième information sera : combien il en reste, sept. La réponse est sept, puisque c'est la troisième information.*

Nous venons de faire la multiplication, et tout ce que nous avons fait était de trouver la troisième information. Chacune de vos réponses n'était rien d'autre que la troisième information. Est-ce que cela prend un sens pour vous ? » Assurez-vous que l'élève comprend vraiment ce concept.

- Montrez le quadrant de la grille et demandez : « *Si vous connaissez cette information* (passez votre doigt sur la colonne de bordure) *et cette information* (balayez du doigt la rangée du bas), *quelle est la troisième information ?* » Si l'élève dit « *seize* », dites : « *C'est la bonne réponse dans le cas de cet exemple, parce que seize est le nombre de boulettes qui se trouvent ici. La troisième information est le nombre de boulettes ici* (passez la main sur tout le quadrant). »

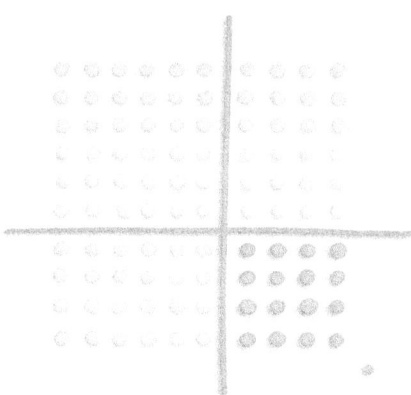

Seize divisé par quatre égale quatre

- Demandez : « *Et si nous possédons déjà cette information* (passez la main sur toute le quadrant), *et cette information* (balayez du doigt la colonne de bordure), *quelle serait la troisième information ?* » L'élève devrait balayer du doigt l'autre bordure. Dites : « *Tout à fait exact. Et combien y en a-t-il ?* » L'élève doit dire : « *Quatre.* » Dites : « *Très juste, et ce que vous venez de faire s'appelle une division.* » Faites une bonne pause avant de poursuivre.

EXERCICE 8 :
EXPLOREZ LA DIVISION AU MOYEN DE LA GRILLE

Le but ici est de faire voir à l'élève la simplicité de la division qui est une soustraction par groupes. Nous voulons qu'il puisse concevoir des divisions de vraies quantités, et nous voulons aussi le préparer aux quantités inférieures à un entier. Nous utiliserons la même grille en pâte à modeler.

Procédure

- Retirez les boudins et dites : « *Comptez sept colonnes et posez un boudin verticalement.* » Montrez le coin supérieur gauche (pour l'élève) et dites : « *Comptez vingt et un en commençant ici. Comptez jusqu'au boudin, puis passez à la rangée inférieure, et comptez jusqu'au boudin, passez à la rangée inférieure jusqu'à ce que vous ayez vingt et un, et placez l'autre boudin horizontalement.* » Quand c'est fait, demandez : « *Quelles sont les deux informations que vous avez ?* » L'élève doit indiquer les vingt et un du total et les sept du haut. Demandez : « *Où est la troisième information ?* » Il devrait balayer du doigt la bordure verticale. Demandez : « *Quelle est la troisième information ?* » L'élève doit répondre « *trois* ». Dites : « *Vous venez juste de diviser vingt et un par sept.* » Demandez : « *Est-ce*

que cela vous paraît simple ? » La réponse doit être assurée.
- Demandez : « *Avec ce que vous avez là, pouvez-vous me montrer où se trouve vingt et un divisé par trois ?* » L'élève doit balayer du doigt la rangée supérieure. Demandez : « *Donc, combien font vingt et un divisé par trois ?* » Il devrait pouvoir répondre sans hésiter « *sept* ».
- Demandez : « *Pouvez-vous me montrer vingt divisé par cinq ?* » Si l'élève dit « *oui* », dites : « *Montrez-moi.* » S'il dit « *non* », montrez-le-lui comme précédemment.
- Continuez ce processus de vous faire montrer des divisions par l'élève. Assurez-vous que ce que vous lui demandez soit un multiple de nombres entiers.

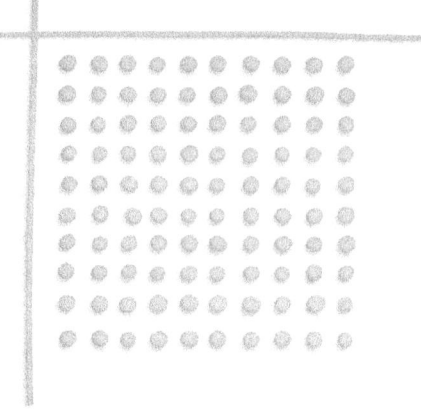

Cent divisé par dix égale dix

- Quand vous sentez qu'il est sûr de lui-même, dites : « *Maintenant, la division la plus grande possible sur cette grille. Montrez-moi cent divisé par dix.* »

Faites une pause.

EXERCICE 9 :
INTRODUISEZ LE CONCEPT D'UNE QUANTITÉ INFÉRIEURE À UN

Nous voulons par cet exercice immuniser l'élève contre « la maladie mortelle de la fraction ». Les quantités inférieures à l'entier un sont des réalités, elles peuvent donc être représentées et manipulées comme des objets. Pour cette raison, je crois que la plupart des enfants peuvent se représenter la quantité d'un demi dès l'âge de cinq ans, mais quand ils abordent les fractions à l'école, cette compétence leur fait soudain défaut.

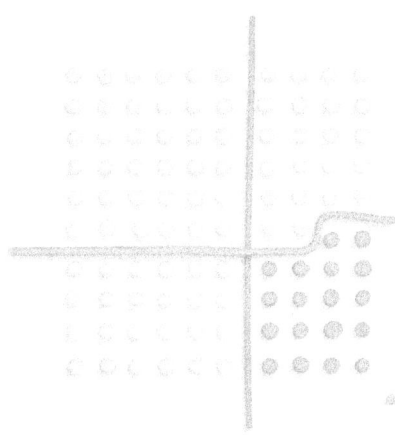

Dix-huit divisé par quatre égale à quatre et demi

Nous voulons que l'élève soit à l'aise quand il pense à des quantités inférieures à un. Nous voulons également établir les bases qui justifieront l'emploi des chiffres en maths, introduire l'idée d'égalité, et préparer le terrain pour comprendre la valeur selon la position dans le système de numération.

Procédure

- Retirez les boudins de la grille et dites : « *Montrez-moi dix-huit divisé par quatre.* » L'élève doit compter quatre colonnes et placer le boudin verticalement. Ensuite, quand il comptera les dix-huit boulettes, il aura quatre rangées entières et seulement la moitié de la cinquième. Faites-lui placer le boudin en faisant un S pour englober toutes les boulettes comptées. Demandez : « *Quelle est la réponse ?* »
- La suite dépendra de sa réponse. S'il répond correctement « *quatre et demi* », demandez : « *Quelle aurait été la réponse si j'avais dit dix-neuf divisé par quatre ? Déplacez le boudin et montrez-moi.* » Lorsque c'est fait, demandez : « *Donc, quelle est la réponse ?* » Si la réponse est juste, demandez à l'élève de montrer dix-sept divisé par quatre. Si la réponse est juste, demandez-lui trente-trois divisé par huit. Si la réponse est encore juste, dites : « *Nous allons faire des fractions.* » (Sautez l'étape suivante.)
- Si l'élève hésitait sur la réponse à dix-huit divisé par quatre, vous pouvez expliquer l'idée de plus petit que un.
- Dites : « *Quand vous comptez par ce côté, vous comptez le nombre de rangées. Nous avons quatre rangées complètes mais celle-ci* (montrez-la) *n'est pas complète. Ce n'est pas une rangée complète, donc ce n'est pas un nombre entier, ce n'est qu'une partie de nombre. Ce serait un nombre entier s'il y avait quatre*

boulettes, mais il n'y en a que deux. On peut donc dire que la réponse est : quatre rangées complètes et seulement deux des quatre boulettes de la cinquième rangée. Ce serait une bonne réponse, mais nous pouvons faire plus simple en disant quatre et deux sur quatre. On peut la simplifier encore davantage en disant quatre et demi. Est-ce que vous comprenez un demi ? » Quelle que soit la réponse, dites : « *L'idée d'une fraction est : définir quelque chose qui est plus petit que un. Nous allons faire des fractions.* »
- Déplacez-vous pour que la grille ne soit plus entre vous. Modelez un disque en pâte à modeler d'environ un demi-centimètre d'épaisseur et cinq centimètres de diamètre. Placez-le devant l'élève. Tendez-lui le couteau et dites : « *Coupez-le en deux moitiés.* »
- Superposez les deux morceaux. S'ils sont égaux, dites : « *Ils sont pareils, ils sont égaux parce qu'égal veut dire pareil.* » Séparez les morceaux et passez à l'étape suivante.

Le concept du demi (moitié)

- S'ils sont assez loin d'être égaux, dites : « *On dirait que vous l'avez un peu loupé. Pour être des moitiés, les deux morceaux devraient être pareils, ils doivent être égaux. Égal veut dire pareil.* » Reformez le disque initial et demandez à l'élève de les

couper de nouveau, puis superposez-les. Demandez : « *Sont-elles égales ?* » Recommencez si nécessaire.
- Rapprochez les deux moitiés et dites : « *Coupez en deux moitiés dans l'autre sens, nous aurons quatre morceaux égaux.* » Une fois coupé, séparez un morceau et demandez : « *Comment s'appelle ce morceau ?* » Si la réponse est un quart, dites : « *Bien.* » Demandez : « *Pourquoi un quart ?* » La réponse doit être : « *Parce que c'est un des quatre morceaux.* » Si l'élève ne connaît pas le nom ou la raison de ce nom, vous pouvez le lui expliquer puis obtenez qu'il vous l'explique.

Le mot égale défini en pâte à modeler

- Répétez l'expérience avec les huitièmes et les seizièmes.
- Terminez par les tiers.

EXERCICE 10 :
INTRODUISEZ LES SYMBOLES DE LA FONCTION ARITHMÉTIQUE

L'élève doit connaître les symboles dans une équation comme indiquant l'ordre représenté par l'équation. Je veux introduire le concept des équations faites avec de vrais nombres pour pouvoir introduire les chiffres.

Procédure

- Faites le signe égale (=) en pâte à modeler et demandez : « *Savez-vous ce que c'est ?* » Si l'élève donne la bonne réponse, dites : « *Montrez-moi.* » S'il hésite, expliquez et démontrez, puis faites expliquer et démontrer par l'élève.
- Faites modeler par l'élève le mot égale, et suivez les étapes de la maîtrise des symboles.
- Modelez un signe plus (+) et demandez : « *Savez-vous ce que c'est ?* » S'il donne la bonne réponse, dites : « *Montrez-moi.* » S'il y a la moindre hésitation dans la réponse, expliquez et démontrez, puis faites-lui expliquer et démontrer à son tour. Suivez les étapes de la maîtrise des symboles pour les mots (chapitre 15) en utilisant les mots additionner et plus.
- Traitez le signe moins (-) sur le même modèle. Pour la maîtrise des symboles, utilisez les mots soustraire et moins.
- Vous devez à présent expliquer la séquence et le sens dans l'ordre de l'équation. Rappelez-vous : si vous êtes assis en face de l'élève, votre démonstration sera à l'envers pour vous.
- Montrez le signe égale et dites : « *Il n'y a pas de sens dans cet ordre puisqu'il va dans les deux sens. Ce côté-ci est le même que ce côté-là.* »
- Montrez le signe plus et dites : « *Ce signe vous dit quoi faire, mais il n'y a pas de sens ni de séquence dans l'ordre parce que c'est la même chose dans un sens ou dans l'autre.* »
- Montrez le signe moins et dites : « *Mais ce signe ne vous dit pas seulement quoi faire, il dit aussi dans quel sens vous devez le faire.* » Montrez et dites : « *Ce signe signifie que vous enlevez*

cette quantité-ci de cette quantité-là pour obtenir cette quantité. Si vous le faites dans l'autre sens, vous obtiendrez une réponse différente. En fait, si vous le faites dans le mauvais sens, vous aurez un trou dans l'espace et nous ne sommes pas encore prêts pour cela. »

- Dites : « *Quand nous faisons ce genre de chose* (passez la main au-dessus de l'équation*), cela s'appelle une équation ; ce que nous faisons est un exemple de ce que nous pensons. Quand nous pensons, nous savons ce que nous faisons, mais pour communiquer notre pensée, nous devons montrer dans quel sens nous le faisons.* »
- Dites : « *Quand nous écrivons une équation, que ce soit au crayon ou en pâte à modeler, nous disons que nous avons cette quantité* (montrez), *nous lui apportons ce changement avec cette quantité. La première information est : avec quelle quantité nous commençons, le signe dit quel genre de changement nous allons lui faire subir et la deuxième information est : avec quelle quantité nous allons faire ce changement. Bien sûr, la réponse est toujours la troisième information. Dans l'ordre d'une équation, nous allons toujours en séquence dans ce sens* (montrez). »
- Demandez à l'élève de vous expliquer et de vous démontrer le sens.

Une addition et sa réponse

Une soustraction et sa réponse.

- Suivez le modèle précédent avec la multiplication. Pour la maîtrise des symboles, utilisez les mots multiplier et fois.
- Suivez le modèle précédent avec la division. Pour la maîtrise des symboles, utilisez les mots diviser et divisé par. N'oubliez pas d'inclure aussi le sens.
- Faites quelques jeux avec les différentes fonctions arithmétiques : vous faites l'équation et l'élève doit montrer la réponse. Exemple : posez six boulettes, un signe plus, deux boulettes, un signe égale et demandez : « *Combien ?* » Quand l'élève vous l'a montré, remplacez le signe plus par le signe moins. Attendez la réponse puis remplacez le signe moins par le signe multiplié par, et enfin par le signe de la division.
- Quand l'élève gagne à tous les coups, dites : « *Bien, vous savez faire de l'arithmétique avec de vrais nombres, mais que se passerait-il si nous avions un gros problème comme : trois fois le nombre de jours dans votre vie ? Même si vous pouviez trouver la réponse mentalement en quelques minutes, vous risquez de passer toute la journée à faire des boulettes pour poser l'équation, et tout le lendemain à faire des boulettes pour la réponse. Vous pouvez aussi le faire en quelques minutes avec un crayon.* » Demandez : « *Êtes-vous prêt à faire des maths avec un crayon ?* » Si la réponse est oui, passez à l'exercice suivant. Si la réponse est

non, demandez : « *De quoi avez-vous encore besoin avant d'être prêt ?* » Fournissez à l'élève ce dont il a besoin.

EXERCICE 11 :
INTRODUISEZ LES CHIFFRES, LE CONCEPT DE ZÉRO ET LA VALEUR D'UN CHIFFRE SELON SA PLACE

L'élève sait à présent additionner, soustraire, multiplier et diviser avec de vraies quantités. L'étape qui suit logiquement est d'apprendre les mêmes fonctions en symboles.

Procédure

- Dites : « *Avant de pouvoir faire des maths avec un crayon, il y a encore une étape à franchir.* »
- Modelez le chiffre 2 et demandez : « *Vous savez ce que c'est ?* » Si l'élève répond « *deux* » ou « *le nombre deux* », dites : « *Non, c'est le chiffre 2.* » (Placez deux boulettes devant l'élève.) Placez le chiffre au-dessus des deux boulettes (de son point de vue) et dites : « *Le chiffre 2 est un symbole qui représente le nombre deux.* » Montrez les deux boulettes et dites : « *Le nombre et le chiffre* (montrez le chiffre) *ont le même nom. Le chiffre est juste un symbole qui représente le nombre.* »
- Demandez : « *Est-ce que vous comprenez ?* » Si c'est oui, passez au point suivant. Si c'est non, continuez l'explication.
- Faites modeler les chiffres de 1 à 10 par l'élève et faites-les-lui placer en une rangée sur la table. Montrez le un et demandez : « *Quelle quantité représente ce chiffre ?* » Après la réponse, dites : « *Montrez-moi le nombre.* » L'élève doit placer la boulette sous le chiffre.

- Faites de même avec 2, 3, 4 et 5. Demandez : « *Pourriez-vous faire la même chose jusqu'à 100 ?* » Si c'est oui, passez au point suivant, sinon, continuez jusqu'à ce que la réponse soit oui.
- Montrez un endroit de la table où il n'y a pas de pâte à modeler et demandez : « *Combien ?* » Après la réponse, demandez : « *Connaissez-vous le chiffre zéro ?* » Si c'est non, faites-en un modèle. Faites faire un 0 par l'élève et placez-le avant le chiffre 1.
- Dites : « *Le zéro est très important parce que sans lui nous ne pourrions pas faire des maths avec un crayon. L'idée du zéro est qu'il n'y a rien à cet endroit-là, et c'est une idée très importante.* »
- Montrez le 10 et dites : « *Montrez-moi le nombre dix.* » Faites placer dix boulettes sous les chiffres.

- Dites : « *Montrez-moi 11.* » L'élève doit faire les chiffres et placer onze boulettes au-dessous. Indiquez le 11 et dites : « *Vous voyez, le 11 est fait de deux chiffres 1 côte à côte. Il y a une raison à cela. La raison est que le système que nous utilisons va de rien à neuf, puis il répète encore de rien à neuf, et encore. Il le répète jusqu'à ce que nous ayons tous les nombres possibles. On l'appelle un système en base dix parce qu'à dix il commence à se répéter.* »

- Déplacez-vous vers une partie libre de la table et dites : « *Souvenez-vous du concept d'ordre. C'est quelque chose à la place correcte, dans la position correcte et en état correct. Pour faire des maths avec un crayon, nous devons créer un autre ordre. Il s'appelle la valeur du chiffre selon sa place. Dans ce nouvel ordre, nous devons montrer une séquence qui se répète.* »
- Posez le chiffre 1 sur la table et dites : « *Montrez-moi la quantité.* »
- Ensuite, posez un autre chiffre 1 à gauche du précédent et dites : « *Montrez-moi combien.* »
- Quand l'élève met une boulette au-dessous, indiquez les deux boulettes et demandez : « *Combien ?* » La réponse est deux. Indiquez les chiffres 11 et demandez : « *Quel est le nom de ce nombre ?* » La réponse est onze.
- Ôtez le chiffre 1 de la place des unités et remplacez-le par un 0 et dites : « *Montrez-moi et dites-moi combien.* »
- Quand c'est fait, remplacez le 0 par le chiffre 2 et dites : « *Montrez-moi et dites-moi combien.* » (12)
- Ôtez le chiffre 1 de la place des dizaines et remplacez-le par le chiffre 2 et dites : « *Montrez-moi et dites-moi combien.* » (22)
- Retirez tout ce qui a été fait. Prenez un petit morceau de pâte à modeler et collez-le sur la table en disant : « *Voici le point de départ.* »
- Posez un chiffre 1 à gauche du point (vu par l'élève) et dites : « *Montrez-moi combien.* » (1)
- Dites : « *Comptez de zéro à neuf.* » Quand c'est fait, indiquez la place des unités et dites : « *C'est leur place.* »
- Placez un chiffre 1 à gauche de la place des unités et dites : « *Montrez-moi combien.* » (11)

Note : l'élève ne met qu'une seule boulette sous chaque chiffre.

- Dites : « *Comptez de dix en dix, de dix à quatre-vingt-dix.* » Quand c'est fait, indiquez la place des dizaines dites : « *C'est la place des dizaines.* »
- Placez un chiffre 1 à la gauche des dizaines et dites : « *Montrez-moi combien.* » (111)
  Note : l'élève ne met qu'une seule boulette sous chaque chiffre.
- Dites : « *Comptez par cent, de cent à neuf cents.* » Quand c'est fait, indiquez la place des centaines et dites : « *C'est la place des centaines.* »
- Demandez à l'élève de tout vous expliquer. Quand il n'a plus d'hésitation, continuez.
- Dites : « *Encore une petite chose, et puis il nous faudra un crayon. C'est l'idée d'avoir moins d'un entier, et sa place dans notre nouvel ordre.* »
- Indiquez la place des unités et dites : « *C'est moins de un, alors nous devons aller dans cette direction* (faites un geste de la main vers la droite). » Mettez un chiffre un à droite du point de pâte à modeler et dites : « *Voilà où il doit aller, mais est-ce une place pour les unités ou pour les dizaines ?* »
- Indiquez la place des unités et dites : « *Ceci est la place des unités, et le plus petit entier que nous pouvons avoir est un. Si nous avons neuf ici et que nous ajoutons un, cela fait dix* (indiquez la place des dizaines), *alors cela va ici.* »

Les décimales

- Indiquez la place des dixièmes et dites : « *Ce doit donc être une place des dixièmes parce que le moins que l'on puisse avoir est quelque chose coupé en deux, et nous n'avons pas de place pour les deux. Si vous avez une chose et que vous la coupez en dix morceaux, quand vous remettez les dix morceaux ensemble vous n'en aurez qu'un.* »
- Demandez à l'élève de vous l'expliquer. Puis continuez.
- Dégagez un espace sur la table et préparez quelques boudins de pâte à modeler. Dites : « *Maintenant nous allons créer la structure de l'ordre pour faire les maths avec un crayon.* »
- Mettez trois boulettes, un signe plus, deux autres boulettes, un signe égal et cinq boulettes sur une rangée. Dites : « *Montrez-moi ceci avec des chiffres.* » Faites-lui faire une construction en chiffres à gauche de la vôtre, puis continuez.
- Faites une construction avec trois boulettes sur une rangée, placez au-dessous (vu par l'élève) une rangée de deux boulettes, et à gauche de cette rangée, le signe plus. Mettez au-dessous un boudin et encore en dessous, cinq boulettes.

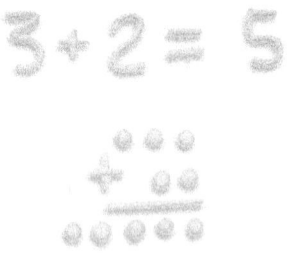

La notation mathématique avec des boulettes de pâte à modeler et des chiffres.

- Indiquez les trois boulettes et dites : « *Voici ce que nous avons pour commencer.* »
- Indiquez le signe plus et dites : « *Ceci est le genre de changement que nous allons leur appliquer.* »
- Indiquez les deux boulettes et dites : « *C'est ce qui va apporter le changement.* »
- Indiquez le boudin et dites : « *C'est pareil qu'égal.* »
- Indiquez les cinq boulettes et dites : « *C'est la troisième information, c'est la réponse.* »
- Indiquez chaque élément pendant que vous dites : « *Ceci – changé ainsi – par ceci – devient cela.* »
- Suivez le même modèle pour la soustraction et la multiplication.
- Pour la division, formez un cadre de division et dites : « *Pour la division, ceci* (indiquez la ligne verticale) *signifie diviser, et cela* (indiquez la demi-ligne horizontale) *est pareil qu'égal.* »
- Placez six boulettes à gauche de ce trait vertical, deux boulettes à droite du trait vertical et au-dessus du trait horizontal, et trois boulettes à droite et en dessous du trait horizontal. Répétez le processus comme précédemment.
- Demandez à l'élève de vous l'expliquer.

Faites une bonne pause avant de poursuivre.

EXERCICE 12 :
ENSEIGNEZ À L'ÉLÈVE COMMENT FAIRE DE L'ARITHMÉTIQUE AVEC UN CRAYON

L'élève doit encore apprendre l'art des reports et des retenues et du placement des décimales. Nous voulons compléter sa préparation pour qu'il soit capable de se débrouiller s'il se retrouve dans une classe de maths avec un professeur qui « pense en mots ».

Procédure

Addition
- Placez devant l'élève une feuille de papier et un crayon.
- Dites : « *Ajoutez 3 à 7.* » Si c'est juste, poursuivez.
- Dites : « *Ajoutez 3 à 17.* » Quand l'élève écrit la réponse : « *Est-ce que vous avez reporté le chiffre 1 du 10 à la position des dizaines ?* »
  Note : l'élève peut donner la bonne réponse parce qu'il sait compter.
- S'il ne comprend pas la question, revoyez avec lui la séquence de l'addition.
- Dites : « *7 plus 3 font 10, donc le zéro va à la position des unités et le 1 à la position des dizaines, donc mettez le chiffre 1 au-dessus du 1 de 17. Maintenant vous les additionnez et cela fait deux.* »
- Expliquez jusqu'à ce que l'élève ait compris. Puis demandez-lui de vous l'expliquer.
- Dites : « *Montrez-moi 13 ajouté à 27.* » Si la réponse est juste, continuez. Dites : « *Montrez-moi 44 ajouté à 66.* » Voyez si l'élève reporte le chiffre 1 des unités aux dizaines, et si le chiffre 1 est reporté des dizaines aux centaines. Continuez jusqu'à ce qu'il n'ait plus d'hésitation avec les retenues.

- Dites : « *Montrez-moi trois virgule cinq (3,5) ajouté à cinq virgule cent vingt-cinq (5,125).* » Observez comment l'élève pose l'opération.
- S'il ne l'a pas posée correctement, attendez sa réponse et dites : « *L'addition était juste mais la place dans l'ordre était fausse, alors la réponse n'est pas correcte. Quand vous écrivez l'opération avec un crayon, vous devez créer l'ordre correct, les chiffres des unités doivent être alignés. C'est facile à retenir : les virgules doivent toujours être alignées.* »

$$\begin{array}{r} 3.5 \\ 5.125 \\ \hline 8.625 \end{array}$$

Voici comment doit être l'opération sur le papier.

- Dites : « *Montrez-moi 3,5 (trois virgule cinq) ajouté à 5,125 (cinq virgule cent vingt-cinq) posé dans le bon ordre.* » Si c'est faux, expliquez encore.
- Quand c'est correctement posé, demandez la réponse. Si elle est juste, poursuivez.
- Faites des additions avec des nombres décimaux jusqu'à ce que l'élève n'ait plus d'hésitation.
- Pour finir, faites-lui additionner 99,5 (quatre-vingt-dix-neuf virgule cinq) et 999,5 (neuf cent quatre-vingt-dix-neuf virgule cinq).

Soustraction
- Remplacez la feuille de papier et dites : « *Soustrayez 7 de 9.* » Montrez si c'est incorrect. Quand c'est juste, poursuivez.
- Dites : « *Soustrayez 7 de 13.* » Quand c'est juste, poursuivez.
- Dites : « *Soustrayez 7 de 23.* » Quand l'élève écrit la réponse, demandez : « *Est-ce que vous avez reporté un chiffre 1 du chiffre 2 des dizaines ?* »
  Note : l'élève peut répondre parce qu'il sait compter à rebours à partir de 23.
- S'il ne comprend pas, revoyez ensemble la soustraction en lui montrant comment retenir 1 des 2 dizaines. Barrez le chiffre 2 pour montrer qu'il a été réduit d'une quantité de 10. Quand l'élève a saisi le concept, poursuivez.
- Dites : « *Montrez-moi 16 ôtés de 44.* » Observez si les reports sont faits correctement. Continuez jusqu'à ce que l'élève n'ait plus d'hésitation sur les reports.
- Dites : « *Montrez-moi 9,5 (neuf virgule cinq) ôtés de 15.* » Observez si l'élève pose l'opération correctement.
- Si c'est bien posé, dites : « *Très bien, vous l'avez posée dans l'ordre correct.* »
- Sinon, attendez sa réponse et dites : « *La soustraction était juste, mais la place dans l'ordre n'était pas correcte, donc la réponse n'est pas correcte. Quand vous posez une opération avec le crayon, vous devez créer l'ordre correct. Dans l'ordre correct, les chiffres des unités sont alignés. C'est facile à retenir : les virgules doivent toujours être alignées.* »
- Dites : « *Montrez-moi 9,5 (neuf virgule cinq) ôtés de 15, posé dans l'ordre correct.* » Si ce n'est pas correct, expliquez encore. Quand c'est bien posé, demandez la réponse. Si elle est juste, poursuivez.
- Faites des soustractions avec des nombres décimaux jusqu'à

ce que l'élève n'ait plus d'hésitation.
- Pour terminer, faites-lui soustraire 98,5 (quatre-vingt-dix-huit virgule cinq) de 100.

Multiplication
- Remplacez la feuille de papier et dites : « *Multipliez 7 par 3.* » Si c'est juste, poursuivez.
- Dites : « *Multipliez 17 par 3.* » Si l'élève a des difficultés, faites-le avec lui. Dites : « *7 fois 3 font 21, le chiffre 1 va à la place des unités, le chiffre 2 est reporté vers les dizaines pour être additionné plus tard. 3 fois 1 font 3, plus le 2 retenu font 5, donc le chiffre 5 va à la place des dizaines. La troisième information est 51.* » Expliquez jusqu'à ce que l'élève ait compris puis poursuivez.
- Dites : « *Montrez-moi 5 fois 12.* » Faites-le avec lui si nécessaire, puis poursuivez.
- Dites : « *Montrez-moi 11 fois 22.* » Observez si l'élève pose les chiffres à la bonne place. Si ce n'est pas posé correctement, attendez sa réponse et dites : « *Quand vous cherchez la réponse, vous devez poser l'opération de manière à conserver l'ordre correct. La place des chiffres doit être respectée. Les chiffres des unités doivent être alignés, ceux des dizaines aussi pour pouvoir les additionner correctement. Comme l'ordre était mauvais, la réponse n'est pas correcte. Quand vous posez l'opération avec le crayon, vous devez créer et conserver l'ordre correct. Dans l'ordre correct, les chiffres des unités sont alignés, ceux des dizaines aussi, etc.* »
- Revoyez l'opération avec l'élève en demandant : « *Est-ce que c'est un chiffre à mettre à la place des unités, des dizaines ou des centaines ?* » Après la réponse, dites : « *Alors, écrivez-le là où il devrait être.* »
- Dites : « *Montrez-moi 55 fois 125.* »

- Continuez ce genre d'exercice jusqu'à ce que l'élève fasse les multiplications avec un crayon sans hésitation, puis poursuivez.
- Dites : « *Montrez-moi 3,5 (trois virgule cinq) fois 5,25 (cinq virgule vingt-cinq).* »
- Expliquez s'il y a lieu.
- Continuez les multiplications avec des nombres décimaux jusqu'à ce que l'élève n'ait plus d'hésitation, puis poursuivez.

Division

- Remplacez la feuille de papier et dites : « *Puisque vous savez multiplier avec un crayon, et soustraire avec un crayon, vous savez déjà diviser avec un crayon. Il vous suffit d'apprendre dans quel ordre et dans quelle séquence le faire.* »
- Dites : « *Parfois pour faire une division vous devez estimer, c'est-à-dire vous devez deviner. Dans ce cas, la meilleure chose à faire est ce que j'appelle "deviner au mieux, essayer et voir". Si votre supposition n'est pas exacte, comme votre crayon est muni d'une gomme, vous pouvez toujours corriger. Ne vous laissez pas impressionner par l'idée d'avoir à deviner. Si vous finissez par trouver la bonne réponse, le nombre de tentatives n'a pas d'importance.* »
- Dites : « *Divisez 15 par 5.* » Si c'est correct, poursuivez.

  Note : comme l'élève pense peut-être avec la grille en tête, il peut peut-être donner la réponse sans suivre le processus. Faites des divisions qui sont au-delà des limites de la grille.
- Dites : « *Divisez 134 par 12.* » Observez comment l'élève pose l'opération et la séquence des manipulations. Donnez les indications nécessaires.
- Après chaque indication, demandez à l'élève de vous expliquer la raison d'un placement particulier ou d'une

séquence suivie.
- Continuez à travailler sur des exemples jusqu'à ce que l'élève n'ait plus d'hésitation sur l'ordre et la séquence corrects, puis poursuivez.
- Dites : « *Divisez 7,5 (sept virgule cinq) par 5.* » Observez le placement de la virgule et donnez les indications nécessaires.
- Dites : « *Maintenant nous allons diviser 150 par 2,5 (deux virgule cinq), mais avant de commencer, il y a un truc que vous devez savoir à propos de la virgule. Posez la division 150 : 2,5 et je vous montrerai le truc.* »
- Quand il est prêt, dites : « *Je vous ai demandé de diviser par un nombre qui n'est pas entier. Cette décimale pourrait compliquer la situation, alors la première chose à faire dans la séquence est de changer l'ordre du placement de la décimale. C'est très facile à faire avec le crayon. Vous pouvez déplacer le chiffre cinq de la place des dixièmes à celle des unités en déplaçant la virgule d'une place. Ce truc fonctionne seulement si vous déplacez aussi la virgule d'une place dans le nombre que vous divisez. Vous pouvez déplacer la virgule d'autant de places que vous voudrez, pourvu que vous la déplaciez du même nombre de places dans les deux séries de chiffres.* »
- Faites-lui ajouter une virgule à 150, et placer un 0 à la place des dixièmes. Puis faites-lui barrer la virgule initiale pour changer 2,5 en 25.
- Dites : « *Maintenant vous devez aussi barrer la virgule initiale pour changer 150 en 1500 (mille cinq cents). À présent, faites ce que vous savez faire et vous aurez la réponse.* »

$$2{,}5 \overline{) 150}$$

$$2{,}5_\wedge \overline{) 150{,}0_\wedge}$$

Déplacement de la virgule

- Faites d'autres divisions par des nombres décimaux jusqu'à ce que l'élève n'ait plus d'hésitation.
- Quand l'élève sait faire les divisions à trois chiffres avec des décimales, en se servant des chiffres sans hésitation, votre tâche est accomplie.

V.
LE GRAPHISME
AGRAPHIE ET DYSGRAPHIE

20.
Une stratégie de correction des problèmes de graphisme

Nous avons énuméré au chapitre 5 sept causes possibles pour les problèmes de graphisme. Nous pensons que les problèmes dus à quatre de ces sept causes peuvent être corrigés. Ce sont :

- pas d'instruction, ou une autre instruction inadaptée,
- désorientation,
- images mentales multiples,
- orientation naturelle inadaptée.

La stratégie sous-jacente est la simple vérité que *si vous éliminez la cause du problème, vous éliminerez le problème.* Une fois la cause déterminée, vous serez en mesure de vous attaquer au problème et de le corriger en utilisant les outils donnés dans les chapitres qui suivent.

Le graphisme étant une forme d'art qui nécessite l'apprentissage de capacités spécifiques, le fait d'éliminer la raison pour laquelle ces capacités n'ont pas été développées à l'origine ne va pas donner à quelqu'un une écriture correcte par magie. Après avoir éliminé la raison sous-jacente, l'élève devra toujours acquérir ces capacités. Dès qu'il sera en mesure de le faire, vous devrez lui donner l'enseignement nécessaire.

En comprenant le problème et avec les outils appropriés, vous l'aborderez point par point. Certains problèmes nécessitent plus d'étapes que d'autres, mais il vous suffira de passer d'une étape à l'autre dans la bonne séquence.

INSTALLATION DES OUTILS DE BASE

Certaines étapes et procédures de base s'appliquent à toutes ces catégories de problèmes de graphisme. La première étape consiste à motiver votre élève. Suivez les instructions du chapitre 7 « Motivation et responsabilité » pour le motiver correctement. Quel serait le bénéfice pour votre élève d'écrire confortablement et lisiblement ?

La trame commune à ces quatre problèmes de graphisme est la désorientation. Vous devez donc aborder ce point avant toute autre chose. Le faire à ce stade fournira une base pour le travail ultérieur dans chaque catégorie que ce soit.

La première étape consiste à donner un outil à l'élève - une procédure à utiliser - qui lui permettra d'être mentalement présent avec vous. Il doit ressentir le même environnement réel que vous. Pour cela il doit être dans un état orienté. Vous ferez d'abord l'exercice d'évaluation des capacités perceptives (chapitre 8) pour pouvoir déterminer laquelle des deux méthodes d'orientation employer. Vous avez le choix entre deux outils : l'alignement (chapitre 12) et le conseil d'orientation (chapitre 9). Votre décision prise, suivez la procédure indiquée.

Quand votre élève sera en état orienté, il lui faudra quelques outils supplémentaires pour demeurer confortablement dans cet état, et pour retrouver son orientation à volonté. Le chapitre 10, « la procédure de relâchement, la vérification de l'orientation » du conseil d'orientation, lui permettra d'évacuer toute sensation de stress et de tension. Et la procédure du compteur d'énergie (chapitre 13) lui permettra de régler son niveau d'énergie et la vitesse de son horloge interne.

Une fois l'élève en possession de ces outils, vous pouvez aborder son problème de graphisme spécifique. Vous aurez peut-être déjà détecté à quelle catégorie il appartient. Dans l'affirmative, passez directement au chapitre qui décrit comment traiter cette catégorie pour avoir tous les détails de la procédure.

Si vous n'avez pas encore déterminé la catégorie du problème de votre élève, aidez-vous des informations données au chapitre 5. Si votre élève semble se ranger dans plus d'une catégorie, attaquez la plus grave d'abord. Elles sont classées par ordre croissant de gravité : *instruction inadaptée* est la moins grave, et *orientation naturelle inadéquate* est la plus grave.

Attention : si vous tentez d'appliquer la procédure d'une catégorie qui n'est pas celle qui correspond à votre élève, vous risquez de vous heurter à un mur. Si c'est le cas, interrompez-la et refaites une évaluation. Dès que vous aurez trouvé la bonne catégorie, votre élève devrait commencer à faire des progrès notables dès le début.

21.
Correction du graphisme : instruction inexistante ou inadaptée

Ici, le problème est que l'élève n'a jamais acquis les capacités nécessaires au graphisme. La raison pour laquelle ces capacités manquent est simplement qu'il n'a reçu que peu voire aucune instruction efficace. Comme je l'ai déjà mentionné, il est possible que quelque chose ait bloqué le développement de ces capacités. Si c'est le cas, il faut éliminer ce blocage avant d'enseigner les capacités manquantes. Le but de ces exercices est de guider un élève qui pense en images à éviter les embûches qui l'empêcheraient d'apprendre à écrire.

La gravité de ces problèmes est variable. À un bout de la gamme, il y a la simple difficulté à faire la transition entre les caractères d'imprimerie et l'écriture cursive. À l'autre bout, l'élève n'est peut-être même pas capable de tenir et de manier un instrument à écrire. Ce qui suit est le scénario du pire, votre élève n'aura donc peut-être pas à passer par toutes les étapes. Choisissez celles qui vous semblent lui convenir. Dès que l'élève peut faire ce qui est demandé à chaque étape, considérez qu'elle est terminée et passez à l'exercice suivant.

En tant qu'adulte dyslexique, mon principal problème était de déchiffrer le langage écrit. Logiquement, ne pouvant pas le lire, je ne pouvais pas l'écrire. Par conséquent, il n'était pas étonnant que je montre aussi des symptômes de dysgraphie. En développant les procédures de correction de la dyslexie Davis, j'ai réussi à résoudre le problème du déchiffrage. À partir de là, mon écriture a commencé à s'améliorer sans instruction ni effort de ma part. Quelle qu'ait été l'instruction reçue à l'école, elle n'a pas « pris » parce que je n'avais pas appris à être dans un état orienté. L'ancien moi n'écrivait que lorsqu'il ne pouvait vraiment pas faire autrement. Quand j'écrivais, c'était toujours en majuscules d'imprimerie et la première lettre de chaque mot était plus grande que les autres. J'avais besoin de toute ma concentration et de toute mon énergie ne serait-ce que pour écrire droit, même sur du papier à lignes. J'écrivais en trois stades : d'abord je griffonnais les idées sur une feuille de papier, ensuite je vérifiais l'orthographe de chaque mot dans le dictionnaire, enfin j'écrivais droit et en caractères d'imprimerie les mots correctement orthographiés. La seule chose que je pouvais écrire en cursive était mon nom. Même après que mon graphisme (en lettres d'imprimerie) eut commencé à s'améliorer, je ne possédais toujours pas tous les savoir-faire du graphisme. J'ai demandé au Dr Fatima Ali de m'aider, et le modèle qu'elle m'a donné a été la base de celui que je vous communique à présent.

PRÉPARATION ET PROCÉDURE

Je recommande que votre élève maîtrise l'alphabet (voir chapitre 15). S'il y a le moindre doute ou la moindre confusion avec l'un ou l'autre caractère, cela pourrait gêner l'apprentissage du graphisme.

Installation des outils de base

L'ensemble des outils de base devrait déjà être en place, ainsi que décrit au chapitre précédent. L'élève doit avoir un moyen de contrôler son orientation, une méthode pour éliminer tension et stress, et une méthode pour contrôler son niveau d'énergie et la vitesse de son horloge interne.

Matériel nécessaire

1. Cahier d'exercice avec modèles des lettres.
   - Si votre élève fréquente l'école, les exemples d'écriture devraient être ceux approuvés par l'école. Si l'école ne peut pas les fournir, on devrait pouvoir se les procurer dans un magasin de fournitures scolaires.
   - Utilisez les mêmes exemples tout au long de la procédure. S'il vous faut des exemplaires supplémentaires, prenez-les à la même source ou mieux, photocopiez un original.
   - Si votre élève ne va plus à l'école, vous pouvez vous procurer les cahiers d'exercices dans un magasin de fournitures scolaires.

2. Des cahiers d'écriture pour débutants (dans la plupart des papeteries et magasin de fournitures scolaires).
   Note : assurez-vous que l'espacement des lignes est le même sur les cahiers d'écriture et sur le cahier des modèles.

3. Du papier calque.

4. Un assortiment de crayons à mine tendre.

5. Un taille-crayon.

6. De la lecture appropriée à l'âge de l'élève.

7. Une règle.

8. Un bloc-notes à lignes espacées d'au moins un centimètre.

PROCÉDURE DE CORRECTION

L'exercice comporte quatre phases progressives :

Phase 1 - *Le Décalque* fournit à l'élève deux aspects importants de l'art d'écrire. Il introduit l'allure et la forme des lettres dans le processus de pensée en image de l'élève. Il commence alors à développer la motricité fine (coordination musculaire).

Phase 2 - *La Copie* oblige l'élève à utiliser son imagerie mentale pour créer l'allure et la forme des lettres. Et cela fait avancer le développement de la coordination musculaire.

Phase 3 - *La Reproduction sans modèle* développe encore l'utilisation de l'imagerie mentale et construit la coordination musculaire. L'élève assemble des combinaisons de lettres sans suivre de modèle.

Phase 4 – *L'adaptation* permet à l'élève de passer du cahier d'écriture au bloc-notes normal et d'exercer ses capacités nouvelles en les pratiquant.

Pendant ces exercices, maintenez toujours une bonne communication avec l'élève. Faites des pauses fréquentes. Il vaut mieux en faire trop que trop peu.

Phase 1 : Le Décalque

Préparation : Installez votre espace de travail, placez l'élève en face de vous, puis accomplissez les étapes suivantes :

- Demandez à l'élève de vérifier son orientation. S'il utilise la procédure d'alignement, dites : « *Sentez vos mains imaginaires sur vos épaules.* » S'il utilise la procédure d'orientation, dites : « *Vérifiez le point.* »
- Faites-lui faire la procédure de relâchement.
- Faites-lui régler son énergie à un niveau approprié pour cette activité.
- Expliquez-lui ce que vous attendez de lui dans un vocabulaire adapté à son âge. Exemple : « *Nous allons maîtriser le graphisme. Nous le ferons en utilisant vos dons et votre capacité artistique. Si vous faites ce que je vous dis, ce sera facile.* »
- Apprenez-lui à tenir le crayon. Demandez-lui de tenir un crayon comme il le fait quand il doit écrire. Si la prise est correcte, continuez. Sinon, montrez-lui comment tenir le crayon et dites-lui de faire comme vous. Vous devrez peut-être lui demander de se relâcher avant d'adopter confortablement la nouvelle prise. Vous aurez peut-être aussi à l'aider en plaçant ses doigts correctement sur le crayon.
- Faites-lui régler la pression des doigts sur le crayon. Demandez-lui de s'exercer à ressentir le relâchement dans ses doigts et ses mains. Je demande souvent à mes élèves de tenir le crayon comme si c'était un oisillon. Dites : « *Tenez le crayon comme si vous teniez un oisillon. Il faut que ce soit assez serré pour qu'il ne s'envole pas, mais assez lâche pour ne pas l'écraser.* » Ensuite, si vous voyez que la prise se resserre ou que le crayon est trop appuyé sur le papier, vous pouvez attirer l'attention de l'élève pendant qu'il écrit en disant : « *Oh, vous écrasez l'oiseau !* »

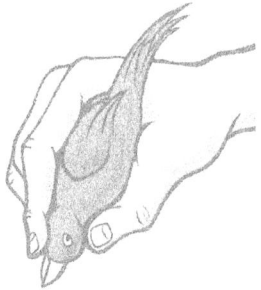

- Vérifiez que les pieds de l'élève touchent le sol. Il faudra peut-être un tabouret ou quelque chose d'équivalent. Une bonne position pour écrire commence par des pieds posés sur un appui ferme.

Procédure : Vous êtes prêt à commencer l'exercice. Posez le cahier de modèles d'écriture et un crayon sur la table devant l'élève. Couvrez l'exemple d'écriture avec une feuille de papier calque.

1. Indiquez la première lettre du modèle et dites : « *Décalquez cette lettre exactement.* » Observez l'élève. Si sa posture s'affaisse, arrêtez-le, faites-lui vérifier son orientation, régler son énergie et se relâcher, puis laissez-le continuer. S'il appuie trop le crayon ou le tient trop serré, arrêtez-le, faites-le se relâcher, puis laissez-le continuer. La posture est importante. Se pencher en avant ou appuyer l'autre main n'est pas nécessairement une mauvaise posture, mais se courber sur son travail en est une. Ne donnez pas trop d'instructions. Si l'élève s'affaisse chaque fois qu'il commence, suggérez-lui de faire en sorte que son orientation

le fasse tenir droit quand il travaille.

2. Quand il a terminé, vérifiez si c'est correct. Si ce n'est pas exact, dites : « *Pas mal du tout.* » Déplacez légèrement le papier calque latéralement pour qu'une partie vierge recouvre la même lettre et dites : « *Essayez encore* », Continuez jusqu'à ce que la lettre soit décalquée exactement.

3. Dites : « *Excellent.* » Demandez à l'élève de vérifier son orientation, son relâchement, le réglage de son énergie et la façon dont il tient son crayon. S'il a besoin d'une pause, faites-en une.

4. Déplacez le papier calque de manière à le dégager des essais de la première lettre. Indiquez la lettre suivante et dites : « *Décalquez exactement cette lettre.* » Répétez les étapes 1 à 3 sur la lettre suivante.

5. Répétez ces étapes pour tout l'alphabet en majuscules, puis en minuscules. Obtenez de l'élève qu'il ne décalque pour l'instant aucune combinaison de lettres, mais uniquement des lettres séparées.

6. Enfin, faites exécuter à l'élève un alphabet « modèle » sur une seule feuille de papier calque, avec chaque lettre décalquée exactement. Ensuite, passez à la phase 2.

Phase 2 : La copie

Préparation : Comme pour la phase 1.

Procédure : Placez le modèle d'écriture, le cahier d'écriture et un crayon sur la table devant l'élève. Assurez-vous que l'espacement des lignes du cahier d'écriture est le même que celui du modèle. Ayez l'« alphabet modèle » de l'élève sous la main.

1. Indiquez la première lettre et dites : « *Copiez cette lettre.* » Indiquez une ligne sur le cahier d'écriture et dites : « *Ici.* » Observez l'élève. Si sa posture s'affaisse, arrêtez-le, faites-lui vérifier son orientation, régler son énergie et se relâcher, puis laissez-le continuer. S'il appuie trop le crayon ou le tient trop serré, arrêtez-le, faites-le se relâcher, puis laissez-le continuer.

2. Quand il a fini, dites : « *Pas mal du tout. Placez votre "alphabet modèle" par-dessus pour voir si c'est exact.* »

3. Si ce n'est pas exact, demandez : « *Qu'est-ce qui est différent ?* » ou : « *Qu'est-ce qu'il faudrait faire pour que ce soit mieux ?* »

4. Faites-lui retirer le calque et dites : « *Essayez encore.* »

5. Faites-lui de nouveau vérifier l'exactitude de sa copie au moyen du calque. Si ce n'est pas exact, répétez les étapes 3 et 4.

6. Si c'est exact, ou quand ça l'est enfin, dites : « *Excellent !* »

7. Faites-lui écrire une ligne complète de la même lettre sur son cahier.

8. Refaites les étapes 1 à 7 pour chaque lettre.

9. Refaites les étapes 1 à 7 avec des combinaisons de lettres du cahier d'exercice.

10. Quand c'est terminé, poursuivez.

Phase 3 : La reproduction sans modèle

Préparation : Comme pour la phase 1.

Procédure : Placez le modèle, le cahier d'écriture et un crayon sur la table devant l'élève. Ayez sous la main le calque de l'élève et de la lecture adaptée à son âge. Sélectionnez une phrase courte et simple sur le livre de lecture, et donnez à l'élève les instructions suivantes :

Faites vérifier chaque lettre avec le calque-modèle, puis écrire une ligne entière de lettres sur le cahier d'écriture.

1. Indiquez une ligne sur le cahier et dites : « *Écrivez le mot*

(premier mot de la phrase) *ici.* » Observez la posture de l'élève et la manière dont il tient le crayon comme dans les phases 1 et 2.

2. Demandez-lui d'évaluer la justesse des lettres qu'il a écrites. Faites-lui répéter l'étape si nécessaire.

3. Répétez l'étape 1 avec le mot suivant. Si l'élève a trouvé le premier mot satisfaisant, le mot suivant peut être écrit à côté. Dans le cas contraire, le mot suivant doit être écrit au-dessous, sur une autre ligne.

4. Demandez à l'élève d'évaluer la justesse des lettres écrites, et si nécessaire, faites-lui répéter l'étape.

5. Répétez l'étape 1 avec tous les mots de la phrase.

6. Si certains mots ont été écrits sur des lignes séparées, faites écrire tous les mots sur la même ligne pour avoir une phrase complète.

7. Si nécessaire, indiquez à l'élève quel doit être l'espacement entre deux mots (la place d'une lettre).

8. Si nécessaire, faites-lui écrire la phrase de nouveau avec le bon espacement.

9. Si vous le souhaitez, vous pouvez lui enseigner l'orthographe, les majuscules et la ponctuation qui s'appliquent au graphisme du moment. Mais la grammaire doit être enseignée séparément.

10. Faites-lui écrire une autre phrase prise dans le livre de lecture. Adaptez vos interventions aux besoins de l'élève.

11. Continuez comme précédemment avec d'autres phrases. Pratiquez jusqu'à ce que l'élève sache très bien le faire.

Phase 4 : L'adaptation

Préparation : Voir phase 1.

Procédure : Placez le bloc-notes, le cahier d'écriture et le crayon sur la table devant l'élève. Ayez sous la main la règle, du papier calque et les phrases exemples de la phase 3.

1. Demandez à l'élève de comparer le cahier d'écriture et le bloc-notes. Il doit remarquer que le bloc-notes n'a qu'une ligne. Pour pouvoir s'en servir, il doit imaginer mentalement les lignes intermédiaires du cahier pour que son espacement soit correct. Sur le ton de la conversation, parlez de la disposition des lignes, jusqu'à ce que l'élève se rende compte que l'espace entre les lignes du bloc doit être divisé en trois espaces pour ressembler au cahier d'écriture.

2. Prenez le bloc-notes et tracez avec la règle les lignes manquantes dans les trois espaces du haut. Vous devrez estimer l'espacement (qui ne peut pas se mesurer à la règle). Commencez par faire deux points à égale distance entre les lignes imprimées, de chaque côté de la page, puis réunissez-les à la règle. Vous aurez peut-être besoin de vous exercer.

3. Passez le bloc-notes à l'élève et demandez-lui d'écrire l'une

des phrases qu'il a déjà écrites sur les lignes que vous venez de tracer. La difficulté est de réduire la taille des lettres pour les ajuster à l'espacement plus réduit. Si la phrase ne remplit pas les trois lignes, faites écrire la même phrase jusqu'à ce que les trois lignes soient remplies. Si nécessaire, répétez l'exercice jusqu'à ce que l'élève parvienne à écrire plus petit.

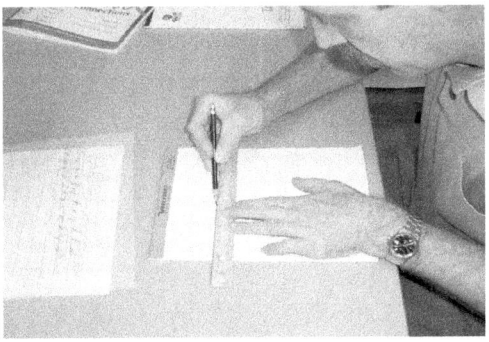

Vous tracerez deux lignes supplémentaires pour que le bloc-notes ressemble au cahier d'exercice.

4. Faites-lui diviser les trois espaces suivants en tiers avec la règle, comme vous l'avez fait précédemment. Puis faites-lui écrire dans les espaces qu'il vient de tracer une autre des phrases écrites précédemment. Comme précédemment, les trois lignes doivent être remplies de texte.

5. Demandez-lui de diviser l'espace suivant avec la règle, sauter l'espace suivant et diviser celui d'après. Faites-lui écrire une autre des phrases. Quand il arrive à la ligne non divisée, dites : « *Imaginez que les lignes sont là et écrivez entre les lignes imaginaires.* » Faites-lui remplir les trois lignes de

texte. Demandez-lui d'évaluer la qualité de ce qu'il a fait sur la ligne non divisée.

6. Prenez une feuille de papier calque et tracez avec la règle une série de quatre lignes (deux lignes imprimées et deux lignes ajoutées entre les deux) comme celles qui ont été tracées sur le bloc-notes. Les lignes sur papier calque seront placées sur le graphisme de l'élève pour l'évaluer.

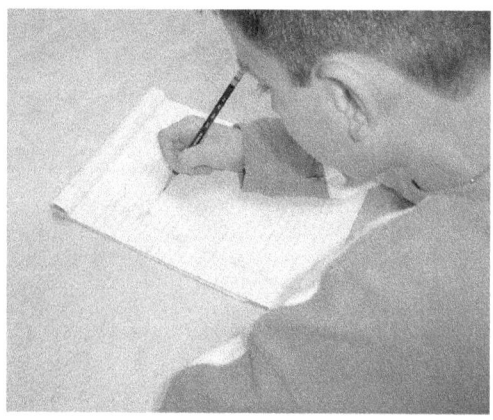

Votre élève doit imaginer mentalement les deux lignes intermédiaires qui étaient sur le cahier d'exercice.

7. Faites-lui écrire d'autres phrases sur d'autres lignes non divisées, en divisant l'espace en imagination. Il peut vérifier sa précision au moyen du calque. Continuez cette étape jusqu'à ce que l'élève puisse écrire une ligne de texte de la taille correcte sur une ligne non divisée.

Quand l'élève peut écrire un texte de la taille correcte sur des lignes non subdivisées du bloc, confortablement et avec assurance, il n'a plus besoin de votre aide. Félicitations !

22.
Correction du graphisme : désorientation

Deux problèmes distincts de graphisme entrent dans cette catégorie. Le plus commun est la « dysgraphie », qui accompagne souvent la dyslexie à la lecture. Je le définis comme une désorientation *stimulée par l'action ou le processus d'écrire*. Avant de commencer, faites une vérification rapide de dyslexie à la lecture si vous ne l'avez pas encore fait. Il suffira de faire lire à haute voix à l'élève un paragraphe de texte adapté à son niveau scolaire. S'il saute ou lit mal plus d'un des « petits mots déclencheurs » (comme *le, un, une, pour, à* et *de*) ou s'il ne sait plus où il en était, ou saute une ligne, ou ne tient pas compte de la ponctuation, ce sont des signes de dyslexie à la lecture.

Vous devriez aussi vérifier sa compréhension, même s'il semble lire sans faute. Si l'élève ne peut pas vous résumer les points essentiels du paragraphe, il a probablement un problème de lecture qui cause le problème d'écriture.

Les procédures de correction de la dyslexie à la lecture sont données dans l'ouvrage *Le don de dyslexie*. Dans presque tous les cas où la dyslexie à la lecture s'accompagne de dysgraphie, dès que les problèmes de lecture sont corrigés, la dysgraphie disparaît d'elle-même. Dans le cas contraire, l'élève a seulement besoin d'être guidé dans les procédures du chapitre 21 (Correction du graphisme : pas d'instruction, ou instruction inadéquate).

La seconde catégorie, celle dans laquelle le problème de graphisme est causé par la désorientation, est celle que nous abordons ici. Cette catégorie est rare chez les enfants et vous la trouverez rarement accompagnée de dyslexie à la lecture.

L'anatomie de cette catégorie de problème est qu'un déclencheur - une ligne, une forme ou un mouvement - produit une émotion qui à son tour cause la désorientation. Ces émotions viennent en fait du vécu de l'individu. Quelque part dans le passé, une expérience vécue a provoqué l'émotion. D'une certaine manière, une ligne tracée dans une certaine direction, ou une certaine forme, ou un mouvement particulier, rappelle cette expérience à l'individu. La ligne, la forme ou le mouvement est inconsciemment relié à l'expérience passée, ravivant l'émotion. La personne ressent au présent l'émotion passée, et il en résulte une désorientation.

Au moment précis où la désorientation se produit, la personne fera un raté dans son graphisme. Je veux dire par là un sursaut ou un écart involontaire qui se remarquera sur la ligne qu'elle est en train de dessiner.

PRÉPARATION ET PROCÉDURE

Après avoir suivi les instructions du chapitre 20, les outils de base devraient être en place. La personne devrait disposer d'un moyen de contrôler sa désorientation, d'une méthode pour relâcher la tension et le stress, et d'une méthode pour ajuster son niveau d'énergie et la vitesse de son horloge interne. Voici le matériel dont vous aurez besoin :

- du papier à lignes
- un tableau de conférence avec un grand bloc de papier
- divers instruments à écrire, stylos, crayons et un feutre.

Le but est de trouver et d'éliminer ce qui déclenche la

désorientation. Cela prend rarement plus d'une heure ou deux. Il est facile de trouver les déclencheurs, mais les éliminer peut s'avérer un peu plus difficile. Ils peuvent être éliminés de deux manières :

1. Le déclencheur peut être désactivé. Lorsque l'élève est dans un état orienté, il rencontre le stimulus en répétant sans cesse la même ligne, la même forme ou le même mouvement. Chaque rencontre retire un peu de l'intensité de l'émotion stimulée par le déclencheur. Des rencontres répétées finiront par faire que l'élève ne ressent plus rien quand la rencontre a lieu. À ce point, le lien entre la ligne, la forme ou le mouvement et l'expérience passée est rompu. Le stimulus a été éliminé.

2. Le lien entre l'expérience émotionnelle passée et « maintenant » peut être rompu en identifiant l'émotion elle-même. Quand il est dans un état orienté, l'élève rencontre à plusieurs reprises le stimulus. Tandis qu'il décrit ce qu'il ressent, tôt ou tard les images de l'expérience passée reviendront à son esprit. Lui demander de décrire l'expérience passée au présent rompra le lien dans le temps. Cela pourra nécessiter de nombreuses répétitions, mais une fois que le lien sera rompu, la ligne, forme ou mouvement ne déclenchera plus l'émotion qui désoriente.

Préparation

- Faites asseoir l'élève à la table en face de vous.
- Faites-lui vérifier son orientation. Pour la procédure d'alignement, dites : « *Sentez vos mains imaginaires sur vos épaules* », et pour l'orientation, dites : « *Vérifiez votre point.* »

- Demandez-lui de procéder au relâchement.
- Demandez-lui de régler son énergie à un niveau approprié à cette activité.
- Expliquez-lui ce que vous allez faire dans un langage adapté à son âge. Exemple : « *Nous allons trouver et éliminer les déclencheurs qui causent ce problème d'écriture. Ce qui cause effectivement la désorientation est ce que vous ressentez, nous allons donc chercher ce que vous ressentez au moment précis où la désorientation se produit. Par conséquent, quand je demande : Qu'est-ce que vous ressentez ? Je vous demande de me dire quel changement de ressenti vous venez d'éprouver. Je vous questionne sur votre émotion* ».

Trouver les « ratés » de graphisme et les déclencheurs

Placez le bloc de papier à lignes et un crayon sur la table devant l'élève.

- Dites à d'écrire l'élève la phrase « Portez ce vieux whisky au juge blond qui fume » et de signer son nom à la fin. S'il a écrit la phrase en « micro »-lettres ainsi que mentionné au chapitre 5, demandez-lui de l'écrire de nouveau en traçant les mots les plus grands possibles tout en restant dans la limite des lignes.
  Note : la raison probable de l'écriture minuscule est qu'elle minimise l'impact du stimulus. Un graphisme très petit rend également difficile pour vous de repérer un déclencheur. L'écriture doit être assez grosse pour que vous puissiez détecter le « raté » - une ligne déformée, droite ou courbe, qui forme ou relie les lettres dans le graphisme de l'élève.
- Observez l'élève. Surveillez le moment où le « raté » apparaît

dans le graphisme. C'est le point de désorientation. Soyez conscient du degré de frustration de l'élève. Ne le laissez pas trop se débattre.

The quick brown fox jumped

Un raté répétitif typique : l'élève ne peut pas tracer une boucle régulière quand il forme les lettres.

- Une fois qu'il a fini la phrase, évaluez l'écriture, cherchez les « ratés ». Vous verrez le même raté à chaque endroit où l'élève a fait le même mouvement pour écrire ce type de ligne ou de forme. Normalement, vous n'en trouverez qu'un type, mais pas toujours. Donc, vérifiez s'il y en a d'autres.
  Note importante : si le raté n'apparaît que dans la signature et nulle part ailleurs, arrêtez l'exercice. Cela indique un problème psychologique en rapport avec l'identité de la personne ou son image qui est du ressort d'un thérapeute spécialisé.
- Dès que vous trouvez un raté, déterminez si le stimulus est le mouvement lui-même ou la réaction de l'élève à une ligne ou une forme particulière qui est tracée sur le papier. Le stimulus dû au mouvement demande une autre approche que les autres.
- Pour vérifier si le déclencheur est un mouvement, demandez

à l'élève d'exagérer le mouvement qu'il fait pour tracer la ligne ou la forme quand le raté se produit. Pour cela, demandez-lui de faire ce mouvement lentement en l'air devant lui avec le bras et la main comme s'il dessinait une lettre géante.
- Au point du mouvement où le raté apparaîtrait sur le papier, demandez : « *Que ressentez-vous juste là ?* » Si l'élève ne ressent aucune émotion, demandez-lui de répéter le geste en l'air deux ou trois fois, et répétez la question : « *Que ressentez-vous ?* » S'il ne détecte aucun ressenti dans le mouvement, passez à la rubrique « Éliminer les déclencheurs "lignes et formes" », plus loin.

Éliminer les mouvements déclencheurs

Si l'élève a ressenti quelque chose en faisant le mouvement, demandez-lui de décrire ce qu'il a ressenti. Il décrira probablement une sensation physique du genre « un frisson dans le dos » ou « la nausée ». Demandez ensuite : « *Quel genre d'émotion accompagne cette sensation ?* » Notez ses réponses.

- Faites-lui vérifier son orientation (« *Sentez vos mains imaginaires sur vos épaules* », ou : « *Vérifiez votre point* »).
- Faites-lui répéter le mouvement exagéré. Demandez-lui de nouveau à l'endroit précis du mouvement : « *Que ressentez-vous ?* » Si l'élève parle d'une sensation au lieu d'une émotion, demandez : « *Quelle émotion accompagne cette sensation ?* » Notez sa réponse. Vous cherchez l'émotion. Il y a plusieurs réactions possibles :
  a) Si l'élève décrit une émotion différente de celle décrite précédemment, répétez les étapes de vérification de

l'orientation et du mouvement exagéré jusqu'à ce que l'émotion ressentie soit constante.

b) Si ou quand l'élève décrit la même émotion, demandez : « *Est-ce que c'était plus ou moins intense que la dernière fois ?* » S'il dit moins intense, continuez à répéter la vérification de l'orientation et le mouvement exagéré jusqu'à ce qu'il ne « ressente rien » en faisant le mouvement. (Le déclencheur peut être désactivé à tout moment pendant cette procédure, et vous aurez terminé. Dans ce cas, passez à la dernière instruction de cette séquence.)

c) Si l'émotion est plus intense, répétez les étapes de vérification de l'orientation et du mouvement exagéré. Puis demandez : « *Est-ce que c'était plus ou moins intense cette fois ?* » Si c'était moins intense, suivez les instructions a) ci-dessus. Si c'était plus intense, demandez : « *Quelle image mentale avez-vous avec cette émotion ?* » L'élève pourra ou non vous le dire. S'il peut le dire, notez-le.

Note : ne lui faites faire ni le relâchement ni le réglage de son énergie à ce point. Vous ne voulez pas que l'élève perde contact avec l'expérience passée.

- Répétez l'étape b). Là encore, deux possibilités : lier l'émotion aux images peut provoquer une rupture soudaine du lien de temps, et l'émotion ne se présentera pas avec le mouvement. Ou, pendant que l'élève décrit les images, il peut commencer à décharger l'émotion. Ce déchargement peut amener des larmes et une désorientation dans l'expérience passée (il la revit mentalement). Si cela se produit, vous devez laisser le processus suivre son cours.
- Répétez encore l'étape b) jusqu'à la rupture du lien de temps.

Quand c'est fait, le lien émotionnel est rompu lui aussi. L'élève ne manifestera pas l'émotion. Cela s'accompagne habituellement d'un sourire et d'un commentaire sur le moment présent, ici et maintenant.
- Quoi que l'élève dise, dites simplement : « *Voilà l'explication.* » Faites-lui vérifier son orientation, se relâcher et répéter le mouvement exagéré. Il ne devrait causer aucune sensation.
- Faites une courte pause.
- Demandez à l'élève d'écrire de nouveau la phrase : « Portez ce vieux whisky au juge blond qui fume. » Cherchez les ratés. S'il y en a d'autres, sélectionnez-en un et travaillez dessus en suivant la procédure ci-dessus. Quand les ratés ont disparu, cette tâche est terminée.

Éliminer les déclencheurs « lignes et formes »

Si l'élève n'a remarqué aucune sensation en faisant le mouvement du bras exagéré, le problème est un déclencheur « ligne ou forme ». Les deux se traitent de la même manière.

- Sur le tableau de conférence, demandez à l'élève d'écrire au feutre (en très gros) un mot de la phrase antérieure qui contenait un raté. Si le raté n'apparaît pas en écrivant en plan vertical sur le tableau, étalez le papier sur la table pour qu'il écrive le mot à l'horizontale.
  Note : quand l'élève écrit plus gros, le raté ne sera pas nécessairement plus gros que la taille de l'écriture normale, vous risquez donc d'avoir une grosse écriture avec des ratés minuscules. Ils peuvent être difficiles à détecter. Dans tous les cas, le contact de l'élève avec le stimulus est plus prolongé quand il trace des lignes et des formes plus

grandes. Les ratés n'apparaissent en général que sur un type de ligne ou de forme, mais pas toujours. Si vous en trouvez plus d'un type, traitez-les à mesure qu'ils se présentent.

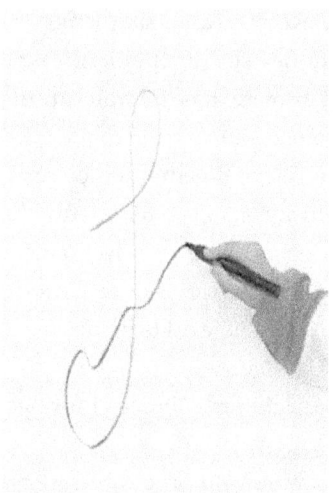

Les ratés peuvent être plus faciles à voir en écrivant gros avec un feutre sur un plan vertical

- Examinez le mot écrit pour chercher les ratés. Sélectionnez un segment de ligne ou de forme qui comporte un raté. Cela peut être seulement le quart d'une lettre ou d'un trait qui contient le raté en son milieu.
- Demandez à l'élève de redessiner seulement ce segment. Au point où le raté s'est produit, demandez : « *Qu'est-ce que vous ressentez ?* » Comme pour le mouvement déclencheur, il peut répondre quelque chose comme « un frisson dans le dos », ou « la nausée ». Demandez : « *Quelle émotion accompagne cette sensation ?* » Notez sa réponse.

1. Faites-lui vérifier de nouveau son orientation (« *Sentez vos mains imaginaires sur vos épaules* », ou : « *Vérifiez le point* »).
2. Demandez-lui de tracer ce segment encore une fois. Quand il arrive au point où le raté s'était produit, demandez : « *Que ressentez-vous ?* » Si l'élève décrit une sensation au lieu d'une émotion, demandez : « *Quelle émotion accompagne cette sensation ?* » Notez sa réponse. Il y a plusieurs réactions possibles :
    a) Si l'élève décrit une émotion différente, répétez les étapes de vérification de l'orientation et de tracer le segment jusqu'à ce que l'émotion ressentie soit constante.
    b) Si, ou quand, l'élève décrit la même émotion, demandez : « *Est-ce qu'elle était plus ou moins intense cette fois ?* »
        i. Si elle était moins intense, continuez à répéter les étapes de vérification de l'orientation et à tracer le segment jusqu'à ce qu'il ne « sente rien » en traçant le segment. (Vous aurez peut-être fini à ce stade. Sautez à la dernière instruction de cette séquence.)
        ii. Si elle était plus intense, répétez les étapes de vérification de l'orientation et de tracer le segment, puis demandez : « *Est-ce que c'était plus ou moins intense cette fois ?* » Si c'était moins intense, suivez 1. ci-dessus. Si c'était plus intense, demandez : « *Quelles images accompagnent cette émotion ?* » L'élève risque de ne pas être capable de vous répondre. S'il le peut, notez sa réponse.
- Répétez cette étape 2. Là encore, il y a deux possibilités : lier

l'émotion aux images risque de rompre brusquement le lien de temps, et l'émotion ne sera plus projetée dans le présent. Ou, pendant qu'il décrit les images, l'élève commencera à décharger l'émotion. Cette décharge peut amener des larmes et une désorientation apparente dans l'expérience passée (l'élève la revit mentalement). Si c'est le cas, laissez le processus suivre son cours.

- Répétez encore cette étape 2. jusqu'à la rupture du lien de temps. À ce moment-là, le lien émotionnel sera également rompu et l'élève ne manifestera plus l'émotion. Ce moment est généralement accompagné d'un sourire et d'un commentaire sur le moment présent, ici et maintenant.
- Quoi que dise l'élève, dites simplement : « *Voilà l'explication.* » Faites-lui vérifier son orientation, se relâcher, et retracer le segment. Il ne devrait pas y avoir de sensation.
- Faites une courte pause.
- Demandez à l'élève d'écrire de nouveau la phrase « Portez ce vieux whisky au juge blond qui fume ». Cherchez encore les ratés. S'il y en a encore, recommencez avec l'un d'entre eux. Lorsqu'il n'y a plus de ratés, la tâche est terminée.

Notre tâche est double : d'abord nous devons trouver et identifier le déclencheur, et ensuite l'éliminer. S'il y en a plus d'un, on peut les éliminer un par un.

Si pour une raison quelconque les procédures ci-dessus n'ont pas atténué le problème de graphisme, ou ont eu des effets négatifs sur l'élève, vous devriez l'envoyer vers un psychologue ou un thérapeute spécialisé pour un traitement complémentaire.

23.
Correction du graphisme : images mentales multiples

Ce problème existe parce que la personne a des images mentales multiples de ce à quoi *devrait* ressembler l'écriture. Les instructions qui suivent vous permettront d'aider l'élève à éliminer les images multiples et à les remplacer par des images uniques, simples et précises.

PRÉPARATION ET PROCÉDURE

Si ce n'est pas déjà fait, installez les outils de base indiqués dans la deuxième partie. L'élève doit avoir un moyen de contrôler sa désorientation, une méthode pour évacuer tension et stress, et un moyen d'ajuster son niveau d'énergie et la vitesse de son horloge interne. Pour faire cet exercice, il vous faudra un bloc de papier à lignes, six crayons ou plus et un taille-crayon.

Préparation

- Faites asseoir l'élève à la table en face de vous.
- Demandez-lui de vérifier son orientation. S'il utilise la procédure d'alignement, dites : « *Sentez vos mains imaginaires sur vos épaules.* » S'il utilise la procédure d'orientation, dites : « *Vérifiez votre point.* »

- Demandez-lui de se relâcher.
- Faites-lui régler son énergie à un niveau approprié à cette activité.
- Expliquez-lui ce que vous allez faire, dans un langage adapté à son âge. Exemple : « *Nous allons résoudre un problème en effaçant la raison pour laquelle ce problème existe. Nous nous servirons d'une partie de votre don pour nous débarrasser du problème. Vous allez effacer des images mentales. Est-ce que vous savez ce qu'est une image mentale ?* »
- Si l'élève ne peut pas vous dire ce qu'est une image mentale, donnez-lui une explication simple du genre : « *Avez-vous déjà vu un lion ?* » Il répondra peut-être « *seulement à la télé ou au cinéma* », ou « *oui* ». (S'il dit non, prenez l'exemple d'un chat ou d'un chien pour que la réponse soit oui.) Demandez-lui de décrire un lion. Avant qu'il ait terminé la description, demandez : « *Est-ce que vous êtes en train de regarder un lion ?* » La réponse devrait être oui. Je n'ai jamais reçu de réponse négative à cette question, mais si c'était le cas, je demanderais à l'élève d'« *imaginer* » le lion qu'il vient de décrire. Dites : « *Vous ne regardez pas le lion avec vos yeux, n'est-ce pas ? C'est l'œil de votre imagination qui regarde l'image d'un lion. Cette image est une image mentale. Une image mentale est une image que votre œil de l'imagination peut voir.* »
- Montrez à l'élève comment tenir le crayon. Demandez-lui de tenir un crayon comme il le fait d'habitude pour écrire. Si la prise est correcte, continuez. Sinon, prenez un crayon et dites à l'élève de tenir le sien comme vous. Il devra peut-être se relâcher de nouveau pour que le changement de prise lui soit plus aisé. Vous aurez peut-être à l'aider en plaçant ses doigts correctement sur le crayon.
- Faites-lui régler la fermeté de la prise. Demandez-lui de

« pratiquer la sensation de relâchement dans ses mains et ses doigts ». S'il tient le crayon trop serré, je compare le crayon à un oisillon. Dites-lui : « *Tenez le crayon comme si c'était un oisillon. Il faut le tenir assez serré pour ne pas qu'il s'envole, mais assez lâche pour ne pas l'écraser.* » Ensuite, pendant que l'élève écrit, s'il resserre sa prise ou appuie trop sur le papier, je le mets en garde en disant : « *Hé, vous écrasez l'oiseau !* »

Procédure

- Placez le papier et un crayon sur la table devant l'élève. Indiquez une ligne sur le papier et dites : « *Sur cette ligne, écrivez :* [son prénom] *est super.* » Le seul but de cette manœuvre est de faire accéder l'élève à ses images mentales. Il doit être en contact avec ses images mentales pour l'étape de l'effacement.
- Observez-le. S'il s'affaisse, arrêtez-le, faites-lui régler son énergie et se relâcher, puis laissez-le continuer. Ne lui faites pas vérifier son orientation ou se réorienter à ce stade. S'il appuie trop le crayon ou sur le papier ou le serre trop entre les doigts, arrêtez-le, demandez-lui de se relâcher de nouveau et continuez. Ne le faites pas se réorienter ou

vérifier son orientation. Cela romprait le contact avec les images mentales et empêcherait la procédure de fonctionner !
- Soyez attentif à son niveau de frustration, ne le laissez pas trop lutter. N'oubliez pas que vous lui avez demandé de faire quelque chose qu'il ne peut pas faire. Si vous le voyez trop lutter, dites : « *Ça suffit pour le moment* » et arrêtez-le avant qu'il ait terminé.
- Dès que l'élève a fini d'écrire la phrase, ou que vous l'avez arrêté, demandez aussitôt : « *Est-ce que vous avez une image mentale de ce à quoi l'écriture devrait ressembler ?* » Utilisez exactement ces mots, sinon l'efficacité de la procédure pourrait s'en ressentir. Si nécessaire, expliquez ce qu'est une image mentale. Vous devez poser cette question sans attendre, avant que l'attention de l'élève se porte sur autre chose. Vous devez le faire pendant qu'il est encore en contact avec ses images mentales.
- S'il répond oui, dites : « *Effacez-les et dites-moi quand elles sont parties.* » Quand il dit qu'elles sont parties, faites-lui vérifier son orientation (pour l'alignement : « *Sentez vos mains imaginaires sur vos épaules* », et pour l'orientation : « *Vérifiez votre point.* »)
- S'il répond non, assurez-vous qu'il comprend le concept d'image mentale. Puis demandez-lui d'écrire de nouveau la même phrase et posez la question avant qu'il ait fini de l'écrire. S'il ne trouve pas d'images mentales de ce à quoi le graphisme devrait ressembler après plusieurs essais, c'est que le problème ne venait probablement pas de là.
- Évaluez l'état émotionnel et le niveau de stress de l'élève. Si vous pensez que le relâchement lui ferait du bien, qu'il le fasse. Si un réglage de son niveau d'énergie ou de son sens

du temps serait bénéficiaire, faites-lui régler son énergie. Si vous pensez qu'il a besoin d'une pause, faites-en une.
- Répétez les étapes des instructions. La procédure d'élimination d'images mentales multiples nécessite de nombreuses répétitions, permettant d'effacer de nouvelles images mentales chaque fois. Quand l'élève dit qu'il n'a plus d'images mentales de ce à quoi l'écriture devrait ressembler, cette partie de la procédure est terminée. L'élève n'a plus d'images mentales multiples superposées qui gênent son graphisme. La raison pour laquelle il n'a pas pu apprendre et développer la technique du graphisme a été éliminée. Un but important a été atteint !

Toutefois, ceci n'est pas une fin mais un nouveau commencement. Un élève qui a eu ce problème n'aura toujours pas acquis les capacités motrices précises nécessaires au graphisme en cursive. C'est le moment d'appliquer les procédures « Pas d'instruction ou instruction inadéquate » (chapitre 21).

Certains élèves peuvent avoir des difficultés avec ces instructions. Si c'est le cas, essayez ces deux étapes préliminaires. Elles devraient faciliter les choses :

- Suivez les procédures de maîtrise de l'alphabet en majuscules et en minuscules comme indiqué au chapitre 15.
- Faites modeler par l'élève en pâte à modeler les lettres cursives majuscules et minuscules.

Quand votre élève a terminé les procédures indiquées au chapitre 21, votre travail avec lui est achevé.

Conseils utiles

Voici quelques problèmes que nous avons rencontrés dans le passé, et ce que nous avons fait pour les résoudre :

- L'élève ne parvient pas à modifier la manière dont il tient le crayon, ou continue à trop le serrer. Pensez au « truc de l'oisillon » mentionné plus haut. « *Souvenez-vous, tenez le crayon comme si c'était un oisillon. Il faut le tenir assez serré pour ne pas qu'il s'envole, mais assez lâche pour ne pas l'écraser.* »
- L'élève demande comment il peut effacer les images. Dites : « *Imaginez que vous avez une main imaginaire, et cette main imaginaire tient une énorme gomme. Vous n'avez qu'à utiliser la gomme pour effacer les images.* »
- L'élève est surpris à l'idée d'effacer des images mentales. Il demande : « *Je peux vraiment le faire ?* » Dites simplement : « *Oui, c'est facile, essayez et vous verrez.* »
- Parfois, un élève continuera à faire apparaître une image après l'autre. Après une douzaine de cycles du même processus avec des images uniques, laissez entendre que l'on peut effacer plusieurs images à la fois.
- L'élève demande s'il peut conserver une certaine image. Dites : « *Bien sûr, mais il faut la désigner autrement. Elle ne peut*

plus avoir l'étiquette de ce à quoi l'écriture devrait ressembler. *Donnez-lui un autre nom.* »
- L'élève renâcle à l'idée d'effacer toutes les images de ce à quoi l'écriture devrait ressembler. Dites-lui : « *Si vous voulez conserver le problème, conservez certaines images. Mais vous n'en avez pas besoin. Elles vous gêneront. De toute façon, vous allez les remplacer par de meilleures.* »
- Il peut arriver (rarement) qu'un élève ne comprenne pas que vous cherchez les images de ce à quoi l'écriture devrait ressembler, et non pas celles de ce à quoi l'écriture ressemble vraiment. Cela peut arriver si l'instruction n'était pas clairement exprimée ou s'il ne l'a pas bien comprise. Si vous avez passé plus d'une demi-heure à répéter les étapes sans vraiment progresser, vous pouvez demander à l'élève : « *Est-ce que vous effacez les images de ce à quoi l'écriture ressemble, ou celles de ce à quoi l'écriture devrait ressembler ?* » Indiquez-lui que seules les *images devrait ressembler* doivent être effacées.

24.
Correction du graphisme
Orientation naturelle inadéquate

Il semble que ce problème existe parce que la *dyspraxie* a empêché le cerveau de la personne d'ouvrir les chemins neuronaux permettant une perception précise. Si la perception est bloquée ou déformée, le cerveau n'est pas en mesure de donner des instructions précises à la main pour tracer les lignes et les formes utilisées en graphisme. Cette procédure vous permettra d'aider l'élève à ouvrir de nouveaux chemins neuronaux d'abord pour avoir une perception exacte, ensuite pour créer des lignes et des formes exactes.

Avant tout, un avertissement discret : vous allez pousser le seuil de tolérance à la frustration de votre élève. Vous allez lui demander de faire quelque chose qu'il ne peut pas faire, vous ne devez donc pas trop le pousser, et vous devrez savoir à quel moment faire marche arrière.

On présume que l'orientation antérieure de l'élève empêchait son cerveau d'accéder à certains chemins neuronaux. La nouvelle orientation que vous lui avez donnée aura déjà supprimé ce blocage, le cerveau est de nouveau capable d'accéder à ces chemins neuronaux pour la première fois. Les passages doivent être ouverts par force, un peu comme lorsqu'on débouche un tuyau obstrué. Mais cela ne se produira que si l'élève force son cerveau à le faire. Il ne pourra pas faire ce que vous lui demandez tant que les chemins ne seront pas ouverts.

PERCEPTION, PUIS COORDINATION

Comme il y a deux séries de passages à ouvrir, la tâche est double. Les chemins de la perception s'ouvriront en premier. Pour la première fois, l'élève sera capable de percevoir avec exactitude la symétrie et la forme d'une lettre. Jusque-là, tout va bien.

Mais, il ne pourra toujours pas faire créer la lettre par sa main. À ce point, son niveau de tolérance à la frustration baissera dramatiquement. Si vous laissez l'élève dépasser son seuil de frustration, il aura ce que nous appelons une « explosion émotionnelle ». C'est la meilleure description de ce qui se produit alors.

Une partie de votre tâche consiste à empêcher cette explosion de se produire. Quand vous voyez augmenter la frustration de l'élève, vous devez immédiatement l'arrêter de faire ce qui la cause. Si vous ne voyez pas les signaux et que l'explosion se produit, arrêtez le travail pour la journée. À ce point, vous aurez peut-être à rétablir la motivation de l'élève avant de pouvoir recommencer. Le mieux est de ne pas laisser l'explosion se produire. Je vous dirai ce qu'il faut surveiller et que faire quand vous voyez des signes.

PRÉPARATION ET PROCÉDURE

Si ce n'est pas déjà fait, installez les outils de base comme indiqué dans la deuxième partie. L'élève doit avoir un moyen de contrôler sa désorientation, une méthode pour évacuer tension et stress, et un moyen d'ajuster son niveau d'énergie et la vitesse de son horloge interne. La procédure d'orientation lui permettra d'accéder aux chemins neuronaux précédemment bloqués. Pour cet exercice, il vous faut un kilo de pâte à modeler, un couteau en plastique et des serviettes en papier pour nettoyer.

Préparation

- Installez votre espace de travail.
- Préparez des boudins de pâte à modeler d'environ 1 cm de diamètre. Coupez-les en morceaux égaux d'environ 8 cm de long. Il vous en faudra au moins quarante pour commencer. Faites-en d'autres à mesure que vous progressez dans le travail.
- Faites asseoir l'élève à la table en face de vous.
- Faites-lui vérifier son orientation. Pour l'alignement, dites : « *Sentez vos mains imaginaires sur vos épaules.* » Pour l'orientation, dites : « *Vérifiez votre point.* »
- Demandez-lui de se relâcher.
- Demandez-lui de régler son énergie à un niveau approprié à cette activité.
- Expliquez-lui ce que vous allez faire, dans un langage adapté à son âge. Exemple : « *Je vais vous demander de faire quelque chose que vous n'avez jamais fait auparavant. Comme vous ne l'avez jamais fait, cela peut être difficile et frustrant. Je comprends cela, alors nous allons le faire lentement et calmement. Nous ferons beaucoup de pauses et nous prendrons le temps qu'il faudra. Vous n'aurez qu'à faire ce que je vous demande en laissant le travail se faire. Je sais que vous ferez de votre mieux sans effort excessif. C'est en le faisant souvent, en laissant le travail se faire, que vous y parviendrez. À chaque essai, vous le ferez un peu mieux.* »
- Donnez à l'élève l'exemple à suivre : prenez quatre morceaux de pâte à modeler et formez la lettre W majuscule. Placez-la au centre de la table, vers l'élève (donc à l'envers pour vous).

Procédure

- Posez sur la table devant l'élève quatre morceaux de pâte à modeler de la même longueur que les quatre lignes de votre W. Montrez l'exemple et dites : « *Prenez ces quatre morceaux de pâte à modeler et faites une lettre qui ressemble exactement à celle-ci.* » Ne changez pas les mots, ils sont adaptés à tous les âges. Une phrase différente pourrait compromettre l'efficacité de la procédure. Ne laissez pas l'élève lutter trop longtemps. En moins d'une minute, il atteindra son seuil de frustration, et vous devez l'arrêter si cela arrive. Ne lui donnez aucune instruction pour améliorer l'aspect de la lettre. Le vrai travail ici est d'ouvrir des chemins neuronaux, pas de bien faire une lettre. Une fois que les chemins seront ouverts, l'élève n'aura plus besoin de vos instructions de toute manière. À ce point, toute instruction supplémentaire augmenterait la frustration. Si vous devez l'arrêter, posez votre main sur la main dont il se sert pour modeler la pâte. Dites : « *C'est assez pour le moment.* » S'il termine avant que vous ayez eu besoin de l'arrêter, dites simplement : « *Bien.* » Prenez tout de suite son modèle et mettez-le de côté. Rappelez-vous : peu importe à quoi il ressemble.
- Demandez à l'élève de vérifier son orientation. (Pour l'alignement : « *Sentez vos mains imaginaires sur vos épaules.* » Pour l'orientation : « *Vérifiez votre point.* ») Si vous pensez qu'il devrait se relâcher, demandez-lui de le faire. Si vous pensez qu'un réglage de son niveau d'énergie ou de son sens du temps lui ferait du bien, faites-le-lui faire. Si vous pensez qu'il a besoin d'une pause, faites-en une.
- Répétez l'instruction précédente. Placez devant l'élève quatre nouveaux morceaux de pâte à modeler et demandez-lui de

« faire avec ces quatre morceaux de pâte à modeler une lettre qui ressemble exactement à celle-ci ».

La procédure permettant d'ouvrir les chemins neuronaux s'accomplit en répétant de nombreuses fois cette étape. Au début, la lettre créée par l'élève n'aura aucune ressemblance avec le modèle. En fait, dans le cas contraire, vous faites peut-être fausse route – vous avez probablement détecté la mauvaise catégorie de problème de graphisme.

Il est courant de ne voir aucune amélioration après plusieurs tentatives de former la lettre W. C'est parce que vous ne pouvez pas voir où le vrai travail est en train de se produire. Il se passe dans la tête de l'élève. Le travail sera déjà au moins à moitié fait *avant* que vous constatiez une amélioration dans les W qu'il modèle sur la table. Vous devez surveiller les signes d'amélioration, mais ne faites aucun commentaire si vous en voyez. Les améliorations indiquent un changement dans le seuil de frustration de l'élève.

Par ce processus, les chemins neuronaux de l'élève seront ouverts pour la perception. Ensuite, il pourra voir avec précision le modèle de lettre qu'il doit copier. C'est à ce point que vous commencerez à voir une amélioration. Toutefois, les chemins neuronaux pour *faire* la lettre ne sont pas encore ouverts. Quand la perception changera, vous verrez peut-être sur la table une ou deux lignes diagonales rectilignes, ou un point d'intersection juste. Ce sera votre signal d'alarme.

SIGNES AVANT-COUREURS

À partir de là, vous devez avancer prudemment. Le seuil de frustration de l'élève a peut-être chuté de 90 %. À présent, la différence entre ce qu'il voit et ce qu'il essaie de copier est évidente. Si on lui laisse dépasser son seuil de frustration, l'explosion émotionnelle décrite plus haut se produira. C'est comme une bombe avec une mèche très courte, vous devrez donc l'attraper dans les dix secondes après qu'elle a été allumée. En général, les signes d'une mèche allumée sont subtils, mais si vous êtes sur vos gardes, ils devraient vous sauter aux yeux. Les signes les plus communs sont :

- Les mains se mettent à trembler
- Les mouvements des mains et du corps deviennent rapides, saccadés et irréguliers
- Le corps se raidit légèrement
- Il est fréquent que le visage rougisse

Dès que vous remarquez un de ces signes, réagissez rapidement. Vous n'aurez pas le temps d'attendre une confirmation. Il ne suffira pas de dire quelque chose. Vous devez attraper la (les) main(s) de l'élève pour l'arrêter et interrompre le cycle. Dites : « *C'est bien pour le moment* » et faites une pause. Interrompre le cycle éteint la mèche du détonateur, mais elle peut se rallumer facilement.

Souvent, l'élève ne veut pas interrompre ce qu'il est en train de faire. Il pense peut-être qu'il y est presque, et il a raison. Mais la force extrême qu'il emploie pour aller au bout de l'exercice ne suffira pas pour y parvenir. Vous devez l'arrêter ! Faites une pause d'au moins deux minutes avant de reprendre. Une pause de dix minutes et une marche seraient encore mieux indiquées.

Quand vous reprenez cette activité, assurez-vous que l'élève vérifie son orientation, se relâche et règle son énergie. Avant de donner l'instruction, dites : « *Nous sommes très près, maintenant. Il est donc particulièrement important de laisser le travail se faire. Posez un morceau de pâte à modeler à la fois. Si vous voulez les modifier un peu, c'est possible, mais il vaut mieux recommencer avec d'autres morceaux plutôt qu'essayer de corriger.* » (Notez qu'il n'y a aucun mot négatif dans cette déclaration.)

Le signal d'alarme est aussi un signal pour changer votre comportement. Jusqu'à présent, vous n'avez pas complimenté l'élève ni donné un seul appui positif à sa créativité. Maintenant que le but est d'ouvrir les chemins pour « faire », un appui positif l'aidera à progresser. Souvenez-vous que dans ce travail, les *critiques constructives* n'existent pas. Laissez de côté tout ce qui est négatif. Pour maximiser la valeur de l'appui positif, il doit être spécifique. Indiquez un point précis et faites un commentaire positif dessus. Par exemple :

« *Cette ligne est bien droite, cette ligne est bien droite, et celle-là est presque droite.* »

« *Ce point d'intersection est juste, et celui-là aussi. Et cet angle est presque juste. Faites-en un autre.* » Puis mettez de côté le dernier essai de l'élève et présentez-lui quatre autres morceaux de pâte à modeler.

D'habitude, le travail avance très vite à partir de ce moment-là. Très vite l'élève fera une lettre qui ressemble bien au modèle. Quand cela arrive, vous pouvez lui suggérer de placer sa création sur le modèle pour voir si c'est exact.

- Répétez l'étape d'instruction jusqu'à ce qu'elle soit complétée, c'est-à-dire quand l'élève peut créer un W bien formé. Il n'a pas besoin d'être parfait, simplement exact, avec des diagonales rectilignes et des intersections justes.

À ce point, le cerveau de l'élève peut percevoir exactement la symétrie des lettres et faire des diagonales rectilignes avec des intersections justes. La raison pour laquelle il ne pouvait pas apprendre à développer ces techniques de graphisme a été éliminée. La perception que l'élève a du monde a doublé de taille. Un but important a été atteint !

INSTRUCTION COMPLÉMENTAIRE

Ceci n'est pas une fin, c'est un nouveau commencement. Un élève souffrant de ce problème aura encore beaucoup de chemin à parcourir pour développer les capacités motrices précises requises pour l'écriture cursive.

Un grand nombre de stratégies seraient efficaces pour lui fournir le savoir-faire nécessaire au graphisme. Voici celle que je trouve la plus complète :

- Répétez la procédure précédente avec les lettres majuscules M, V et A. Cela devrait aller très vite, bien que l'élève mette peut-être un certain temps avant de voir que deux des lignes du M sont verticales et non obliques comme dans le W.
- Suivez les procédures de maîtrise de l'alphabet majuscule et minuscule du chapitre 15.
- Demandez à l'élève de modeler les lettres de l'alphabet cursives majuscules et minuscules.
- Faites-lui accomplir les procédures indiquées au chapitre 21, « Pas d'instruction ou instruction inadéquate ».
- À ce point, votre travail avec l'élève sera terminé.

Glossaire

Acalculie : incapacité à apprendre les mathématiques. *Une personne souffrant d'acalculie ne peut pas faire de l'arithmétique.*

Agraphie : incapacité à manipuler un instrument pour écrire ou à exprimer ses pensées par écrit. *Une personne souffrant d'agraphie peut savoir bien parler mais ne sait pas écrire.*

Alignement : une procédure qui peut être utilisée comme alternative à l'orientation Davis (chapitres 6 et 12).

Alphabet : ensemble des lettres d'une langue rangées dans un ordre conventionnel. *L'alphabet français comprend vingt-six lettres.*

Arithmétique : déterminer une quantité en comptant ou en manipulant des chiffres par addition, soustraction, multiplication et division. On *apprend l'arithmétique élémentaire à l'école primaire.*

Attention : conscience de son environnement. *L'attention est sollicitée lorsque l'on prend plaisir à regarder un beau coucher de soleil.*

Auditif : relatif à l'ouïe. *Son talent auditif lui a permis d'apprendre à chanter facilement.*

Concentration : limiter son champ de conscience à une chose, exclusivement. *Une concentration intense engendre un état hypnotique.*

Concept : idée ou pensée ; image mentale ; idée de ce qu'est quelque chose ou un groupe de choses. *Les mots sont utilisés pour communiquer un concept.*

Conceptualisation : image, idée, pensée ou concept créé dans l'esprit ; fait de créer quelque chose mentalement. *La conceptualisation se produit dans le cerveau.*

Conceptualisation non verbale : fait de penser à l'aide des images mentales visuelles des concepts ou des idées ; toute pensée qui n'utilise pas les mots. *L'intuition est une forme de conceptualisation non verbale.*

Conceptualisation verbale : penser avec le son des mots. *Entendre vos pensées formulées avec des mots est de la conceptualisation verbale.*

Confusion : sentiment de trouble qui submerge l'individu. *La confusion engendre la désorientation chez les dyslexiques.*

Conseil : aider quelqu'un à améliorer ses capacités ou à se débarrasser de ses handicaps. *Nous demandons un conseil lorsque nous avons besoin d'être aidés pour résoudre un problème.*

Conséquence : quelque chose qui se passe comme résultat d'une autre chose. *Une erreur est souvent la conséquence de la désorientation.*

Cursif/ve : style d'écriture où les lettres sont liées entre elles. *Après nous avoir enseigné les caractères d'imprimerie, l'instituteur nous a montré comment écrire en écriture cursive.*

Déclencheur (mot) : tout ce qui cause la désorientation ; en général, mot ou symbole que la personne n'arrive pas à conceptualiser complètement ou correctement. *"Le" est un mot déclencheur usuel.*

Définition : énoncé qui donne le sens d'un mot. *Donnez-moi la définition de ce mot.*

Désorientation : perte de sa position ou de sa direction en relation avec l'environnement ; état d'esprit dans lequel les perceptions mentales ne sont pas en accord avec les faits et les conditions réels de l'environnement ; chez certaines personnes, la désorientation est une réponse automatique à la confusion. *Au cours d'une désorientation, les perceptions sont déformées.*

Désorienter (se) : perdre sa position ou le sens de sa direction en relation avec les faits et les conditions réels de son environnement ; perdre le contact avec la réalité jusqu'à un certain point. *Les personnes qui se désorientent facilement ont parfois des vertiges.*

Dyscalculie : forme de dyslexie où des difficultés apparaissent essentiellement dans le domaine des mathématiques et des nombres. *Un symptôme banal de la dyscalculie est l'impossibilité d'apprendre par cœur les numéros de téléphone.*

Dysgraphie : forme de dyslexie où les difficultés apparaissent essentiellement au niveau du graphisme. *Les personnes souffrant de dysgraphie ont des problèmes de calligraphie.*

Dyslexie : forme de désorientation causée par une capacité cognitive naturelle qui peut remplacer les perceptions sensorielles normales par des conceptualisations ; difficultés en lecture, écriture, élocution ou dans le sens de la direction qui ont pour origine les désorientations déclenchées par les confusions en présence de symboles. *La dyslexie provient d'un don perceptif.*

Dyspraxie : difficultés motrices qui peuvent affecter les mouvements et les gestes. *La dyspraxie peut se manifester par la maladresse, les difficultés d'écriture ou les difficultés d'élocution.*

Équilibre : capacité à se tenir sur un pied sans chanceler ; perception qui peut être employée pour vérifier son orientation. *Nous pouvons savoir si nous sommes orientés en vérifiant si nous sommes en équilibre.*

Hyperactivité : condition qui peut accompagner les troubles de déficit de l'attention et au cours de laquelle la personne semble extrêmement agitée, bouge sans arrêt et ne peut se tenir tranquille. *L'hyperactivité est l'opposé de la léthargie.*

Hypoactivité : condition qui peut accompagner les troubles de déficit de l'attention et au cours de laquelle la personne semble moins active que la normale et agit avec lenteur. Le contraire de l'hyperactivité. *L'hypoactivité est souvent qualifiée de « paresse ».*

Kinesthésique (apprentissage) : utiliser le sens du mouvement ou de la position du corps et du toucher pour acquérir de l'expérience. *Pratiquer des sports aide à développer les capacités kinesthésiques.*

Langue : ensemble de sons qui ont un sens ; signes graphiques qui représentent des sons du discours ; expression verbale et écrite d'un pays ou d'un groupe de gens. *La seule langue que je parle est le français.*

Lettre : signe écrit qui représente un son du langage. *« Z » est une lettre.*

L'orientation Davis : ensemble de procédures qui permettent à une personne de créer, de déterminer et d'utiliser un endroit fixe où sera placé son œil de l'imagination ; méthodes de contrôle et d'inactivation des désorientations. *L'orientation Davis enseigne comment corriger les désorientations.*

Maîtrise : certitude ; connaître avec certitude le sens, l'apparence ou la prononciation de quelque chose ; savoir bien faire une chose ; savoir sans aucun doute. *Sa maîtrise de la cuisine fait de lui un chef renommé.*

Maîtrise de l'orientation Davis : nom englobant le diagnostic, le traitement et les techniques éducatives mis au point par Ron Davis. *J'ai été formé aux procédures de maîtrise de l'orientation Davis.*

Maîtrise des symboles Davis : procédure permettant d'apprendre ce que signifie un signe, ce à quoi il ressemble et comment on le prononce. *Nous créons des concepts avec de la pâte à modeler lorsque nous appliquons la maîtrise des symboles Davis.*

Maîtriser : savoir avec certitude ; s'entraîner à accomplir une chose ou la faire jusqu'à ce qu'elle soit complètement assimilée. *Maîtriser quelque chose demande de la pratique.*

Mathématiques : déterminer des quantités pour étudier et exprimer des rapports entre quantités et grandeurs représentées par des nombres, des chiffres et des symboles. *L'algèbre et le calcul intégral sont des formes de mathématiques supérieures.*

Mot : son parlé ou lettres représentant ce son qui possèdent un sens ou une définition dans une langue. *J'ai appris un nouveau mot aujourd'hui.*

Motivation : pulsion de contrôler. *Son intérêt à savoir comment fonctionnent les choses a été sa motivation pour devenir ingénieur.*

Œil de l'imagination : ce qui visionne les images mentales de la personne. *L'œil de l'imagination est celui qui regarde le produit de notre imagination.*

Ordre : les choses à la place correcte, dans la position correcte et en l'état correct. *Le dictionnaire est en ordre alphabétique.*

Orientation instable : c'est l'état dans lequel l'œil de l'imagination d'une personne se déplace beaucoup. *Les gens qui ont le mal des transports ont en général une orientation instable.*

Orientation naturelle : un positionnement de l'œil de l'imagination qui se produit naturellement au cours du développement. *Chez le gymnaste, une orientation naturelle se situe souvent plus d'un mètre au-dessus de la tête sur la ligne médiane.*

Orientation optimale : c'est un positionnement de l'œil de l'imagination qui résulte de la concordance de toutes les perceptions et de leur cohérence, elle concerne particulièrement les sens de l'équilibre, du mouvement, de la vue, de l'ouïe, et du temps. *L'orientation optimale résulte du réglage optimal.*

Orientation stable : état dans lequel l'œil de l'imagination d'une personne reste sur le même positionnement la plupart du temps. *Les personnes qui ne présentent pas de symptômes de dyslexie ont en général une orientation stable.*

Orienter (s') : se mettre dans la position et l'état d'esprit adéquats pour que ses perceptions mentales soient en accord avec les faits et les conditions réels de l'environnement ; positionner l'œil de l'imagination au-dessus et derrière la tête sur un emplacement stable. *Lorsque nous nous orientons, nous pouvons mieux lire.*

Perception : conscience du monde externe. *Nous déterminons ce qui est réel grâce à notre perception.*

Point d'orientation : emplacement stable au-dessus et derrière la tête (il varie d'une personne à l'autre). *Amenez votre œil de l'imagination sur votre point d'orientation.*

Programme du conseil d'orientation Davis : programme individualisé au cours duquel la personne apprend à corriger les désorientations, à maintenir l'orientation, à améliorer ses capacités en lecture, écriture, mathématiques et son attention. *Le programme d'orientation Davis dure une trentaine d'heures.*

Réglage optimal : procédure mise au point par Davis et visant à vérifier et à ajuster l'orientation en utilisant le sens de l'équilibre (voir le chapitre 11). *Le réglage optimal est proposé trois jours après la première séance de conseil d'orientation.*

Relâchement : procédure de relaxation et de soulagement du stress (décrite au chapitre 10). *Faites un relâchement lorsque vous êtes tendu.*

Responsabilité : la compétence et la volonté de contrôler. *C'est ma responsabilité de faire la vaisselle après dîner.*

Sens : idée que quelqu'un a rattachée à un objet. *Tous les mots ont un sens.*

Séquence : la façon dont les choses se suivent les unes après les autres, selon la taille, la quantité, l'ordre arbitraire, le temps ou l'importance. *Notre système numérique suit une certaine séquence.*

Seuil de confusion : point à partir duquel la confusion dans l'environnement submerge l'individu. *Lorsque les dyslexiques atteignent leur seuil de confusion, ils se désorientent.* **Solutions (compulsives)** : comportements, habitudes et petits trucs mentaux adoptés afin d'éviter les erreurs et les frustrations causées par la désorientation ; composants d'un trouble de l'apprentissage. *La chanson de l'alphabet est une solution banale pour celui qui n'arrive pas à apprendre l'alphabet.*

Symbole : quelque chose qui signifie ou représente autre chose. *Ce drapeau est le symbole de notre pays.*

TDA : abréviation pour troubles déficitaires de l'attention.

Temps : mesure du changement en référence à une norme. *Une heure de temps égale 1/24 de la rotation de la Terre sur son axe, c'est une norme internationale.*

Tenir : phénomène qui consiste à essayer de maintenir l'œil de l'imagination en place. *L'action de tenir peut causer des maux de tête.*

Vérification : procédure utilisée après le conseil d'orientation pour voir si le point d'orientation est au bon endroit. *Faites une vérification avec votre élève au moins une fois par jour jusqu'au réglage optimal.*

Vieilles solutions : voir *Solutions*.

Références électroniques

SITES INTERNET SUR LA DYSLEXIE, DYSCALCULIE, TDA(H)

Plus d'informations sur le programme
Davis dyslexie / dyscalculie / TDA(H) :
www.dyslexie-tda-dyscalculie.eu

Si vous êtes intéressé par un Programme Davis, merci d'utiliser le lien suivant pour trouver un Facilitant Davis en France ou en Europe :
www.dyslexie-tda-dyscalculie.eu/praticiens

Pour devenir Facilitant Davis, vous pouvez trouver plus d'informations ici :
www.dyslexie-tda-dyscalculie.eu/devenir-facilitant-formation

Plus d'informations sur les Facilitants Davis du monde entier et sur le Programme Davis, y compris les rapports récents de recherche (en anglais) :
www.dyslexia.com

www.ingramcontent.com/pod-product-compliance
Lightning Source LLC
Chambersburg PA
CBHW070011010526
44117CB00011B/1515